“十二五”国家重点出版物出版规划项目
铁路科技图书出版基金资助出版

铁路工务技术手册

线路养护·高速铁路维修

中国铁路总公司运输局工务部

中国铁道出版社
2017年·北京

图书在版编目(CIP)数据

线路养护:高速铁路维修/中国铁路总公司运输局工务部组织编写.—北京:中国铁道出版社,2017.9
(铁路工务技术手册)
ISBN 978-7-113-24102-5

Ⅰ.①线…　Ⅱ.①中…　Ⅲ.①铁路养护-技术手册
Ⅳ.①U216.42-62

中国版本图书馆 CIP 数据核字(2017)第 306948 号

书　　名: 铁路工务技术手册
线路养护·高速铁路维修
作　　者: 中国铁路总公司运输局工务部

责任编辑: 时　博　　**编辑部电话:** 010-51873141　　**电子信箱:** crph@163.com
封面设计: 崔　欣
责任校对: 焦桂荣
责任印制: 陆　宁　高春晓

出版发行: 中国铁道出版社(100054,北京市西城区右安门西街 8 号)
网　　址: http://www.tdpress.com
印　　刷: 中煤(北京)印务有限公司
版　　次: 2017 年 9 月第 1 版　2017 年 9 月第 1 次印刷
开　　本: 787 mm×1 092 mm　1/16　印张:13.5　插页:8　字数:307 千
书　　号: ISBN 978-7-113-24102-5
定　　价: 90.00 元

前　言

中国铁道出版社出版发行的《铁路工务技术手册》(以下简称《手册》)是20世纪70年代中期开始由原铁道部工务局陆续组织编写出版的,90年代初期曾进行过一次修编。原《手册》共十个分册,涵盖了工务主要专业领域,多年来一直是工务系统广泛使用的应用类工具书,在生产实践、业务指导、技术培训等方面发挥了重要作用。近年来,随着高速、重载铁路的快速发展和路网规模的不断扩大,工务设备结构、技术标准、维修体制和维护技术等方面均发生了巨大变化,原《手册》已不能满足工务工作需要。为此,中国铁路总公司运输局工务部组织对《手册》进行全面修编。

新版《手册》共十二个分册,在基本保留《轨道》《道岔》《路基》《桥涵》《隧道》《线路业务》《养路机械》《防洪》《造林与绿化》《采石》等十个分册基础上,将《线路业务》更名为《线路养护》,《养路机械》更名为《工务机械》,《造林与绿化》更名为《绿化》,新增《线路检测与测量》和《房建》两个分册。

本次修编本着"科学严谨、实事求是"的态度,以及"注重延续性和发展性,确保科学性和规范性,突出全面性和实用性,具备可扩充性"的原则,组织了各铁路局以及有关科研机构、高等院校,设计、制造和施工等单位的专家编写而成。在原版框架基础上,充分吸收了高速、重载和提速有关研究成果及成功实践经验,体现了当前工务设备结构、技术标准、维护技术的现状、特点与发展方向,内容与现行国家标准、行业标准,中国铁路总公司规章及企业标准保持一致,内容全面,实用性强,体现了工具书的特点,可指导铁路工务养护维修、管理工作,亦可作为相关技术、技能人员学习培训之用。

《铁路工务技术手册》修编委员会名单:

主　任:康高亮

副主任:曾宪海　牛道安　吴景海　张大伟　钟加栋

委　员:沈　榕　万　坚　吴细水　付　锋　许建明　姚　冬
王　敏　杨忠吉　杨梦蛟　徐其瑞　洪学英　时　博

《线路养护》分为高速铁路维修、普速铁路维修两部分，高速铁路维修部分在编写过程中充分吸取了我国高速铁路无砟、有砟轨道养护维修经验和科研成果，认真贯彻了“严检慎修”的理念，强调了设备检查、数据分析、维修方案制订及审批，系统介绍了无砟轨道、有砟轨道、道岔、无缝线路、钢轨修理、冻害整治作业技术要求及作业方法。本部分共分十章，包括高速铁路线路养护概述、线路设备检查、轨道检测数据分析与应用、维修工作内容及计划、无砟轨道线路作业、有砟轨道线路作业、道岔及钢轨伸缩调节器养护、无缝线路作业、钢轨修理、冻害整治等有关内容。

主　编：寇东华

副主编：吴细水　宋　贲　王云飞

主要编写人员：

第一章：寇东华（武汉铁路局）
　　　　吴细水（中国铁路总公司运输局工务部）
第二章：寇东华　王云飞　曾祥富（武汉铁路局）
第三章：曾祥富（武汉铁路局）
　　　　田新宇（中国铁道科学研究院）
第四章：王云飞（武汉铁路局）
第五章：宋　贲（武汉铁路局）
　　　　易忠来（中国铁道科学研究院）
第六章：王云飞（武汉铁路局）
　　　　张晓阳（中国铁路总公司运输局工务部）
第七章：宋　贲　王云飞（武汉铁路局）
　　　　吕关仁（济南铁路局）
　　　　蒋金洲（中国铁道科学研究院）
第八章：李超雄　覃　杰（武汉铁路局）
第九章：寇东华　远　见　李广健（武汉铁路局）
第十章：李晓光　马德东　邱　原　金　洲（沈阳铁路局）

主　审：刘丙强

主要审定人员：

　　　　吕关仁（济南铁路局）
　　　　吴仕凤（南昌铁路局）
　　　　刘　科（广州铁路（集团）公司）

李晓光(沈阳铁路局)

邸锦玉　王邦胜　王亚宁(北京铁路局)

肖俊恒　田新宇(中国铁道科学研究院)

孙　立(中铁第四勘察设计院集团有限公司)

张金龙(中铁工程设计咨询集团有限公司)

吴方来(上海铁路局)

王俊胜(南昌铁路局)

刘　彬(武广铁路客运专线有限公司)

时　博(中国铁道出版社)

中国铁路总公司运输局工务部

2017 年 7 月

目　　录

第一章　高速铁路线路养护概述

高速铁路线路维修的基本任务是按照“预防为主、防治结合、严检慎修”的原则，根据线路状态的变化规律，合理安排养护与维修，做到精确检测、全面分析、精细修理，以有效预防和整治病害，保持线路设备状态完好，保证列车以规定速度安全、平稳、舒适和不间断地运行，并实现线路设备生命周期成本最优的目标。

第一节　高速铁路线路维护管理要求及养护理念

一、高速铁路线路维护管理要求

高速铁路线路设备维护管理要求：高可靠性、高稳定性、高平顺性。

高可靠性：指工务设备适应高速度、高密度的行车需要，能够保证高速列车行车安全和秩序，具有更高的抵御自然灾害和突发事件的能力。

高稳定性：指强化线路设备结构，降低设备故障率，延长维修周期，减少维修工作量。

高平顺性：指轨道几何尺寸精度高，轨道结构经常处于良好状态，以保证高速列车运行的安全、平稳、舒适。

二、高速铁路线路养护理念

高速铁路线路养护应树立“严检慎修”的理念，主要体现在以下几个方面：

1. 突出设备检查，做到精确检测。严格设备检查，线路设备检查应以动态检查为主，动、静态检查相结合，结构检查与几何尺寸检查并重。

2. 强调科学评定，做到全面分析。在做好线路检查的基础上，由专业技术人员对检测资料进行全面分析，建立和完善高铁线路动静态评价系统，科学合理评定线路状态，确保基础质量均衡。

3. 严格审批制度，做到精细修理。合理制订维修作业方案和计划，经过逐级审批后实施，并对作业效果进行追踪考核，杜绝盲目动道、随意作业，提高作业针对性和有效率。

第二节　高速铁路线路养护组织机构及主要职责

我国高速铁路工务设备维护实行检、修分开的管理制度，实行专业化和属地化管理，本着“资源综合、专业强化、集中管理”和“精干、高效”的原则，建立高速铁路线路维修管理机构。

1. 铁路公司作为铁路工务资产的所有者，负责工务设备资产的管理，负责工务设备安全、管理、检查、修理等费用的及时投入，以保证高速铁路工务设备状态良好，满足运输安全的需要。

2. 中国铁路总公司基础设施检测中心（以下简称基础设施检测中心）、铁路局工务检测所和大型养路机械运用检修段（工务机械段）受委托承担利用综合检测列车、钢轨探伤车对线路进行周期性检测和钢轨周期性探伤。

3. 铁路局应依据委托运输管理协议和相关规定做好高速铁路工务设备的安全生产管理，保持工务设备状态良好，使之符合相关安全规定和技术标准。

工务段主要负责全段线路技术、设备维护管理，组织制订和落实年度分月设备周期检修计划，定期分析评价设备质量，跟踪评价、考核养护维修质量，组织应急处置。

车间作为组织维修生产的基本单位，主要负责维护所辖线路设备，组织落实设备检查、巡视、验收制度，定期分析评价设备质量，组织制订月生产计划和周、日维修计划，及组织计划的实施，跟踪考核养护维修质量，做好应急处置工作。

4. 大型养路机械运用检修段或工务机械段等受委托承担利用大型养路机械对线路的修理。

第三节 高速铁路线路养护管理

高速铁路线路设备管理应不断总结运营管理经验，借鉴先进的企业管理理论完善高速铁路线路设备养护管理体系，建立健全安全、生产、技术等管理制度，提高线路养护维修技术水平。

一、安全管理

高速铁路安全管理贯彻"安全第一、预防为主、综合治理"的方针，构建铁路安全风险管控和安全隐患排查治理双重预防机制，坚持从管理源头上入手，突出抓好基础建设、过程控制、应急处置等环节，建立和完善工务各项技术标准、管理标准、作业标准，加强职工队伍建设，夯实安全基础。针对各类工务安全风险，制订相应的预防措施并认真组织落实，根据可能发生安全问题的苗头和征兆，及时采取防范措施，降低安全风险，防止和减少损失；健全和规范安全隐患排查治理机制，定期排查安全隐患，健全安全隐患库，闭环治理安全隐患，保障铁路运输安全。

（一）安全风险研判

安全风险研判工作包括对安全风险的识别和评估。风险的识别应围绕管理、人员、设备和环境等主要方面，重点辩识"钢轨伤损、基础变形、防洪安全、作业安全、周边环境、设备质量"等风险。以日常安全管理信息、安全问题库、事故案例、相关安全规则及办法等为基础信息，对安全问题和隐患进行全面排查，全面查找安全风险源，重点是管理层面，评估并准确确定安全风险点。

（二）安全管理基础建设

建立完善安全管理规章制度，主要包括安全风险管理责任制度、重大安全风险预警制度、安全风险应急预案、安全风险管理考核评价制度以及设备质量检查、评估管理办法等。

明晰岗位安全管理职责和工作标准及流程，分层次制订管理标准和工作标准，使每名干部职工清楚自己的工作职责。建立安全风险信息管理机制，建立涵盖风险管理基本流程和内部控制各环节的信息系统，包括信息的采集、存储、分析、传递、报告等，通过对日常设备检查数据、问题库管理数据、设备故障数据和事故数据等安全信息进行系统分析，准确把握安全生产中存在的倾向性、关键性和苗头性问题，为安全风险识别奠定基础，提高安全风险管理的针对性和有效性。

（三）安全生产过程控制

把安全风险控制贯穿于日常工作过程，按照"关口前移、控制关键、措施得当"的原则，针对各种安全风险，根据风险评估情况，制订风险控制计划和措施，努力消除安全风险的成因，对关键项目、关键部位、关键岗位、关键时段等实施重点控制，有效降低安全风险等级，转移或规避安全风险，将工务安全风险控制在可接受程度。

（四）应急处置

根据风险评估情况，对各项安全风险有针对性地制订专项预案，特别对非正常情况，要明确处理方案、流程及安全保障措施等，保证突发安全问题时处置及时得当。建立安全问题快速反应机制，明确相关部门的响应人员、时限、流程及应对方案，完善安全问题报告和快速响应制度，严格规范报告程序，严肃报告纪律，坚决消除瞒报、迟报现象。提高应急处置能力，配足、备好各种应急处置设备、材料机具、并保证其状态良好，根据季节特点，开展实战演练，并纳入常态管理，提高干部职工应急处置意识和处置能力。

二、生产管理

生产管理着重抓好"检查、计划、作业、验收"四个环节。工务段应全面贯彻"预防为主、预防与整治结合、严检慎修"的原则，认真抓好四个环节，合理安排检、修的劳力比例，提高有效劳动，以保证设备质量均衡完好。

（一）设备检查与分析

1. 设备检查是调查了解设备状态，发现设备病害，掌握设备变化规律的有效方法，是保证行车安全的重要手段，也是制订工作规划和作业计划的一个重要依据。按照《铁路技术管理规程（高速铁路部分）》《高速铁路无砟轨道线路维修规则》《高速铁路有砟轨道线路维修规则》规定的各项检查制度要求明确工务段、车间（班组）检查职责，规范线路动静态检查日常管理制度，完善线路病害分级分类管理制度，抓住薄弱环节，有效控制设备病害发展，确保线路设备均衡。

2. 设备分析是了解线路设备实时状态及趋势，掌握设备病害变化规律，控制设备质量的有效手段。设备分析的前提是实时有效的检查检测数据，具体分为日分析、周分析、月分析。日分析是段安全生产调度指挥中心根据当日动静态检查检测的情况，及时掌握线路异常信息和重点病害，有针对性地督促现场确认。周分析是段安全生产调度指挥中心每周对全段线路动态检测情况对比分析，提出线路设备变化情况、存在突出问题、静态复查情况及下周工作重点，线路车间对车间一周动态检查基本情况进行分析及周设备整治计划的分析。月分析是段安全生产调度指挥中心每月对全段线路设备质量进行综合分析，分析本月设备质量存在的问题和原因，上月问题整改及复查情况，制订次月设备重点计划建议；线路车间每月对管内动静态检测情况进行分析，结合月度生产任务完成情况、设备检查情况、对次月生产计划进行安排。设备分析的最终目的是为了指导生产，应注重效果及指导意义，强化分析职责，控制和提升设备质量。

（二）计划制订与审批

1. 计划是合理组织生产活动的有效方法，也是完成指标任务的重要手段。生产计划分为年度计划、月度计划、周（旬）计划和日计划。年度计划主要包括周期检修计划。月度计划主要为月度生产任务安排。周（旬）计划主要包括周（旬）维修计划、保养计划、临修计划及其他重点工作。日计划主要是根据实际情况进行周计划细化及临时重点工作安排。在生产计划中首先要抓好年度设备病害整治目标计划，从抓病害整治着手，抓好月计划、周计划、日计划的编制，使生产活动做到年有目标、月有计划、周（旬）有安排、日有落实，并以日计划保证月、周（旬）计划的实现，以月计划保证年度目标计划的实现。

2. 计划审批是铁路局主管副局长、工务处，段主管副段长、线路技术科、安全生产调度指挥中心根据动态检测分析、静态质量评定、现场检查情况复核确认生产计划的针对性和合理性，分级进行审批下达。生产计划如遇特殊情况确需调整的，应以书面形式报主管副段长、铁路局审批。

（三）作业实施与验收

1. 现场作业要做到作业流程清晰、作业标准明确、作业过程可控、质量回检有效等。健全完善各项作业指导书，建立流程图，使带班人熟悉掌握作业程序，作业的关键控制重点，使每位作业人员熟知作业标准、作业流程，掌握作业要领、作业方法，减少无效劳动，消灭违章作业。

2. 验收是评定线路维修质量的一种方法，也是检查作业好坏的有效措施。维修完工后，应进行自验，确认各项质量达到标准后逐级上报，静态病害整修质量由车间组织检查工区结合线路设备周期检查进行验收评定，动态病害整修质量由工务段进行评定。工务段要定期对线路维修进行综合验收评定质量，在验收的同时，要检查月、周计划安排，检查工作量调查表、线路、道岔检查记录簿、作业回检记录、派工单，严格落实质量回检、确认车检查确认及设备质量追踪评价、验收制度，并提出改进意见。

在抓好四个环节的基础上，还应本着精简内业、讲究实效的原则，建立和健全各项技术图表（包括设备备料示意图、设备病害揭示、作业计划揭示、安全生产揭示牌），各种技术台账（包括钢轨台账、道床台账、道岔台账、曲线台账、无缝线路台账等），各种记录簿、表（包括线路和道岔检查记录簿、质量验收记录表等），以及各种制度（包括岗位责任制、安全生产制度等）。

三、技术管理

高速铁路线路技术管理包括线路技术标准、技术规章、技术资料、标准化管理等。高速铁路线路技术管理的主要任务，就是要全面掌握线路设备的技术状态及其发展和变化规律，并通过一系列技术管理手段，监督控制生产全过程，提高作业质量，使线路设备经常处于完整良好状态。

(一)技术标准

高速铁路线路技术标准主要包括设计、施工、联调联试、验收、维修以及线路设备、产品的设计、制造、准入等有关技术标准。

(二)技术规章

高速铁路线路技术规章主要包括线路设备交付运营后,涉及行车组织(包括行车安全措施、非正常行车及故障处置办法等)线路的运用、管理、维修等方面的规章制度。技术规章分为中国铁路总公司(以下简称总公司)、铁路局、站段3个管理层面。总公司、铁路局技术规章分为基本技术规章和专业技术规章,专业技术规章分为专业系统技术规章、专业单项技术规章和专业临时技术规章。站段技术规章不分类。

(三)技术资料

高速铁路线路技术资料必须正确地记述和反映各阶段线路设备的真实状态,作为生产技术管理、更新改造、专项修理的重要依据。技术资料主要包括线路设备履历和线路专项检查检测资料两类。

1. 线路设备履历技术资料

线路设备履历技术资料主要包括工务线路设备台账、工务设备图表及技术档案。

(1)线路设备台账:包括钢轨、道岔、轨枕、扣件、无砟道床、机械设备台账等。线路设备台账是工务段生产、管理的主要基础资料,应根据现场实际情况及时更新。

(2)线路设备图表:包括综合图表、站场图表、坡度表、曲线表等。

(3)线路技术档案:包括竣工图纸和文件、线路复测资料、设计和鉴定的图纸、文件,线路作业档案以及各类标准图表等。线路技术档案应分类登记进行长期保管,并建立使用、借阅和管理制度。

2. 线路设备检查资料

线路设备检查资料主要包括线路周期性检查资料和线路重点设备检查资料。线路设备检查资料反映了线路设备各部件的变化情况,应及时、准确、清晰地记录保存,并进行系统整理分析,为生产技术管理和线路维修提供技术依据。

(1)线路周期性检查资料包括对钢轨、道岔、扣件、无砟及有砟道床、无缝线路及轨道几何形位等进行周期全面检查资料。

(2)线路重点设备检查资料包括对曲线(含竖曲线)、道岔(含调节器)、焊缝、无砟轨道结构及过渡段沉降等重点地段的专项检查资料。

(四)标 准 化

工务系统标准化的内容主要包括组织标准化、流程标准化、作业标准化、质量标准化、制度标准化,通过标准化的实施,改进组织机构,明确部门职能和岗位职责,提高工作效率和质量。

第四节　线路维护信息管理

积极推进管理信息化,建立基于大数据手段的高速铁路工务信息管理体系,实现对线路设备技术状态、动静态检查数据、线路设备质量、安全生产计划和作业过程控制的动态管理,并及时掌握设备变化规律，预测设备发展趋势，为线路设备维修决策提供支撑，不断提高线路设备维修的科学性。

高速铁路工务信息管理体系主要由安全生产信息管理系统、安全生产可视化调度系统和作业生产视频监控系统组成。

一、安全生产管理信息系统

安全生产管理信息系统主要用于采集、分析工务设备检测数据、管理数据，对轨道状态进行评定，对生产进行闭环管理和问题库管理，以确保安全生产有序可控。系统具体架构可参考图1—4—1，工务部门可结合实际情况进行调整。

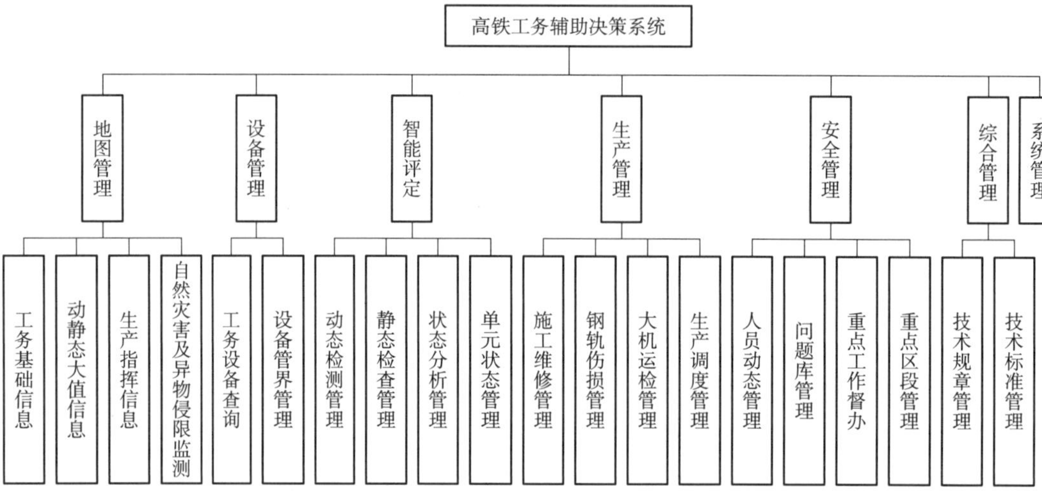

图1—4—1　工务安全生产管理信息系统结构

二、安全生产可视化调度系统

安全生产可视化调度系统主要实现人员位置电子地图可视化、工作任务可视化、作业场景可视化。结合铁路工务实际，可以将集群对讲、定位技术与MIS工作流等技术相融合，形成基于地理信息的工务生产可视化调度系统。系统具体架构可参考图1—4—2，工务部门可结合实际情况进行调整。

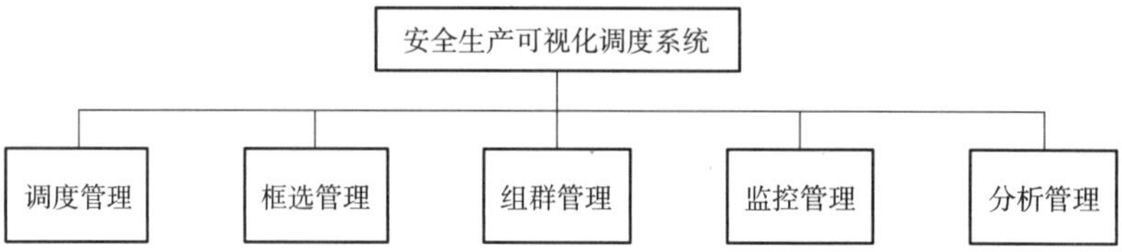

图1—4—2　安全生产可视化调度系统结构

三、安全生产视频监控系统

安全生产视频监控系统主要实现对讲呼叫、人员定位、实时数据传输、作业人员轨迹回放等功能及施工现场监控、轨道车运行监控、重点设施监控、雨量信息监控、车载信息监控及高速铁路自然灾害及异物侵限监测等功能。系统具体架构可参考图 1—4—3，工务部门可结合实际情况进行调整。

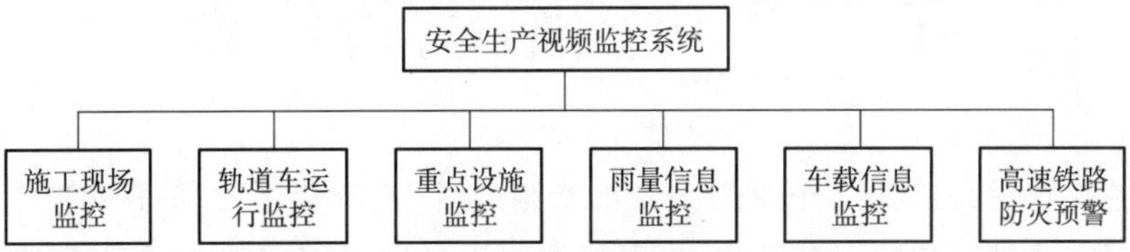

图 1—4—3　安全生产视频监控系统结构

第二章　线路设备检查

线路设备检查是高速铁路作业的一个重要组成部分，检查的结果是维修作业的主要依据。为了掌握高速铁路线路设备状态，必须对线路设备进行周期性全项目系统检查和评估。检查应坚持"动态检查为主，动、静态检查相结合，结构检查与几何尺寸检查并重"的原则，积极采用先进的线路检查设备，提高线路检查质量和效率。

第一节　检查内容及周期

一、动态检查

（一）检查内容及周期

1. 检查内容

线路动态检查包括：轨道动态不平顺的检查项目为轨距、水平、轨向、高低、扭曲、复合不平顺、车体垂向振动加速度、车体横向振动加速度、轨距变化率等；轨道巡检检查项目为钢轨外观、扣件、道床外观等。

2. 检查周期及方式

（1）综合检测列车每 10～15 天检查 1 遍。

（2）探伤车对正线钢轨每年检查不少于 7 遍，冬季适当缩短检查周期。

（3）车载式线路检查仪每天对线路检查不少于 1 遍。

（4）利用便携式线路检查仪添乘检查线路每月不少于 2 遍。

（5）巡检设备检查线路每半年不少于 1 遍。

（二）特殊时段设备检查

高温季节，工务段安排专业技术人员进行线路添乘检查，重点添乘检查大跨度连续梁、有砟无砟结合部、钢轨伸缩调节器、轨道结构严重伤损等地段；低温季节，应安排专业技术人员进行添乘检查，重点添乘检查钢轨伤损、钢轨伸缩调节器、轨道结构严重伤损等地段。

二、静态检查

（一）检查内容及周期

1. 检查内容

线路周期性静态检查包括：几何尺寸、轨道结构、无缝线路和道岔及调节器位移、焊缝平直度、钢轨外观及伤损、标志标识等。

2. 检查周期及方式

扣件系统检查周期见表 2—1—1。

表 2—1—1　扣件系统检查周期

序号	检　查　项　目	检查周期	检查方式及工具
1	扣件安装状态、部件缺损、预埋件等	1 遍/半年	人工巡查、巡检
2	弹条紧固状态(弹条 V 型扣件、WJ-7、WJ-8、W300-1 型扣件)	1 遍/半年	每千米连续抽查 50 个,塞尺、扭力矩扳手
3	钢轨、绝缘轨距块、轨距挡板间隙	1 遍/半年	每千米连续抽查 50 个,塞尺、扭力矩扳手
4	无螺栓弹条扣压力(弹条 IV 型、FC 型扣件)	1 遍/半年	每千米连续抽查 50 个,塞尺、扭力矩扳手
5	弹条扣压状态(SFC 型扣件)	1 遍/半年	每千米连续抽查 50 个,塞尺、扭力矩扳手
6	锚固螺栓扭矩(WJ-7、SFC 型扣件)	1 遍/半年	扭力矩扳手
7	弹性垫板刚度	1 次/年	3 块/50 km,抽检

道岔每月检查 1 遍,每周至少对道岔结构及联结零件巡视检查 1 遍,正线尖轨各控制断面相对于基本轨、心轨各控制断面相对于翼轨高差每季度检查 1 遍。道岔检查周期见表 2—1—2。

表 2—1—2　高铁道岔设备检查周期

序号	检　查　项　目	检查周期	检查方式及工具
1	轨距、水平、支距、高低、轨向	1 遍/月	全面检测;轨距尺、支距尺、弦线、钢板尺或轨道测量仪等
2	斥离尖轨非工作边与基本轨工作边最小间距		全面查看,重点检测;钢板尺、卡钳、宽度尺等
3	查照间隔		全面查看,重点检测;轨距尺
4	护轨轮缘槽宽度		全面查看,重点检测;钢板尺、卡钳
5	尖轨与基本轨、心轨与翼轨、短心轨和叉跟尖轨间隙、尖轨与滑床台、心轨与滑床台间隙,尖轨与顶铁、心轨与顶铁间隙		全面查看,重点检测;塞尺
6	辊轮状态		全面查看,重点检测;辊轮专用安装、调整、检测工具
7	滑床台与基板脱焊及台面磨耗情况		全面查看,重点检测;塞尺、游标卡尺、卡钳等
8	扣件状态		全面查看,重点检测;扭力矩扳手、塞尺等
9	弹性夹、拉簧状态		全面查看,重点检测;弹性夹专用安装、调整、检测工具
10	弹性铁垫板、弹性基板等各种垫板状态		全面查看,抽检
11	限位器、间隔铁、顶铁、轨撑、接头铁、连杆等联结螺栓松动、变形或损坏情况		全面查看,重点检测;扭力矩扳手、塞尺、宽度尺、游标卡尺等
12	尖轨防跳限位装置与斥离尖轨(标准开口)间隙,尖轨防跳顶铁与密贴尖轨间隙,心轨防跳顶铁、卡铁、间隔铁与心轨间隙		全面查看,重点检测;塞尺、宽度尺、钢板尺、游标卡尺、卡钳等
13	尖轨相对于基本轨、心轨相对于翼轨的伸缩位移;两尖轨相对伸缩位移	1 遍/月	全面查看,重点检测;方尺、支矩尺、钢板尺等
14	轮轨接触面(光带)检查,重点检查尖轨与基本轨共同受力部位接触面(位置、塑性变形、磨耗等)		全面查看,重点检测;钢板尺、钢轨轮廓(磨耗)测量仪等
15	其他零件损坏、变形或缺失情况		全面查看
16	标志标识松动、不清晰、缺损		全面查看

续上表

序号	检　查　项　目	检查周期	检查方式及工具
17	尖轨各控制断面相对于基本轨高差	1 遍/季	全面检测，降低值测量仪
18	心轨各控制断面相对于翼轨高差		

调节器检查周期见表 2—1—3。

表 2—1—3　调节器检查周期

序号	检　查　项　目	检查周期	检查方式及工具
1	轨距、水平、高低、轨向	1 遍/月	全面检测，轨距尺、钢板尺、弦线或轨道测量仪等
2	尖轨与基本轨、扣件、轨撑间隙		
3	扣件、垫板、轨撑状态		全面查看，重点检测，人工巡检或扭矩扳手、塞尺等
4	其他零件损坏、变形或缺失情况		
5	尖轨控制断面相对于基本轨高差	1 遍/季	全面检测，降低值测量仪

无砟道床检查项目、周期及方式见表 2—1—4。

表 2—1—4　无砟道床检查周期

序号	检　查　项　目	检查周期	检查方式及工具
1	CRTS Ⅰ 型板式：预应力轨道板的锚穴状态及周围混凝土裂缝、砂浆层破损及离缝、梁端凸形挡台及周围树脂状态、底座以及与路基面混凝土封闭层的离缝冒浆、轨道板掉块、伸缩缝、排水通道等	1 遍/半年	人工巡检、钢板尺、塞尺
2	CRTS Ⅱ 型板式：轨道板、砂浆层、支承层（底座板）、侧向挡块、宽窄接缝裂缝、缺损，轨道板上拱、砂浆层离缝、轨道板灌浆孔混凝土凸起、剪力筋窜出、高强度挤塑板、滑动层、排水通道等	1 遍/半年	人工巡检、钢尺、钢板尺、塞尺
3	CRTS Ⅲ 型板式：轨道板混凝土裂缝、锚穴封端封锚砂浆与轨道板离缝、轨道板混凝土缺损及锚穴封端脱落、底座及伸缩缝状态、隔离层状态、自密实混凝土层裂缝、排水通道等	1 遍/半年	人工巡检、钢尺、钢板尺、塞尺
4	双块式：轨枕裂缝、掉块、道床板裂缝、轨枕块与道床板之间离缝、道床板与支承层/底座板之间离缝、支承层裂缝、支承层与路基基床表层之间冒浆、排水通道等	1 遍/半年	人工巡检、钢板尺、塞尺
5	岔区轨枕埋入式：岔枕裂缝及周围的界面裂缝、道床板（支承层）的横向贯通裂缝及道床板与支承层/底座离缝、排水通道等	1 遍/半年	人工巡检、钢板尺、塞尺
6	岔区板式：道岔板裂缝、路基地段道岔板与自密实混凝土离缝、桥梁地段道岔板与水泥沥青砂浆离缝、侧向挡块裂缝、高强度挤塑板、滑动层、排水通道等	1 遍/半年	人工巡检、钢尺、钢板尺、塞尺
7	未处理的无砟轨道Ⅱ级伤损处所	1 遍/季	人工巡检、钢尺、钢板尺、塞尺

对无缝线路、道岔及调节器钢轨纵向位移每季度全面观测 1 次。

对标志标识的松动、清晰度、破损情况每月至少检查 1 遍。

（二）重点设备及病害检查

对道岔、调节器、大跨度桥梁、过渡段和沉降等重点地段的线路设备，应在昼间进行巡视，每年应不少于 1 遍。

对道岔的结构及联结零件巡视每周不少于 1 次。

对严重的轨道结构病害，钢轨或道岔部件伤损，钢轨波磨且弹条出现折断的地段，路基不均匀沉降地段，其他影响线路稳定性和平顺性等病害要加密检查。总公司、铁路局制订专项检查措施的重点设备病害按照专项检查措施执行。

第二节　动态检查方法

动态检查是指通过综合检测列车、线路检查仪、线路巡检系统等设备对线路设备状态进行检测。

一、综合检测列车

综合检测列车检查是线路动态质量检查的主要手段，用于检查轨道几何状态，评定线路动态质量，指导线路维修，实现轨道养护的科学管理。

轨道动态检测项目包括轨距、轨距变化率、高低、轨向、水平（超高）、扭曲（三角坑）、复合不平顺、曲率、车体加速度、构架加速度、轴箱加速度等。

综合检测列车以检查报告和检测波形的形式输出检测结果，包括：Ⅰ、Ⅱ、Ⅲ、Ⅳ级轨道几何不平顺偏差报告、曲线报告、公里小结报告、区段总结报告、轨道质量指数（TQI）报告，以及轨道不平顺波形图谱。

（一）综合检测列车轨道几何状态评价方法

1. 综合检测列车评分方法

通过综合检测列车检查，可以了解和掌握轨道局部不平顺（峰值管理）和线路区段整体不平顺（均值管理）的动态质量，用以指导线路轨道几何尺寸作业验收工作。

局部不平顺管理以综合检测列车评分进行，检查评定的项目包括轨距、水平、高低、轨向、扭曲、车体垂向加速度和车体横向加速度共七项，各项偏差等级划分为四级：Ⅰ级为经常保养标准、Ⅱ级为舒适度标准、Ⅲ级为临时补修标准、Ⅳ级为限速标准。

各项目偏差扣分标准：Ⅰ级每处扣 1 分；Ⅱ级每处扣 5 分；Ⅲ级每处扣 100 分；Ⅳ级每处扣 301 分。

线路评定以千米为单位。评分的评定标准为：

优良——扣分总数在 50 分及以内；

合格——扣分数在 51 ~ 300 分；

失格——扣分总数在 300 分以上。

2. 区段轨道质量指数 TQI

轨道不平顺均值管理以轨道质量指数 TQI 表示。我国铁路从 20 世纪 80 年代开始探索根据轨道的实际状态进行预防性的计划维修，即“状态修”，经过多年的研究，提出采用标准偏差法即轨道质量指数 TQI 评定轨道几何状态。

以 200 m 的轨道区段作为单元区段，分别计算单元区段上左右高低、左右轨向、轨距、水平、扭曲等 7 项几何不平顺幅值的标准差，各单项几何不平顺幅值的标准差称为单项指数，将 7 个单项指数之和作为评价该区段轨道平顺性综合质量状态的轨道质量指数。TQI 值的计算公式为：

$$\mathrm{TQI}=\sum_{i=1}^{7}\sigma_i \qquad (2—2—1)$$

$$\sigma_i=\sqrt{\frac{1}{N}\sum_{j=1}^{N}(x_{ij}-\bar{x}_i)^2} \qquad (2—2—2)$$

式中　TQI——单元区段轨道质量指数；

σ_i——单项轨道不平顺的标准偏差；

$\bar{x}_i$——单元区段中连续采样值的平均值；

x_{ij}——单项不平顺幅值；

n——采样数。

TQI 质量指数能比较真实地反映轨道几何质量状态及其恶化程度，可作为各级工务管理部门对轨道状态进行宏观管理和质量控制的依据，能用于编制轨道维修计划，指导养护维修作业。

在运营过程中，随着时间的推移，轨道状态不断发生变化，可用 TQI 值的变化加以反映，并预测轨道状态的发展趋势，作为制订短期和中长期轨道养护维修计划的依据。利用排序程序，按照单元轨道区段质量状态的好坏，对 TQI 值由小到大排序，绘出轨道区段质量状态顺序图，可供维修管理人员根据维修能力和轻重缓急制订维修作业计划，较差的轨道区段应尽早安排维修作业。同时可通过对维修作业前后 TQI 数值对比衡量维修作业的好坏。

（二）综合检测列车检测应用方法

1. 综合检测列车检测项目正号定义

综合检测列车正向：检测梁位于综合检测列车二位端，定义二位端至一位端方向为综合检测列车正向，综合检测列车行驶方向与综合检测列车正向一致时为正向检测，反之为反向检测。

轨距（偏差）正负：实际轨距大于标准轨距时轨距偏差为正，反之为负。

高低正负：高低向上为正，向下为负。

轨向正负：顺检测车正向，轨向向左为正，向右为负。

水平正负：顺检测车正向，左轨高为正，反之为负。

曲率正负：顺检测车正向，右拐曲线曲率为正，左拐曲线曲率为负。

车体水平加速度：平行车体地板，垂直于轨道方向，顺检测车正向，向左为正。

车体垂向加速度：垂直于车体地板，向上为正。

2. 综合检测列车检测波形图识读

波形图自上而下主要有 12 个波形图通道，分别是左高低、左轨向、右高低、右轨向、超高、曲率、轨距、扭曲、垂加、水加、速度、地面标志（ALD），其中高低、轨向均含左右两个长波通道。

看图时必须注意检查记录图的比例尺，在图纸的最右侧检测项目后的括号内，高低、轨向、扭曲、轨距比例为 1:1，超高（直线为水平）一般情况下比例为 1:6，即图上 1 mm 地面实际为 6 mm，各检测项目按比例换算。

3. 现场实际里程确认

综合检测车检测里程是通过采样与车轴同步旋转的光电编码器脉冲信号计算出来的，

无论采用 GPS 或人工标点，里程都会有误差。

（1）通过识别 ALD 标志进行里程校正

根据综合检测车检测原理，安装在检测梁上的 ALD 电涡流金属探测传感器可以精确检测出道心内轨枕面以下 350 mm 内金属物体的存在，例如钢梁桥、桥梁护轨梭头、道岔、轨距杆等物体，通过计算机转换为 ALD 信号输出。判读综合检测列车波形图前，一定要对照图纸上金属物的位置，找出病害处所计算里程与实际里程的差距，精确定位病害实际位置。采用上述方法，现场病害可以控制在 10 m 范围内，省工省力；使用波形图查看工具的放大功能，可以点对点锁定病害。

逻辑计算出的标志符号：公里标、半公里标、百米标。

电涡流感应器检测出的标志符号：道岔标志、桥梁护轨标志、曲线标志，如图 2—2—1 所示。

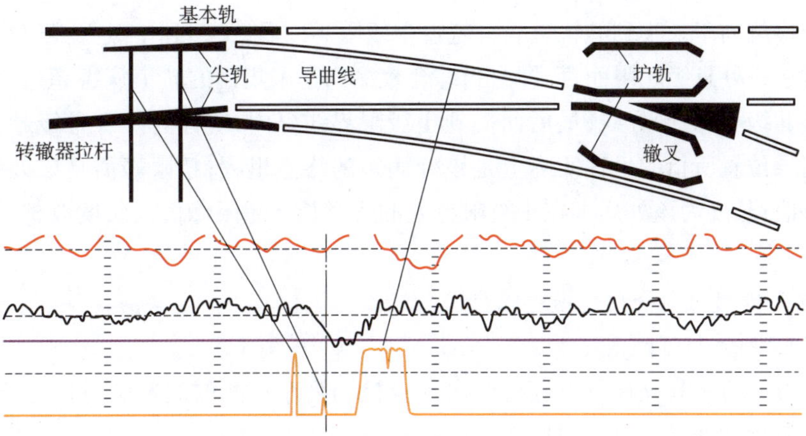

(a) 直向过岔

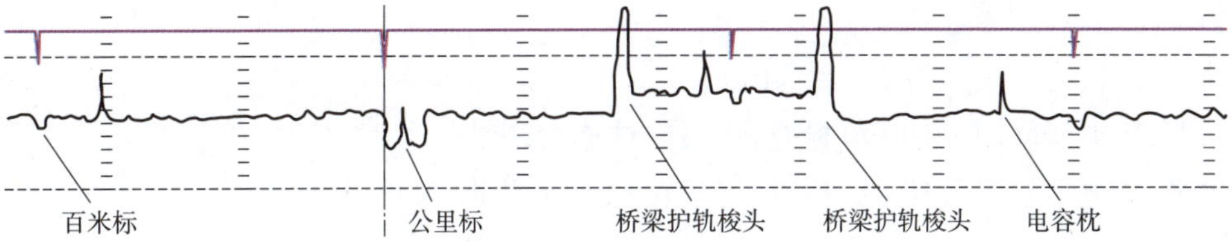

(b) 电容枕、桥梁护轨梭头

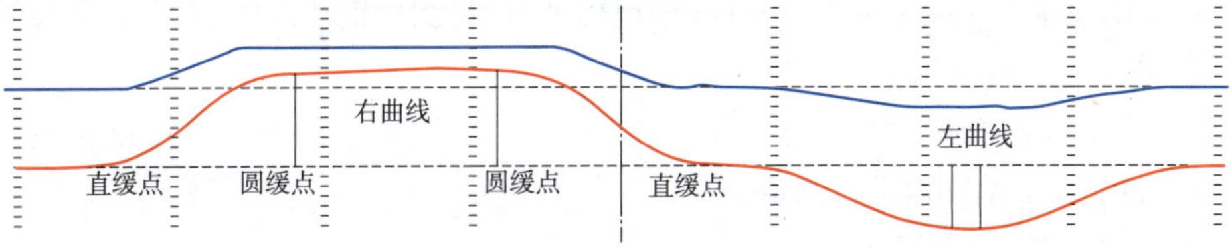

(c) 曲线

图 2—2—1　电涡流感应器检测出的标志符号

（2）通过无线射频技术实现精确定位

针对现有检测列车定位信息采用 GPS 存在精度不高和定位盲区的问题，应用无线射频技术(RFID)实现检测列车精确定位。采用 RFID 技术辅助检测列车的定位,通过将铁路沿线的里程信息和电子标签的标签号建立一一对应关系的数据库,实现检测列车的里程定位。RFID 基本工作原理如图 2—2—2 所示。

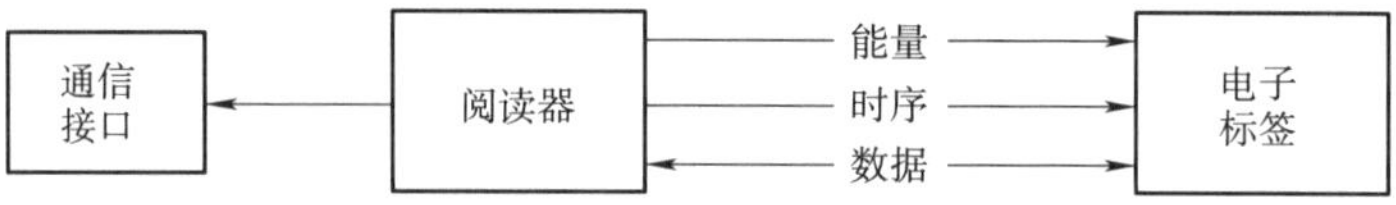

图 2—2—2　RFID 基本工作原理

RFID 由标签、阅读器及天线三部分组成。标签由耦合元件及芯片组成,每个标签具有唯一的电子编码,附着在物体上标识目标对象;阅读器是读取(或写入)标签信息的设备,可设计为手持式或固定式;天线的功能是在标签和阅读器间传递射频信号。

4. 标定病害峰值和长度

当综合检测列车采集到的轨道病害超过Ⅰ级限界以后,又回到Ⅰ级限界以内,统计为一次超限。对于一处Ⅲ级超限而言,即为当综合检测列车采集到的轨道病害超过Ⅰ级限界线,又连续超过Ⅱ级、Ⅲ级限界线,最后回落到Ⅰ级限界线以内,统计为一次Ⅲ级超限。超限报告表中的超限位置所指的里程实际上是该处病害的终点里程;超限峰值是该处病害的最大偏差超限数值;长度为该处病害在Ⅰ级限界上的投影长。超限峰值及长度取整数,不进行四舍五入。

(三)综合检测列车检测数据对比应用

1. 历史检测数据对比

使用波形查看工具软件可以进行两次综合检测列车检测的波形图对比分析,找出两次综合检测列车检测期间轨道几何尺寸变化状况。

2. 检测数据现场核对

(1)中短波不平顺检查

轨向:用轨道测量仪检查连续测量;

轨距:用电子轨距尺(0 级)检查,逐根轨枕连续测量;

水平:用电子轨距尺(0 级)检查,逐根轨枕连续测量;

扭曲(基长 3 m):根据水平测量值,计算水平变化率;

高低:用轨道测量仪检查连续测量;

焊缝:用电子平直仪或 1 m(1.5 m)直钢尺检查(塞尺测量钢轨顶面、工作边和圆弧面)。

(2)长波不平顺检查

根据轨道检测报告和波形图,分析轨向、高低长波不平顺,采用轨道测量仪在波峰或波谷里程前后各 300 m 范围内进行测量。

(3)车辆动力学指标超限检查

轮重减载率:重点检查焊缝平顺度、扣件扭矩、空吊(轨下刚度变化)、轨向高低复合不顺、水平等状态。

脱轨系数:重点检查扣件扭矩、曲线正矢、水平及空吊,多为扣件扣压力不足、吊板所致。

轮轴横向力:重点检查轨向、轨距、水平、曲线正矢以及轨向和水平的复合不平顺等,可以结合波形图一并检查分析,同样还应重点检查扣件、垫板密贴状况。

二、线路检查仪

线路检查仪是通过检测机车/动车组车体垂向和横向加速度间接检查线路平顺状态的仪器。通过线路检查仪对轨道周期性的动态检测,能够及时发现危及行车安全的轨道病害,是综合检测列车动态检测的辅助补充检测手段。

(一)车载式线路检查仪

车载式线路检查仪是全天候动态检测线路轨道状态的专用设备。该检查仪与机车(或动车组)的机车安全信息综合监测装置(TAX2)或列控设备动态监测系统(DMS)资源共享,并具备实时报警和历史数据对比等功能。车载式线路检查仪通过密集采样机车或动车组车体振动情况,结合机车数据(车型、速度、里程、线名),在无人干预的情况下,综合生成反映线路平顺状态的数据,实时动态监测线路状况,及时发现线路不良处所。出现严重超限病害实时语音报警,并通过 GPRS/GSM 网络将超限病害信息实时发送到地面接收装置及相关人员手机。配套软件综合处理超限数据,生成各种报告、图表等,为线路维修养护提供依据。

1. 车载式线路检查仪分类

车载式线路检查仪分为 CGDJ-Ⅲ机车车载式线路检查仪(适用于运行速度不大于 250 km/h 的机车或动车组,如图 2—2—3 所示)和 HGDJ-Ⅲ动车组车载式线路检查仪(适用于运行速度大于 250 km/h 的动车组,如图 2—2—4 所示)两种型号。

图 2—2—3　CGDJ-Ⅲ型车载式线路检查仪 TAX 箱安装情况

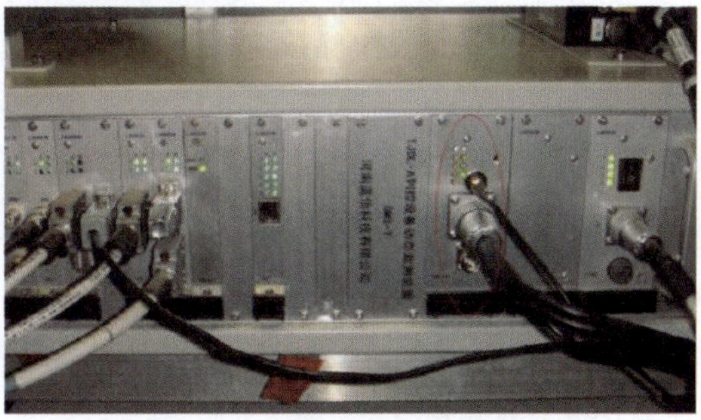

图 2—2—4　HGDJ-Ⅲ型车载式线路检查仪高速动车组安装情况

2. 车载式线路检查仪使用注意事项

(1)系统安装条件:机车(或动车组)上安装有机车安全信息综合监测装置(TAX)或列控设备动态监测系统(DMS)。

(2)传感器单元在机车或动车组内,按《铁道机车动力学性能试验鉴定方法及评定标准》(TB/T 2360—1993)规定位置安装。

(二)便携式线路检查仪

便携式线路检查仪是通过检测机车/动车组车体晃动间接检查线路平顺状态的仪器。它通过高精度加速度传感器动态采集机车/动车组车体晃动产生的振动信号,结合 GPS 精确定位,实时计算列车运行速度,或通过蓝牙与车载式线路检查仪共享机车运行数据,根据运行速度动态调整晃车门限，自动分析、记录晃车结果，并具备实时打印和声光报警功能。

1. 便携式线路检查仪使用方法

(1)使用前准备

①及时进行充电。为保证便携式线路检查仪的正常使用，添乘人员必须按照使用说明书要求，提前对便携式线路检查仪(包括主机、GPS、打印机等)进行充分充电，尤其要确保充电时间(对主机备用电池的连续充电，每次不超过2.5 h)，并检查确认充电完成。

②便携式线路检查仪应在平稳情况下进行自标定。

③添乘人员在开车前15 min到达车站，提前打开主机搜索GPS信号，并按照操作要求，连接好主机、天线、打印机、加速度传感器等，并确保连接准确紧密、不松动。

(2)使用中操作

①确保主机(传感器)放置平稳，且摆放方向正确。

②正确选择检查交路、门限、车型等信息。

③检测中定时查看便携式线路检查仪状态，发现异常及时处理。

(3)使用后保管

①添乘人员应及时下载数据并清空主机数据信息。

②便携式线路检查仪使用后，应放回原保管位置，并及时更换打印纸等耗材，以备下次使用。

(4)信息管理

①添乘检查的数据信息结合综合检测列车检测数据进行对比分析，根据线路检测数据综合分析情况有计划地指导线路养护维修。

②对于严重晃车地段，工务段及时进行现场检查确认，制订整治方案。

2. 便携式线路检查仪使用注意事项

(1)上车后，仪器应平稳放置，且与机车运行方向一致，确保在列车启动、制动和正常运行情况下不与车体产生相对运动。

(2)机车内GPS信号较弱，上车前先连接好GPS天线及打印机，然后启动仪器，完成GPS信号搜索、定位工作。

(3)机车运行过程中，进行操作时，切勿将仪器挪动或拿起，否则监测数据无效。

(4)连接打印机应在仪器关机的状态下进行，严禁热拔插。

(5)仪器应定期进行标定。

三、线路巡检系统

目前，我国轨道状态巡检系统安装在钢轨探伤车上，能够对轨道表面状态和轨旁设备进行图像采集、自动图像识别处理、视觉图像伤损归类和视觉伤损报表输出，检测速度可达到160 km/h。视觉检查监视系统分为车载数据采集系统和地面数据分析系统两大部分。车载数据采集系统采用高清线阵CCD动态扫描轨道并通过连续拼接形成连续数字图像，可满足1.6 mm采样间隔下160 km/h的检测速度。地面数据分析系统能够对图像进行浏览、智能识别、设置特征信息管理及进行数据报表统计等，对输入的采集图像文件能够自动识别后输出钢轨、扣件、轨道板等基础设施缺陷的统计表和图片。地面数据分析系统可实现钢轨表面擦伤、钢轨光带、扣件缺失、扣件错位、扣件折断、异物等缺陷的自动识别功能。钢轨表面擦伤的面积测量精度为横向 2 mm、纵向 3 mm。线路巡检系统整体工作原理如图 2—2—5(a)所示，自动识别的扣件异常缺陷如图 2—2—5(b)所示。

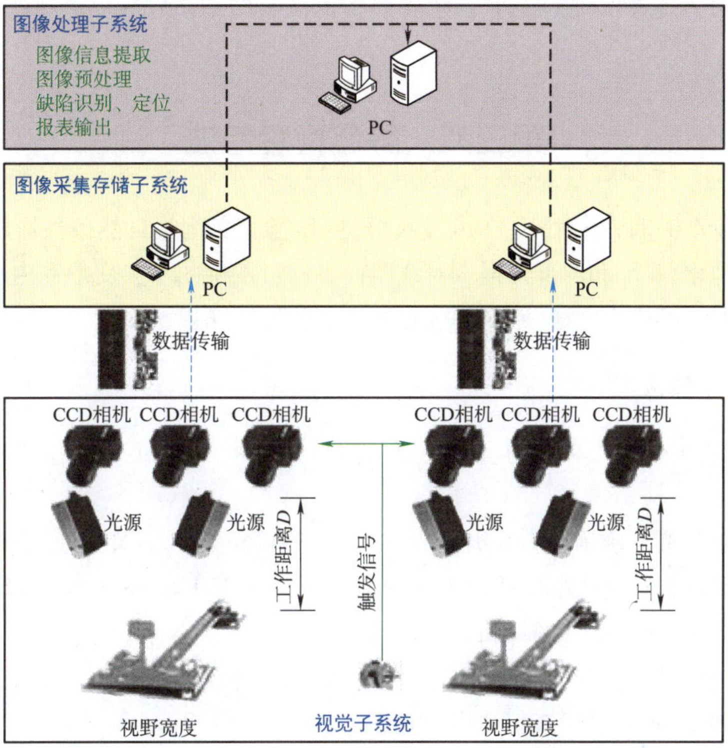

(a) 整体工作原理

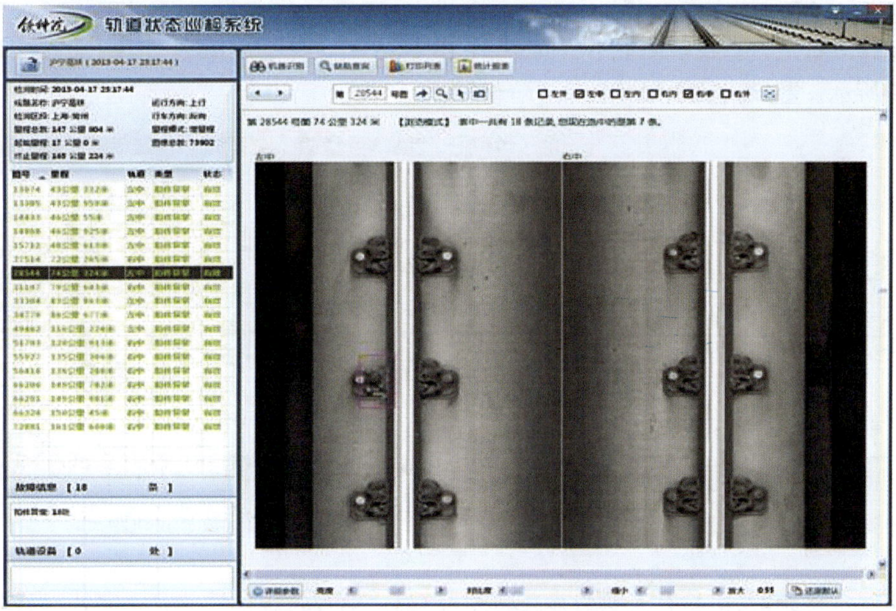

(b) 自动识别的扣件异常缺陷

图 2—2—5　线路巡检系统

另外，对于超声检测系统发现的疑似钢轨表面状态不良的情况，也可调取对应的钢轨表面图像做辅助判断和验证。例如，在超声检测系统整体检测状况良好的情况下突然出现连续0°底波消失，但钢轨头部和钢轨轨腰均没有反射，这时可能钢轨轨头水平劈裂，也可能钢轨顶面有覆盖物。通过调取钢轨表面图像做辅助判断就可以确定钢轨是否有严重伤损。

第三节　静态检查方法

轨道在机车车辆动力作用下，在风、沙、雨、雪和温度变化等自然条件影响下，不可避免地产生相应的劣化、变形和内部伤损。对线路设备已经发生的永久变形和内部伤损，可以通过量具和人工目测等检查方法，判断和确定其变形程度和伤损状况。

一、轨道不平顺检查

目前，轨道不平顺检查采用的量具主要是数显式轨距尺、轨道检查仪、轨道测量仪及激光长弦等。

数显式轨距尺按准确度分为0级、1级、2级三个等级。0级轨距尺适用于允许速度不大于350 km/h的线路，1级轨距尺适用于允许速度不大于250 km/h的线路，2级轨距尺适用于允许速度不大于160 km/h的线路。

轨道检查仪按准确度分为0级、1级两个等级。0级轨道检查仪适用于允许速度不大于350 km/h的线路，1级轨道检查仪适用于允许速度不大于200 km/h的线路。

（一）数显式轨距尺测量

1. 技术要求

（1）铁路轨距为钢轨踏面下16 mm处两股钢轨工作边之间的最小距离。测量位置如图2—3—1所示。数显式轨距尺如图2—3—2所示。

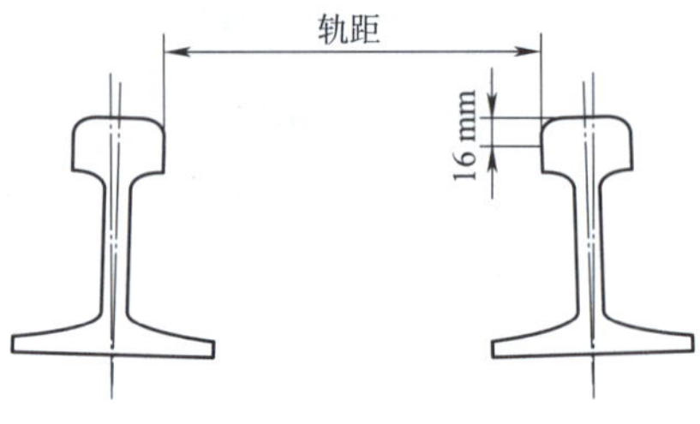

图2—3—1　测量轨距示意

图2—3—2　数显式轨距尺

（2）测量轨距前，由检查人对数显式轨距尺校对，检查轨距尺性能是否完好，当轨距误差≥0.5 mm或水平误差≥1.0 mm时，禁止上道使用，并及时送检。

（3）测量水平前，由检查人对轨距尺校对，检查轨距尺性能是否完好，当水平误差≥1.0 mm

时,禁止上道使用,并及时送检。

2. 测量方法

(1)测量轨距时,将两端测座搭在两股钢轨上,拉动提手测头与钢轨作用边接触,移动测头位置,使读数最小时,待显示数据稳定后,读取轨距值。检查时要求在每根轨枕处进行测量,认真标注和记录,全面分析,从而判断轨距、轨距变化率是否符合标准。12 号、18 号可动心轨单开道岔轨距应按图 2—3—3 规定的 13 个部位测量,其他大号码道岔导曲线中部直曲股轨距测量 3 处。

(2)测量水平时,水平的检查部位应与轨距检查部位相对应。一般是面向线路终点,测量直股时以外直股为基准股;测量曲股时以曲上股为基准股。基准股高于另一股为正,反之为负。开始测量时,可先在两股钢轨同一位置上采用将轨距尺调转 180°的方法,检验水平是否正确。将两端测座搭在两股钢轨上,待显示数据稳定后,读取水平值或超高值。12 号、18 号可动心轨单开道岔水平应按图 2—3—3 规定的 12 个部位测量,其他大号码道岔导曲线中部直曲股水平测量 3 处。

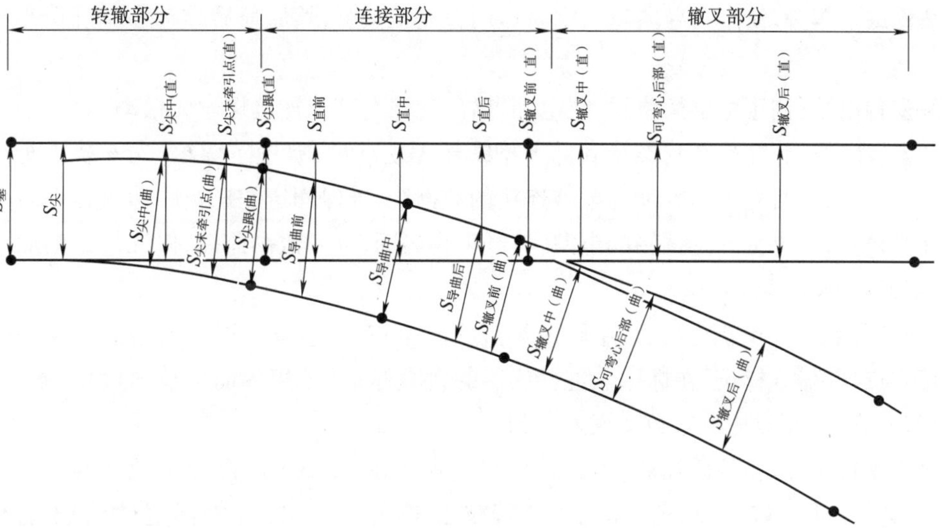

图 2—3—3　道岔检查位置示意

3. 注意事项

(1)测量轨距过程中,严禁摔磕,除检查误差是否超限外,还应注意轨距变化率是否符合规定。

(2)测量水平过程中,检查时要求在每根轨枕处进行测量,认真标注和记录,全面分析,从而判断水平和扭曲项目是否符合标准。

(二)轨道检查仪几何尺寸测量

1. 技术要求

轨道检查仪如图 2—3—4 所示。

轨道检查仪轨距标定对比误差在 +0. 3 mm 以内,水平标定 +0. 3 mm 以内。

轨道检查仪检查速度不超过 8 km/h。

图 2—3—4 轨道检查仪

2. 测量方法

(1)仪器组装

①放置小车架:根据曲线资料保证小车起步地点不在曲线内。两人配合,先将车尾导向轮与钢轨作用边完全接触,一人轻推车头,一人扶稳车尾,待车头导向轮与钢轨作用边无接触时缓慢放下车头,使车头导向轮与钢轨作用边完全接触,然后前后推动小车确保小车放置到位。

②安置电脑:调正电脑架位置,将电脑卡好,确保电脑架连接螺丝无松动。

③安置陀螺箱:在检查陀螺箱底部卡槽螺丝无松动后,放置陀螺箱,先安装小车与陀螺箱的连接线,再安装陀螺箱电池与电脑连接的数据线,确保固定陀螺箱的螺丝无松动。

④试机:打开电脑和陀螺箱的电源,打开采集界面,进入数据监控,保证仪器正常运行。

(2)仪器标定

①轨距标定:校正轨距尺后,用轨距尺查找轨距在 +0.3 mm 以内的地点确定为仪器的轨距标定点,并做好标记,在标记点进行仪器的轨距标定(采集界面→仪器设置→下一步→轨距标定→完成),对比标定数值误差不超过 +0.3 mm。

②水平标定:校正轨距尺后,用轨距尺查找水平在 +0.3 mm 以内的地点确定为仪器的水平标定点,并做好标记,在标记点进行仪器的水平标定,对比标定数值误差不超过 +0.3 mm。

③陀螺仪标定:在作业起始点进行仪器标定。

(3)测量作业

①数据采集:一人推行小车,推小车时要平稳且速度不超过 3 km/h,监控好里程误差(每公里不超过 5 m)。

②报警核对:若电脑屏幕所显示报警值过大,由作业负责人及时进行现场核对。

③数据存档:作业完成将原始数据存档(检查界面→数据保存→完成测量)。

④在采集数据的同时可进行病害标记:两人分左右股检查轨枕、胶垫、预埋件、弹条、绝缘帽、轨距块、钢轨、焊缝、夹板等情况,并用油漆做好标记(歪斜胶垫按百米纪录数量,现场不做标记)。标记符号可参照以下符号:失效轨枕“※”、失效(缺)胶垫“ - ”、失效预埋件“⊕”、失效(缺)弹条“T”、弹条不到位“S”、失效(缺)绝缘帽“O”、失效(缺)轨距块“J”、钢轨伤损“△”、焊缝是否落在轨枕上“ + ”、夹板检查“查”。

(4)仪器拆卸

①拆卸电脑:电脑关机,取下连接线,松开固定电脑的弹性卡,取下电脑并装包。

②拆卸陀螺箱:关闭电源,取下电池,松开固定陀螺箱的螺丝,提起陀螺箱手握数据线滑扣取下连接线。

③轨道检查仪下道:两人配合,一人轻推车头,一人扶稳车尾,待车头导向轮与钢轨无接触时缓慢提起车头,使车尾滑动轮复位后抬起车尾,然后把小车抬放到路肩上。

3. 注意事项

(1)测量作业必须在天窗点内进行,严禁大风、雨、雪、雾等极端天气进行作业。

(2)架设仪器要按要求放置支架,仪器组装要正确,固定螺旋紧靠无松动。

(3)检查发现的报警地点要进行复核。

(三)轨道测量仪轨道不平顺测量

1. 技术要求

轨道测量仪如图2—3—5所示。

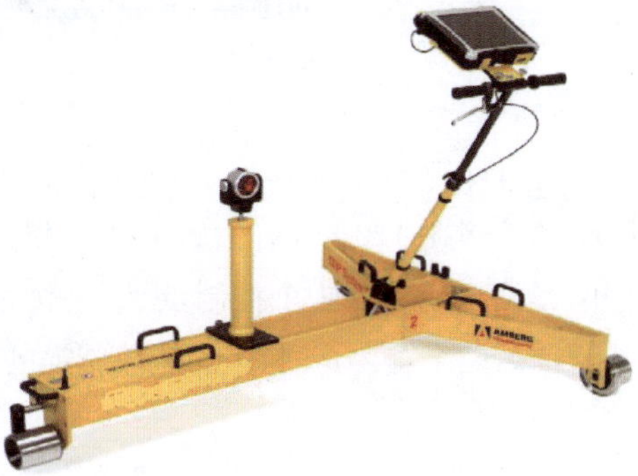

图2—3—5　轨道测量仪

(1)轨道测量仪配套全站仪测角精度不低于1″,测距精度不低于2 mm+2 ppm,具有自动追踪功能,检定证书在有效期之内,作业前对全站仪进行检校。

(2)棱镜组件满足重复性安装和互换性安装误差在 X、Y 方向为0.4 mm,H 方向为0.2 mm。

(3)根据各型号轨道测量仪的要求将CPⅢ坐标成果(点名、东坐标、北坐标、高程)输入到全站仪或控制计算机中。

(4)将设计线位资料,包括设计平曲线(桩点坐标或交点坐标、曲线半径、缓长)、设计超高、设计竖曲线(坡度表)、断链表等(双线铁路应分左线、右线分别收集整理)输入到轨道测量仪系统中。

2. 测量方法

(1)轨道测量仪检查

①重点检查连接部件、数据线接口等是否完好无损;轨道测量仪组装后,接通电源,检查各传感器是否工作正常,检查轨距及超高测量值是否正确;检查轨道测量仪的电源电量,做好充电工作。

②轨道测量仪组装后,选择轨道平顺度较好地段进行超高传感器校准,校准方法为在同一地点处进行轨道测量仪正反超高测量。

(2)测量作业

①无砟轨道测量时,轨道测量仪与全站仪的距离控制在70 m以内(图2—3—6),轨道测量仪逐渐由远及近地靠近全站仪测量,在离全站仪6 m时停止测量,并搬到下一测站;每个测量区间全站仪自由设站需要8个CPⅢ控制点,下一个设站要包括6个(困难地段不少于4个)上一区间用到的控制点。逐个扣件采集,测量点号以轨道板为依据进行设置,点号为"轨道板号+测点流水号";测量点以里程为依据进行编号,在每个公里内测点编号为"整里程+测点流水号",并用油漆在钢轨上做标记。全站仪搬站后前后两个测站的测量点需有

一定的重叠，无砟轨道需重叠一块轨道板，重叠点较差限差 2 mm。

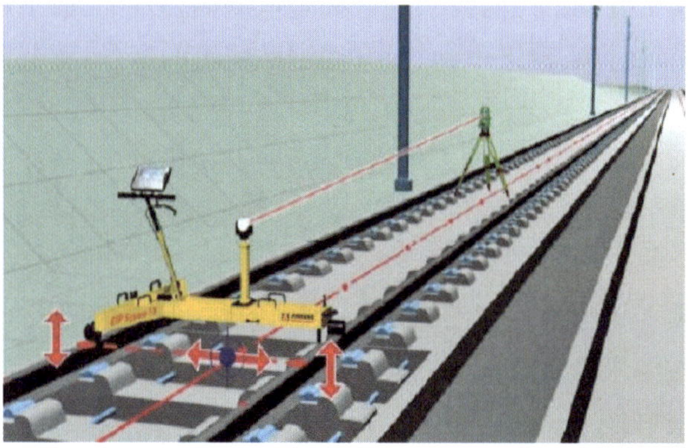

图 2—3—6　轨道测量仪测量

②有砟轨道测量时，有砟轨道每 3 m 或 6 个轨枕间距采集一个点，轨道测量仪和全站仪的距离控制在 120 m 以内，轨道测量仪由远及近地靠近全站仪测量。每个测量区间全站仪自由设站至少需要 4 个控制点，下一个设站要包括 2 个上一区间用到的控制点。全站仪搬站后前后两个测站的测量点需有一定的重叠，有砟轨道需重叠 2 ~ 3 个测点，重叠点较差限差 3 mm。

③全站仪设站精度应达到表 2—3—1 要求。当精度不满足时，可通过剔除误差较大的控制点使其满足精度要求，但要确保选用的控制点覆盖本测站的测量范围。测量道岔直股时应向两端各延长至少 150 m 的正线长度，以保证道岔直股与正线的平顺性连接。

表 2—3—1　全站仪自由设站精度表

项　　目	无砟轨道	有砟轨道
X	≤0.7 mm	≤1 mm
Y	≤0.7 mm	≤1 mm
H	≤0.7 mm	≤1 mm
定向精度	≤2″	≤2″

(3)数据处理

在专业软件上对测量文件进行查看，检查点名是否正确，重叠点测量精度是否满足要求，通过图形显示功能查看轨距、超高是否存在异常变化，对数据异常地段及时安排重测。对检查完成的测量文件进行重叠点处理，重叠点取平均值，重叠点两侧点利用线性内插方法进行平滑处理。将同一台轨道测量仪测量的数据合并为一个文件，并按照里程升序进行排序，便于后续的数据批量处理。

①无砟轨道数据处理

在处理软件中设置轨距、超高、扭曲、轨向、高低、轨距变化率等指标的限差值，利用处理软件对测量数据进行计算，对不满足要求的地段开展轨道模拟调整量分析。

轨道模拟调整时，根据扣件类型确定最小调整量。

模拟调整坚持“先整体、后局部，先高低、后水平，先轨向、后轨距，先直股、后曲股”和

“尖轨、辙叉部位尽量少动，两端线路顺接”的基本原则。

调整量计算：

a. 无砟轨道调整量计算：根据测量数据，对轨道精度和线形进行综合分析评价，确定需要调整的区段；用软件进行调整量模拟试算，并对轨道线形进行优化，形成调整量表；根据调整量表和扣件型号，选配合适的调整配件，并在表中详细记录安装位置、方向。

b. 无砟道岔调整量计算：道岔线性良好、超差点少时，可直接判定道岔线性的调整量，否则用软件计算调整量。

模拟调整完成后，再次对轨道波形图进行检查，确保直线顺直，曲线圆顺，过渡顺畅，并避免出现多波不平顺的情况。

完成轨道模拟调整后，输出 EXCEL 格式的轨道调整量表。轨道调整量表应包含如下数据项：点名、左轨平面调整量、左轨高程调整量、右轨平面调整量、右轨高程调整量、轨距偏差、设计超高、超高偏差。

平面调整量的符号定义：面向大里程，向左调为负值，向右调为正值。

高程调整量的符号定义：向上调为正值，向下调为负值。

②有砟轨道数据处理

对于设计线位资料准确的有砟轨道，可利用处理软件直接计算出轨道的拨道和起道量；对于设计线形文件不准确的有砟轨道，先根据轨道实测数据进行线位的优化拟合。具体步骤如下：

利用处理软件输出轨道实测中线坐标（里程、东坐标、北坐标）及实测内轨高程数据（里程、内轨高程）；确定起点里程，其余点的里程通过坐标推算确定。

应用线路平面优化拟合软件，对轨道实测中线数据进行处理，线间距、限界、拨道量最小等控制指标满足要求前提下，拟合出线路平面设计文件。

应用线路纵断面优化拟合软件，对实测内轨高程数据进行处理，最短坡长、变坡点不侵入缓和曲线、起道量最小等控制指标满足要求前提下，拟合出线路纵断面设计文件。

将拟合的平面设计文件及纵断面设计文件作为新的设计文件，利用处理软件计算出轨道的拨道和起道量。

采用大机捣固车进行有砟轨道养护作业，有砟轨道数据输出的要求如下：

线路起拨道量数据输出：将线路实际位置与设计位置之间的偏差值输出为 VER 格式文件，该文件包含如下数据项：里程、起道量、拨道量。起道量及拨道量的符号定义要与捣固车要求一致，通常按照下述方法确定：

拨道量的符号定义：面向大里程，向左调为负值，向右调为正值。

起道量的符号定义：向上调为正值，向下调为负值。

线路设计线形文件输出：将线路的设计线位文件输出为 GEO 格式文件，该文件包含如下数据项：里程、平面曲线半径、缓和曲线长、设计超高、竖曲线半径、坡度。

在进行线路养护作业时，首先将 GEO 及 VER 文件导入 DCL-32 型捣固车配有的 ALC（自动轨道参数引导计算机）系统中，然后根据现场标记点进行里程对准，捣固车即可由 ALC 系统引导自动完成线路的捣固作业。

（四）激光长弦轨道不平顺测量

1. 技术要求

激光长弦轨道测量仪适用于有砟轨道直线地段轨向、高低和曲线地段高低局部不平顺的相对测量，如图2—3—7所示。

图2—3—7　激光长弦轨道测量仪

2. 测量方法

（1）里程拉链

①确定基准股：直线、道岔地段以顺里程方向左股，曲线轨向以上股为基本股，高低以下股为基本股。

②校核里程：直线地段以里程标、道岔地段以尖轨尖、竖曲线地段以坡度标、曲线地段以曲线要素点为特征点进行里程校核。

③根据校核后的里程找出前后5 m整桩点，确定为测量的起点，然后按照作业范围，以3 m为间距进行测量标记，并将里程用油漆标注在标准股外侧的轨底上。

（2）仪器组装

①放置支架：接收端支架、发射端支架双轮放置在基本股上，通过伸缩拉杆使小车滚轮完全接触钢轨工作边，先试推一下，确认支架正确放置，小车能正常运行。

②安装接收端：松开支架与接收器的固定螺栓，将接收器对准卡槽平行放置，并使接收器屏幕面向发射端，再上紧螺栓。

③安装发射端：松开支架与发射器的固定螺栓，将发射器对准卡槽平行放置，并使发射器面向接收端，上紧螺栓。

④试机：分别在接收端支架（二块）和激光发射器（一块）安装电池，打开支架蓝牙及激光发射器的开关，启动电脑—程序界面—切换模式—数据监控，保证仪器正常运行。

（3）仪器调试

两人使用对讲机配合，通过旋拧发射端的高低左右螺旋，使激光点对准接收端屏幕上，直线地段使水平、竖直光斑控制在+5坐标内，在曲线（含竖曲线）地段适当调节激光点在屏幕上的位置。激光发射端与接收端距离：直线地段不超过120 m，曲线地段不超过$R/100$ m。

（4）测量作业

①资料输入：在应用程序上输入起点里程，设置推行方向，选择动或静态模式，选定基本股，并按“设置”按钮。

②数据采集：

动态模式，选择动态后按"设置"按钮，并按"开始"按钮，软件显示已采集数据后，开始匀速推行小车至发射端，按"停止"按钮，完成一镜数据采集。倒退 20 m 点击"设置"按钮后点击"里程清零"按钮，移动发射端至二镜指定地点固定，进行重复上述操作，完成二镜数据采集。重复上述步骤，直至完成测量任务。

静态模式，选择静态模式后按"设置"按钮，并按"开始"按钮，软件显示已采集数据后，开始按设定"n"根轨枕一停，推行小车至发射端，按"停止"按钮，完成一镜数据采集。倒退 20 m 点击"设置"按钮后点击"里程清零"按钮，移动发射端至二镜指定地点固定，进行重复上述操作，完成二镜数据采集。重复上述步骤，直至完成测量任务。遇特征点时需停车进行采集标注。

（5）拆装仪器

①拆卸接收端：保存数据后，电脑关机并装包；关闭接收端电源，取下连接线，松开固定接收器的螺栓，平移取下接收器；收回伸缩拉杆，扶稳取下小车并装箱。

②拆卸发射端：关闭电源，松开固定发射器的螺栓，平移取下发射器；收回伸缩拉杆，扶稳取下小车并装箱。

3. 注意事项

（1）根据动静态结合分析，确定合适的测量起终点（起终点必须设在线型良好的位置），根据测量结果与动态波形复核。

（2）按要求放置支架，仪器组装正确，固定螺旋紧靠无松动。

（3）输入的线路技术资料必须正确。

（4）测量必须在天窗点内作业，严禁大风、雨、雪、雾及钢轨面有热浪等不良天气作业。

二、无砟道床检查

目前，我国高速铁路铺设的无砟道床有预制板式和现浇混凝土式两大类共六种结构形式，即 CRTSⅠ型板式、CRTSⅡ型板式、CRTSⅢ型板式、双块式以及道岔区轨枕埋入式和板式无砟道床。

（一）一般要求

1. 工务段每半年根据无砟道床检查情况进行质量分析，及时掌握无砟道床状态、变化规律和病害发展趋势，指导无砟道床维修。车间负责组织对无砟道床进行周期性静态检查，建立病害问题库，并根据无砟道床伤损程度分轻重缓急安排整修。

2. 工务段要建立 CRTS Ⅱ型板式无砟轨道张拉锁张拉和宽接缝混凝土浇筑时的气温，双块式无砟轨道路桥、路隧过渡段支承层和道床板混凝土浇筑时的气温等技术资料台账。

3. 工务段根据连续型无砟轨道结构的施工资料、日常检查资料和以往作业情况，提出夏季检查重点地段并加强检查。

4. 工务段要及时掌握管内高温天气情况，当预报气温达到历史极端气温及以上或连续 5 天以上气温超过 37℃时，全天停止影响基础和轨道稳定的作业（应急处置等特殊情况除外），并及时采用巡检系统或人工检查方式对无砟轨道状态进行全面检查，CRTSⅡ型板式无砟轨道宽接缝和路基地段双块式无砟轨道道床板浇筑施工时气温低于 10℃的地段检查周期不超过 10 天，同时每日高温时段要安排添乘检查。

5. 检查人员发现砂浆填充层与轨道板、底座（支承层）以及道床板与支承层离缝超过3 mm；线路高低或方向偏差超过3 mm/10 m；轨道板及宽接缝混凝土表面剥离掉块等情况要及时向工务段报告，工务段接到报告后，主管副段长要组织分析，查明原因，及时处置，必要时可采取限速或封锁措施，确保行车安全。

6. 对CRTS Ⅰ型板式无砟轨道温度跨度大于或等于48 m桥梁梁端凸台与填充树脂、底座；CRTS Ⅲ型板式无砟轨道温度跨度大于或等于48 m桥梁梁端底座进行加强检查。

7. 无砟道床伤损形式及伤损等级判定按《高速铁路无砟轨道线路维修规则》执行。无砟道床伤损病害须拍照存档。

（二）检查方法

1. CRTS Ⅰ型板式无砟道床

CRTS Ⅰ型板式无砟道床检查方法见表2—3—2。

表2—3—2　CRTS Ⅰ型板式无砟道床检查方法

序号	检查项目	检查工具	检 查 方 法	示 意 图
1	预应力轨道板的锚穴脱落	人 工	目 视	
2	预应力轨道板钢棒折断	人 工	目 视	
3	预应力轨道板锚穴周边混凝土破损	钢板尺	测量破损长度、宽度和深度，目视轨道板是否露筋	
4	砂浆层破损	钢板尺	测量破损长度和深度	
5	砂浆层离缝	钢板尺、塞尺、卷尺	采用钢板尺和卷尺测量离缝的长度和深度，采用塞尺测量离缝的宽度	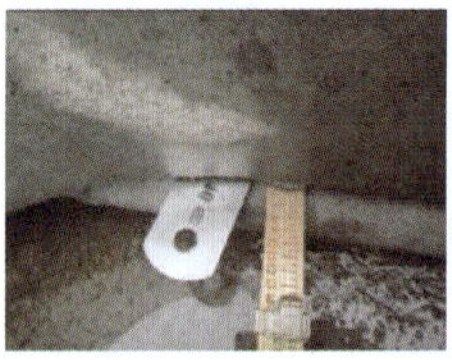

续上表

序号	检查项目	检查工具	检 查 方 法	示 意 图
6	轨道板裂缝	钢板尺、塞尺、裂缝检查仪(包括比对卡、读数显微镜、裂缝宽度仪等)	采用钢板尺测量裂缝的长度,用塞尺、裂缝检查仪测量裂缝的宽度	
7	轨道板缺损	钢板尺	采用钢板尺测量轨道板缺损的长度、宽度和深度,目视轨道板是否露筋	
8	底座裂缝	钢板尺、塞尺、裂缝检查仪(包括比对卡、读数显微镜、裂缝宽度仪等)	采用钢板尺测量裂缝的长度,用塞尺、裂缝检查仪测量裂缝的宽度	
9	底座粉化	钢卷尺、回弹仪、人工	采用钢卷尺测量粉化的长度和宽度,目视底座是否露筋,对粉化层进行打磨处理后,用回弹仪检测混凝土强度,若粉化层深度超过钢筋保护层的厚度应进一步检测分析	
10	底座缺损	钢板尺	采用钢板尺测量底座缺损的长度、宽度和深度,目视底座是否露筋	
11	底座伸缩缝离缝、嵌缝材料失效	钢板尺、塞尺、卷尺	采用钢板尺、塞尺测量离缝宽度,用卷尺测量离缝长度;采用钢卷尺测量嵌缝材料碎裂、脱落、开裂的长度	
12	凸形挡台裂缝	钢板尺、塞尺、裂缝检查仪(包括比对卡、读数显微镜、裂缝宽度仪等)	采用钢板尺测量裂缝的长度,用塞尺、裂缝检查仪测量裂缝的宽度	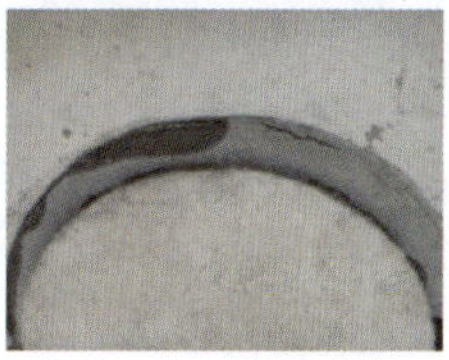

续上表

序号	检查项目	检查工具	检 查 方 法	示 意 图
13	凸形挡台周围树脂离缝、裂缝、缺损	钢板尺、塞尺、卷尺	采用钢板尺、塞尺测量离缝、裂缝的宽度,采用卷尺测量离缝、裂缝的长度,采用钢板尺测量凸台树脂缺损的长度、宽度和深度	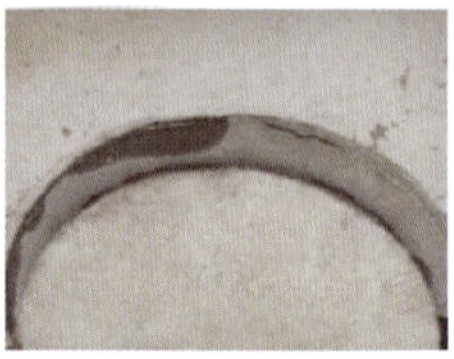
14	底座与路基面冒浆	卷尺、钢板尺	采用卷尺测量冒浆的长度、宽度,用钢板尺测量析出物的堆积厚度	

注:长度、宽度和深度均为最大值。

2. CRTS Ⅱ型板式无砟道床

CRTS Ⅱ型板式无砟道床检查方法见表 2—3—3。

表 2—3—3　CRTS Ⅱ型板式无砟道床检查方法

序号	检查项目	检查工具	检 查 方 法	示 意 图
1	预应力轨道板轨道板裂缝	钢板尺、塞尺、裂缝检查仪(包括比对卡、读数显微镜、裂缝宽度仪等)	采用钢板尺测量裂缝的长度,用塞尺、裂缝检查仪测量裂缝的宽度	
2	轨道板混凝土缺损	钢板尺	测量破损长度、宽度和深度,目视轨道板是否露筋	
3	砂浆层破损	钢板尺	测量破损长度和深度	
4	砂浆层裂缝	钢板尺、塞尺、裂缝检查仪(包括比对卡、读数显微镜、裂缝宽度仪等)	采用钢板尺测量裂缝的长度,用塞尺、裂缝检查仪测量裂缝的宽度	

续上表

序号	检查项目	检查工具	检 查 方 法	示 意 图
5	砂浆层离缝	钢板尺、塞尺、卷尺	采用钢板尺和卷尺测量离缝的长度和深度，采用塞尺测量离缝的宽度	
6	支承层（底座板）裂缝	钢板尺、塞尺、裂缝检查仪（包括比对卡、读数显微镜、裂缝宽度仪等）	采用钢板尺测量裂缝的长度，用塞尺、裂缝检查仪测量裂缝的宽度	
7	侧向挡块裂缝	钢板尺、塞尺、裂缝检查仪（包括比对卡、读数显微镜、裂缝宽度仪等）	采用钢板尺测量裂缝的长度，用塞尺、裂缝检查仪测量裂缝的宽度	
8	宽窄接缝裂缝	钢板尺、塞尺、裂缝检查仪（包括比对卡、读数显微镜、裂缝宽度仪等）	采用钢板尺测量裂缝的长度，用塞尺、裂缝检查仪测量裂缝的宽度	
9	宽窄接缝缺损	钢板尺	测量破损长度、宽度和深度，目视宽窄接缝是否露筋	
10	轨道板上拱	绷线器（弦线）、数显示式轨距尺	测量轨道上拱高程、轨距	
11	底座粉化	钢卷尺、回弹仪、人工	采用钢卷尺测量粉化的长度和宽度，目视底座是否露筋，对粉化层进行打磨处理后，用回弹仪检测混凝土强度，若粉化层深度超过钢筋保护层的厚度应进一步检测分析	

续上表

序号	检查项目	检查工具	检 查 方 法	示 意 图
12	底座缺损	钢板尺	采用钢板尺测量底座缺损的长度、宽度和深度，目视底座是否露筋	
13	嵌缝材料失效	钢板尺、卷尺	采用钢板尺测量失效嵌缝材料宽度，用卷尺测量长度；采用钢卷尺测量嵌缝材料碎裂、脱落、开裂的长度	
14	轨道板灌浆孔混凝土凸起	钢板尺	采用钢板材测量灌浆孔混凝土凸起高度	
15	剪力筋窜出	目 视	采用钢板尺测量窜出高度	
16	底座与路基面冒浆	卷尺、钢板尺	采用卷尺测量冒浆的长度、宽度，用钢板尺测量析出物的堆积厚度	

注：长度、宽度和深度均为最大值。

3. CRTSⅢ型板式无砟道床

CRTSⅢ型板式无砟道床检查方法见表2—3—4。

表2—3—4 CRTSⅢ型板式无砟道床检查方法

序号	检查项目	检查工具	检 查 方 法	示 意 图
1	预应力轨道板轨道板裂缝	钢板尺、塞尺、裂缝检查仪（包括比对卡、读数显微镜、裂缝宽度仪等）	采用钢板尺测量裂缝的长度，用塞尺、裂缝检查仪测量裂缝的宽度	

续上表

序号	检查项目	检查工具	检 查 方 法	示 意 图
2	轨道板混凝土缺损	钢板尺	测量破损长度、宽度和深度，目视轨道板是否露筋	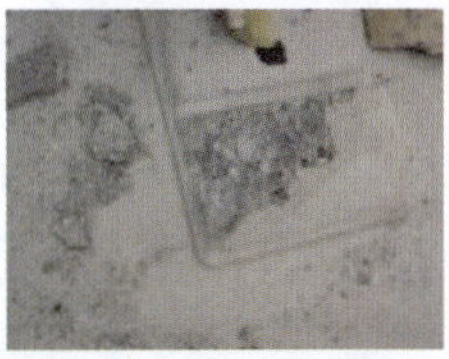
3	锚穴封端封锚砂浆与轨道板离缝	钢板尺	测量破损长度和深度	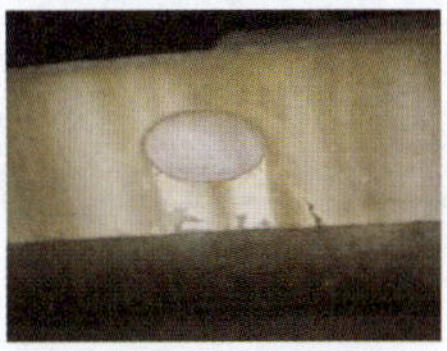
4	锚穴封端脱落	钢板尺、塞尺、裂缝检查仪(包括比对卡、读数显微镜、裂缝宽度仪等)	采用钢板尺测量裂缝的长度，用塞尺、裂缝检查仪测量裂缝的宽度	
5	自密实混凝土层裂缝	钢板尺、塞尺、卷尺	采用钢板尺和卷尺测量离缝的长度和深度，采用塞尺测量离缝的宽度	
6	支承层(底座板)裂缝	钢板尺、塞尺、裂缝检查仪(包括比对卡、读数显微镜、裂缝宽度仪等)	采用钢板尺测量裂缝的长度，用塞尺、裂缝检查仪测量裂缝的宽度	
7	底座缺损	钢板尺	采用钢板尺测量底座缺损的长度、宽度和深度，目视底座是否露筋	
8	伸缩缝嵌缝材料失效	钢板尺、卷尺	采用钢板尺测量失效嵌缝材料宽度，用卷尺测量长度；采用钢卷尺测量嵌缝材料碎裂、脱落、开裂的长度	

序号	检查项目	检查工具	检　查　方　法	示　意　图
9	轨道板灌浆孔混凝土凸起	钢板尺	采用钢板材测量灌浆孔混凝土凸起高度	

注：长度、宽度和深度均为最大值。

4. 双块式无砟道床

双块式无砟道床检查方法见表2—3—5。

表2—3—5　双块式无砟道床检查方法

序号	检查项目	检查工具	检　查　方　法	示　意　图
1	道床板裂缝	钢板尺、塞尺、裂缝检查仪（包括比对卡、读数显微镜、裂缝宽度仪等）	采用钢板尺测量裂缝的长度，用塞尺、裂缝检查仪测量裂缝的宽度	
2	道床板混凝土缺损	钢板尺	测量破损长度、宽度和深度，目视轨道板是否露筋	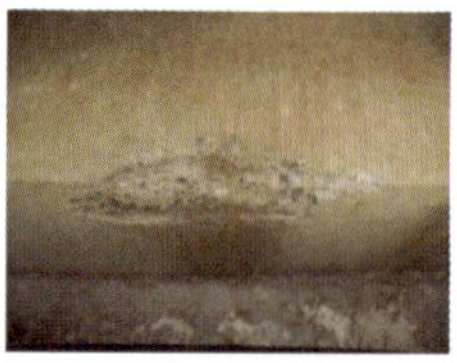
3	轨枕裂缝	钢板尺、塞尺、裂缝检查仪（包括比对卡、读数显微镜、裂缝宽度仪等）	采用钢板尺测量裂缝的长度，用塞尺、裂缝检查仪测量裂缝的宽度	
4	轨枕缺损	钢板尺	测量破损长度、宽度和深度，目视轨道板是否露筋	
5	轨枕块与道床板之间离缝	钢板尺、塞尺、卷尺	采用钢板尺和卷尺测量离缝的长度和深度，采用塞尺测量离缝的宽度	

续上表

序号	检查项目	检查工具	检 查 方 法	示 意 图
6	道床板与支承层/底座板之间离缝	钢板尺、塞尺、裂缝检查仪(包括比对卡、读数显微镜、裂缝宽度仪等)	采用钢板尺测量裂缝的长度,用塞尺、裂缝检查仪测量裂缝的宽度	
7	底座板缺损	钢板尺、塞尺、卷尺	采用钢板尺和卷尺测量缺损的长度、宽度和深度	
8	支承层(底座板)裂缝	钢板尺、塞尺、裂缝检查仪(包括比对卡、读数显微镜、裂缝宽度仪等)	采用钢板尺测量裂缝的长度,用塞尺、裂缝检查仪测量裂缝的宽度	
9	支承层与路基基床表层之间冒浆	卷尺、钢板尺	采用卷尺测量冒浆的长度	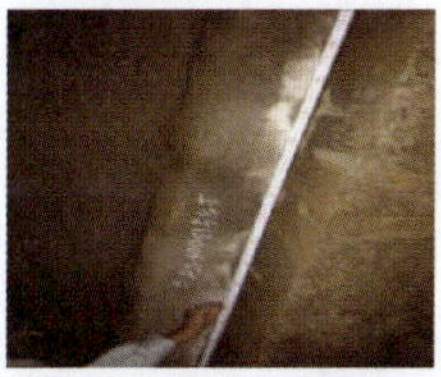
			采用卷尺测量冒浆的宽度	
			用钢板尺测量析出物的堆积厚度	

注:长度、宽度和深度均为最大值。

5. 岔区轨枕埋入式无砟道床

岔区轨枕埋入式无砟道床检查方法见表2—3—6。

表 2—3—6　岔区轨枕埋入无砟道床检查方法

序号	检查项目	检查工具	检　查　方　法	示　意　图
1	道床板裂缝	钢板尺、塞尺、裂缝检查仪(包括比对卡、读数显微镜、裂缝宽度仪等)	采用钢板尺测量裂缝的长度,用塞尺、裂缝检查仪测量裂缝的宽度	
2	道床板混凝土缺损	钢板尺	测量破损长度、宽度和深度,目视轨道板是否露筋	
3	岔枕裂缝及周围的界面裂缝	钢板尺、卷尺、塞尺、裂缝检查仪(包括比对卡、读数显微镜、裂缝宽度仪等)	采用卷尺测量裂缝的长度	
			用塞尺测量裂缝的宽度	
			采用钢板尺测量裂缝的深度	
4	轨枕缺损	钢板尺	测量破损长度、宽度和深度,目视轨道板是否露筋	
5	轨枕与道床板之间离缝	钢板尺、塞尺、卷尺	采用钢板尺和卷尺测量离缝的长度和深度,采用塞尺测量离缝的宽度	

续上表

序号	检查项目	检查工具	检查方法	示意图
6	道床板（支承层）的横向贯通裂缝	卷尺、钢板尺、塞尺、裂缝检查仪（包括比对卡、读数显微镜、裂缝宽度仪等）	采用卷尺测量裂缝的长度	
			采用钢板尺测量裂缝的深度	
			用塞尺、钢板尺、裂缝检查仪测量裂缝的宽度	
7	道床板与支承层/底座板之间离缝	钢板尺、塞尺、卷尺	采用卷尺测量离缝的长度	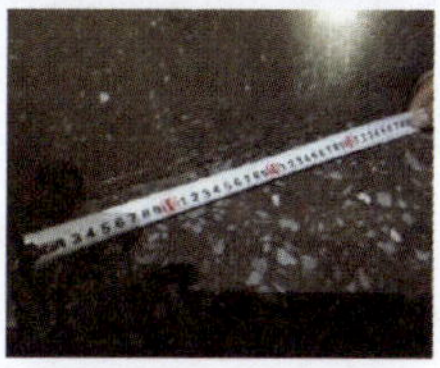
			采用钢板尺测量离缝的深度	
			采用塞尺测量离缝的宽度	
8	底座板缺损	钢板尺、塞尺、卷尺	采用钢板尺和卷尺测量缺损的长度、宽度和深度	

续上表

序号	检查项目	检查工具	检 查 方 法	示 意 图
9	支承层(底座板)裂缝	钢板尺、塞尺、裂缝检查仪(包括比对卡、读数显微镜、裂缝宽度仪等)	采用钢板尺测量裂缝的长度,用塞尺、裂缝检查仪测量裂缝的宽度	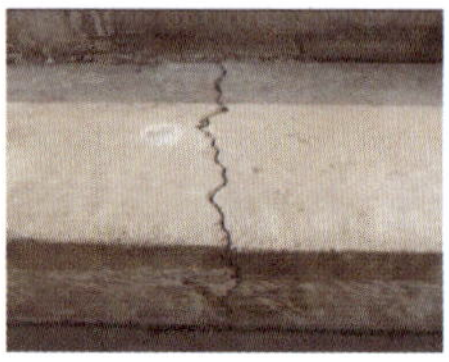
10	支承层与路基基床表层之间冒浆	钢板尺、塞尺、裂缝检查仪(包括比对卡、读数显微镜、裂缝宽度仪等)	采用钢板尺测量裂缝的长度,用塞尺、裂缝检查仪测量裂缝的宽度	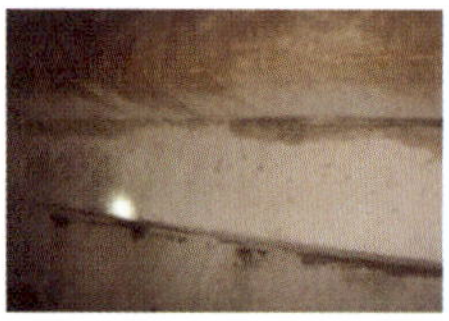

注:长度、宽度和深度均为最大值。

6. 板式道岔无砟道床

板式道岔无砟道床检查方法如表 2—3—7 所示。

表 2—3—7 板式道岔无砟道床检查方法

序号	检查项目	检查工具	检 查 方 法	示 意 图
1	道岔板裂缝	钢板尺、塞尺、裂缝检查仪(包括比对卡、读数显微镜、裂缝宽度仪等)	采用钢板尺测量裂缝的长度,用塞尺、裂缝检查仪测量裂缝的宽度	
2	道岔板缺损	钢板尺	测量破损长度、宽度和深度,目视轨道板是否露筋	
3	自密实混凝土裂缝	钢板尺、塞尺、裂缝检查仪(包括比对卡、读数显微镜、裂缝宽度仪等)	采用钢板尺测量裂缝的长度,用塞尺、裂缝检查仪测量裂缝的宽度	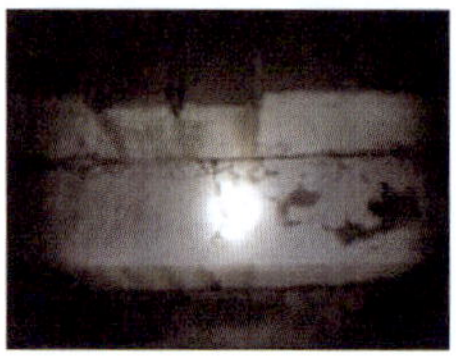
4	自密实混凝土缺损	钢板尺	测量破损长度、宽度和深度,目视轨道板是否露筋	

续上表

序号	检查项目	检查工具	检　查　方　法	示　意　图
5	水泥乳化沥青砂浆离缝	钢板尺、塞尺、卷尺	采用钢板尺和卷尺测量离缝的长度和深度，采用塞尺测量离缝的宽度	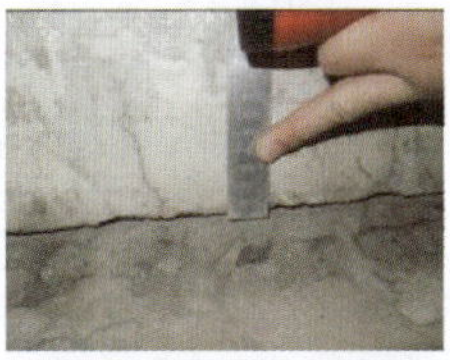
6	道岔板与支承层/底座板之间离缝	钢板尺、塞尺、裂缝检查仪（包括比对卡、读数显微镜、裂缝宽度仪等）	采用钢板尺测量裂缝的长度，用塞尺、裂缝检查仪测量裂缝的宽度	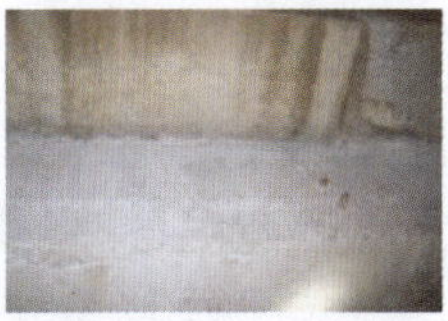
7	道岔板与自密实混凝土层之间冒浆	钢板尺、塞尺、裂缝检查仪（包括比对卡、读数显微镜、裂缝宽度仪等）	采用钢板尺测量裂缝的长度，用塞尺、裂缝检查仪测量裂缝的宽度	

注：长度、宽度和深度均为最大值。

第四节　钢 轨 检 查

钢轨检查分探伤和外观及表面伤损检查。钢轨探伤内容包括钢轨母材探伤和焊缝探伤，外观及表面伤损检查内容包括焊缝平直度、钢轨廓形、轨面光带、轨面硌痕、钢轨锈蚀、钢轨擦伤、鱼鳞裂纹、钢轨磨耗等。

一、探伤检查

（一）钢轨探伤车

1. 技术要求

操作人员必须通过技术培训，按《国家职业标准　大型养路机械司机》的规定，经考试合格，取得国家职业资格，并获得《大型养路机械操作证》。钢轨探伤车如图 2—4—1 所示。

图 2—4—1　钢轨探伤车

2. 作业方法

（1）准备工作

①运行准备

联系车站，按照施工电报，请求调度命令、作业车次及检测区间。

a. 申请要点：联络员到车站信号楼与车站值班员沟通联系，按照探伤电报申请作业计划，联系车辆转线。

b. 车辆准备：七号位负责启动发电机，给全车送电；三号位打开 GYK，合上电动风泵开关，用辅助压缩机给总风缸打风。总风缸压力达到 700 kPa，三号位试风试闸完制动后，四号位拆除前铁鞋，五号位拆除后铁鞋。

c. 检测准备：一号位合上探伤系统电源，启动探伤检测系统，联机正常后，进行预设参数；六号位合上轨道状态巡检系统电源，启动轨道状态巡检系统，联机正常后，进行预设参数。七号位启动钢轨轮廓检测系统。

d. 设置运记：四号位根据联络员申请的调度命令，设置运记。

②作业前准备

a. 仿真测试：一号位接通示波器电源，进行仿真测试，检查探伤检测系统工作是否正常；打开监控显示，检查各个摄像探头显示是否正常，显示不正确时应及时调整。

b. 检查备品：二号位检查行车、防护、防胀、防断、起复、消防等安全备品，必须齐全完好。

c. 检查开关：三号位检查两端驾驶室的所有开关、手柄等是否处于运行前的正确位置，检查交流充电机充电开关是否处于断开位置。

d. 填写运转记录：四号位检查发电机、发动机运转记录，填写司机手账。

e. 安全检查：五号位检查车辆下方有无影响行车的障碍物，探轮装置是否正常，检查各折角塞门、车钩、钩缓装置、闸瓦间隙，检查驻车制动是否缓解。如有异常立即处理，并向车长报告。

f. 检查照明：六号位绕车一周检查车外电线、水管、防溜拆除状况，检查头灯照明及车体状况以及探伤照明情况。

g. 检查油位：七号位检查整车各油位，如：发动机机油、冷却水水位、动力换挡箱油位、柴油箱油位、液压油箱油位，不足时补充。

h. 调车：三号位、四号位按照车站值班员命令调车至探伤检测起始里程。

i. 系统启动：一号位启动主计算机，五号位启动 PLC 人机界面。

③下放探轮装置

运行至起始里程后，放下探轮装置。

a. 放车防护：三号位、二号位盯控上下行来车情况，防护放车人员人身安全。

b. 启动探伤辅助系统：五号位操作 PLC 人机界面开启“车下风机”“耦合水泵”，之后再按“降下探轮”；

c. 确认：五、六号位在车下确认探轮及自动对中装置正常后上车；

d. 记录起始里程：二号位确认检测起始里程，并记录。

（2）探伤作业

按照当日施工电报进行探伤正常作业，作业过程中的探轮破损更换、系统死机等紧急情况各号位处理。

①作业

a. 确认信号：四号位与车站联控并确认信号进路正常，通知三号位准备发车。

b. 挂挡运行：三号位启动发动机，缓解制动并挂挡运行。

c. 输入作业里程：二号位用小键盘输入作业起点里程，并确认小键盘工作正常。

d. 开始探伤检测：一号位点击开始按钮，系统开始检测，根据线路状况及时对各通道的参数进行调整。

e. 开始轨道巡检和轮廓检测：六号位按“开始采集”按钮，采集钢轨表面图像，根据光线分别调整左右股的曝光度。七号位启动钢轨轮廓检测系统，输入起始里程、线别，开始数据采集。

f. 探伤作业：一号位根据所探伤线路的路况，控制好作业系统参数。探轮破损以及探伤系统死机时，及时通知司机减速停车，并报告车长。侧线停车时停止检测，停止喷水、鼓风，截取数据。

g. 轨检系统作业：六号位根据检测的线路环境，控制好相机曝光参数。侧线停车时停止检测，截取数据并做好记录。

h. 更换检修探轮：检测过程中发生探轮破损，停车后五、六、七号位更换探轮，并及时维修探轮。

i. 更新作业里程：二号位检测过程中及时更新地面公里里程数据并记录，输入线路曲线标记。更换破损探轮时，监控临线来车情况，通知更换人员下道避让。

j. 作业巡视：七号位运行过程中，监视监控系统；定时巡视检查动力间情况（包括发电机、发动机、散热风扇等）。

k. 回放数据：五号位根据一号位检测截取数据，对数据进行回放判伤并记录，有重大伤损报告车长确认。

②收车

运行至终止里程后，停止检测收起探伤装置。

a. 制动停车：三号位检测到终点位置后及时制动停车。

b. 停止探伤检测：一号位点击探伤系统停止检测按钮，停止检测，关闭系统后，关闭电脑及电源。五号位操作 PLC 人机界面按“升起探轮”，关闭“耦合水泵”“车下风机”。

c. 停止擦伤检测：六号位点击擦伤停止检测按钮，回放完成后关闭擦伤检测系统，关闭电脑及电源，七号位点击钢轨轮廓采集系统。

d. 记录进度：二号位检测结束后放置好小键盘，记录施工进度，将记录本交给五号位。

e. 收车防护：三号位、二号位盯控临线来车情况，防护收车人员安全。

③结束施工

施工结束后，按调度命令调车至停靠车站。

a. 联系调车：联络员与车站沟通联系调车。

b. 调车：三号位按照《大型养路机械运行驾驶指导书》进行操作，调车至停靠线。

c. 设置防溜：三号位设置好前端铁鞋，六号位设置好后端铁鞋，按车长通知排水、排风，关闭电动风泵及 GYK。

d. 做探伤报告：五号位回放探伤检测数据并记录，做好探伤报告。

e. 做擦伤报告：六号位回放擦伤检测数据并记录，做好擦伤报告。

f. 填写记录：各号位按照当日车长分工统计施工进度、给车间调度报告进度，填写运转记录、作业记录、故障记录等记录。

g. 检查报告：车长负责检查当日探伤报告、擦伤报告，上传报告给相关人员。

3. 注意事项

(1)作业时注意观察 SYS1900 系统两台监视器的显示，四台双通道示波器及系统柜机工作是否正常，遇探轮破损、水系统故障、系统死机立即通知三号位，及时停车，并通知司机长，排除故障，确认正常后方可继续作业。

(2)底波消失时，应及时排查是探轮对中不良还是探轮胶套破损。

(3)通过侧线道岔限速 25 km/h，非提速正线道岔适当降低运行速度，提速正线道岔限速 60 km/h，*R*700 半径曲线速度不大于 50 km/h。

(4)遇邻线有车时，下车更换探轮时等邻线列车通过后方能下车。

(5)人员下车时两端做好防护，无论电气化区段是否停电，所有作业人员均按有电作业，严禁攀顶，手持工具与接触网的距离应在 2 m 以上。

(6)收放探轮尽量在一侧执行，必须换边时，应注意两侧开关位置相同时，取得控制权才能操作，收放小车必须在平直线路上操作。

(7)施工前应和工务段沟通了解断链地段，记录未检测地段里程及未原因。

(8)作业中保持每 30 min 到动力间的巡视一次。

(9)每日跨越正线接水时设好防护。

(二)人工探伤

1. 钢轨探伤

(1)技术要求

①探伤执仪人员应符合《铁路工人技术标准 工务线路 钢轨探伤工》(TB/T 2154.3)规定，还需取得铁道部门无损检测考核委员会颁发的Ⅰ级或以上资格证书。

②探伤仪应符合《多通道 A 型显示钢轨超声波探伤仪技术条件》(TB/T 2340)规定。

③探头及保护膜应符合《钢轨超声波探伤探头技术条件》(TB/T 2634)规定。

④探伤灵敏度执行《钢轨探伤管理规则》。

(2)作业方法

①准备工作

a. 检查各类备品，防护用品和台账、记录本。

b. 检查仪器状态、在试块上调试探伤灵敏度，向数字式钢轨探伤仪中输入当天作业的有关信息，严禁仪器带病上道作业。

②探伤作业

a. 上道后首先检查探头位置，调节好各探头水量，保证探头和轨面耦合良好。

b. 严格执行接头站、小腰慢、大腰匀速走的探伤检查要领；直线或曲线半径大于 800 m 的无缝线路地段探伤走行速度不得高于 3 km/h，有缝线路或曲线半径小于 800 m 的无缝线路地段不高于 2 km/h，对于磨耗严重和轨面不良或出现伤损较多的地段须进一步降低探伤检测速度。

c. 执机人员连续执机不宜超过 3 km，双机作业两机间距不大于 50 m。

d. 发现可疑波形和报警要仔细进行校对确认，必要时进行双机校对；对线路现存伤损要进行逐个复检，详细记录探测结果并对检测波形储存于仪器中。

e. 重点处所应加大水量，降低探伤速度，对磨耗、擦伤及岔后引轨等处所必须及时调整探头位置并打开所有水阀，必要时应手持探头用校对通道仔细检查。

f. 现场作业应根据实际情况调整探伤灵敏度，灵敏度调整量不应超过 ±4 dB，并记录在探伤日志中，如调整后仪器仍不正常，则应检查仪器、探头及耦合状态，当发现仪器故障时应立即停止作业，并记录停止作业的地点。发现伤损要做好详细记录（伤损位置、大小、判伤灵敏度等），打上标记，重伤应立即填发《重伤钢轨通知书》，按相关规定及时通知进行处理。

g. 随机作业人员需紧随仪器、协听报警，注意观察钢轨状态。因故临时停止作业后，重新开始探伤作业时必须退回重复检查至少 6 m 以上的距离。

h. 及时准确填写探伤日志和伤损钢轨通知书，并存储伤损信息。

i. 探伤作业完毕后，关闭电源，放掉余水，保养仪器，及时充电。

（3）注意事项

①应加强对道岔、小半径曲线、既有伤损、螺栓孔、绝缘接头、焊缝、钢轨锈蚀等重点处所或部位的探伤检查。

②探测中应使用 37°探头加强对焊缝及热影响区的轨底横向裂纹探测，发现轨底回波应进行定位或校对，认真区分焊筋波和轨底锈蚀波，以防漏检和误判。

③仪器在运输过程中应避免剧烈震动和磕碰，以防仪器受损。

2. 焊缝探伤

（1）技术要求

①探伤执仪人员应符合《铁路工人技术标准 工务线路 钢轨探伤工》（TB/T 2154.3）规定，还需取得铁道部门无损检测考核委员会颁发的Ⅱ级或以上资格证书。

②探伤仪应符合《A 型脉冲反射式超声探伤仪通用技术条件》（JB/T 10061）

③探头应符合《钢轨超声波探伤仪探头技术条件》（TB/T 2634）规定。

④探伤灵敏度执行《钢轨焊缝超声波探伤作业》（TB/T 2658.21）规定。

⑤按工艺要求新焊焊缝（气压焊和闪光焊缝）应用 4 MHz 探头，在役焊缝和铝热焊缝用 2.5 MHz 探头。

新焊接的焊缝探伤须在焊缝温度降至 40℃以下时进行。

（2）作业方法

①准备工作

a. 检查各类备品，防护用品和台账、记录本及除锈工具。

b. 检查仪器状态、在试块上调试探伤灵敏度，严禁仪器带病上道作业。

②探伤作业

a. 按要求进行探测面除锈、打磨，拆除探头扫查范围内的所有扣件。

b. 现场作业应根据实际情况修正探伤灵敏度，灵敏度调整量为 2 ~ 6 dB，并记录在探伤日志中，如调整后仪器仍不正常，则应检查仪器、探头及耦合状态，当发现仪器故障时应立即停止作业。发现伤损要做好详细记录（伤损位置、大小、判伤灵敏度等），打上标记，重伤应立即填发《重伤钢轨通知书》，按相关规定及时通知进行处理。

c. 探伤时耦合剂充足，扫查装置按规定放置。

d. 气压焊及闪光焊接头轨头至轨腰直至轨底应使用串列式扫查架（或移动扫差装置）扫查，轨底采用双 K1 探头（矩阵扫差装置）在轨底角侧面做 K 型扫查。

e. 应手持单 K2.5 探头对轨头踏面和轨底坡面区域进行扫查。

f. 铝热焊接头应首先使用 0°探头进行焊缝全长度的扫查，然后对轨头采用单 K2.5 探头、轨腰采用单 K(0.8～1)探头进行扫查，轨底采用单 K2.5 探头在轨底坡面进行扫查。对于宽焊缝铝热焊接头除轨头和轨腰采用单探头扫查外，还应使用单 K1 探头以轨底角侧面为探测面进行扫查。

g. 当遇到前一周期探伤发现的缺陷时应进行复核，对波形比对并记录存储，对新发现的波形应采用多种校对结合手工检查等方法反复判别，排除假象波并进行判伤、记录和存储波形。

h. 及时准确填写探伤日志和伤损钢轨通知书，并存储伤损信息。

i. 作业完毕关闭电源，保养仪器，及时充电。

（3）注意事项

a. 普通铝热焊和宽焊缝铝热焊均应使用扫查架对轨头、轨底、轨腰两侧各 200 mm 范围内作 K1 单探头扫查。

b. 宽焊缝轨底扫查自轨底焊筋边缘开始应保证探头移动距离为 150 mm。

c. 单探头轨头扫查距离应在焊缝两侧各 200 mm 区域内进行，轨底扫查应在轨底踏面焊缝两侧各 150 mm 范围内进行。

d. 扫查速度不能过快；扫查力度要均匀；注意扫查密度要覆盖扫查范围。

e. 探伤仪及扫查装置运输过程中应防止剧烈震动，以防仪器受损。

3. 探伤回放分析

（1）技术要求

a. 钢轨探伤回放人员应经培训考试合格，一般需具备超声波探伤Ⅱ级及以上资格。

b. 需配备相应的回放设备。

c. 应制订钢轨探伤回放、分析、检查考核制度。

（2）回放分析作业

a. 填写回放检查记录表：作业日期、作业时间、工区班组、作业里程、仪器型号串号、股别、执机人。

b. 回放分析的主要内容为当天探伤任务完成情况、探伤速度、各通道灵敏度、探头耦合、上下道里程、里程校正、探伤作业时间、回拉复核、探伤标记等探伤作业执行情况分析以及钢轨伤损识别。

c. 检查各通道颜色设置，根据现场有接头处进行精确地拼孔确认。

d. 对道岔地段、鱼鳞纹及轨面不良引起的报警多地段要放慢回放速度，对各类接头（包括焊缝）的 B 超标准图像进行确认。

e. 对可疑波形结合A显进行确认(对比上一周期的图形),对回放发现的疑似伤损打上标记,进行统计并记录,上报车间安排探伤工区进行现场复核。

f. 对回放过程中现场各类违标情况进行分析并记录。

g. 回放分析员记录当天回放情况,并报工长或车间,所有数据存档保存。

(3)注意事项

a. 对现场标记只作为参考数据,应对现场已打无伤标记的焊头进行确认,对不能确定的伤损一律通知工区现场复核确认,并对现场复核记录进行再次确认。

b. 注意70°探头拼孔,使前发的直70°探头回波和前发的斜70°探头回波重合,后发的直70°回波和后发的斜70°回波重合,利用直70°探头发现轨头颚部以下焊筋边缘的伤损。所有通道使用的探头回波显示设置成不同颜色,以防误认通道形成漏伤。

二、钢轨外观及表面伤损

钢轨外观及表面伤损检查方法见表2—4—1。

表2—4—1 钢轨外观及表面伤损检查方法

序号	检查项目	检查工具	检 查 方 法	示 意 图
1	焊接接头平直度	平直尺、塞尺、平直度测量仪	人工检查,用平直度测量仪检测;或用平直尺在焊缝中心沿钢轨来回滑动,找出最低点或最高点,用塞尺测量平直尺与钢轨间隙	
2	钢轨磨耗	钢板尺、钢轨轮廓(磨耗)测量仪	人工检查,目视读数	
3	钢轨廓形	钢轨轮廓(磨耗)测量仪	人工检查,仪器自动检测	
4	轨面光带	钢板尺	人工检查,记录光带宽度、中心位置等	
5	钢轨表面剥离裂纹及掉块	钢板尺、涡流探伤仪	人工检查或仪器检测	

续上表

序号	检查项目	检查工具	检 查 方 法	示 意 图
6	钢轨擦伤及硌伤	钢板尺、卷尺、深度尺	人工检查，记录面积、深度、中心位置等	
7	波形磨耗	平直度测量仪、波磨测量仪	人工检查和仪器自动检测	
8	锈　蚀	钢板尺、卷尺、游标卡尺	人工检查，目视读数	

三、检查结果上报与处理

1. 检查发现钢轨折断或重伤，检查人员立即通知线路车间和工务段调度。钢轨折断立即封锁线路并处理；钢轨重伤立即限速不超过 160 km/h 并按照相关要求进行处理。

2. 工务段每月将钢轨外观及表面伤损检查和钢轨探伤情况报铁路局。铁路局每月汇总分析后报总公司，报告含伤损钢轨月报。

四、伤损钢轨管理

1. 线路上伤损钢轨应按表 2—4—2 所示做好标记。

表 2—4—2　伤损钢轨标记

伤损种类	伤损范围及标记		说　明
	连续伤损	一点伤损	
轻　伤	|←△→|	↑△	用白铅油作标记
轻伤有发展	|←△△→|	↑△△	用白铅油作标记
重　伤	|←△△△→|	↑△△△	用白铅油作标记

2. 对伤损钢轨应加强检查，并判定伤损发展情况。

3. 下道的重伤钢轨应严格管理，防止重伤钢轨重新上道。

五、钢轨探伤信息管理

（一）钢轨伤损信息管理

1. 基础设施检测中心探伤车检查情况应及时通知有关单位，铁路局探伤车检查情况，应及时通知工务段。

2. 铁路局健全、完善伤损钢轨数据库,并建立伤损钢轨计算机统计分析系统。

3. 工务段建立健全台账和报表,定期进行钢轨伤损分析。

4. 钢轨探伤检测单位制订钢轨探伤进度示意图、钢轨伤损分析管理图、探伤工作日志、钢轨伤损记录簿和重伤钢轨登记簿。

5. 钢轨探伤检测单位建立探伤数据回放制度,对探伤车和数字式探伤仪检测数据进行二次回放分析。

(6)基础设施检测中心、铁路局向总公司提报月度和年度探伤检测分析报告。

(二)探伤设备信息管理

(1)工务段建立健全钢轨探伤设备和器材台账。

(2)探伤仪检修及复验后测试结果进行记录和备案。

第五节　量具检查

线路静态检查主要量具按总公司《铁路工务计量器具运用管理办法》有关规定进行管理。用于线路检测的量具投入使用前必须按规定进行首次检定,合格后方可投入使用,使用中应按检定规程规定的周期进行后续检定。

铁路局分级建立计量标准,并对量具进行检定或校准。对 GPS 定位仪、全站仪、水准仪等铁路局无法建立计量标准的量具,需送所在地市具有相应资质的技术机构进行检定或校准。

工务段备有混凝土、水泥乳化沥青砂浆等裂缝宽度、深度及道床结构层间缝隙检测器具,检查所用其他量具应根据线路等级和相应测量准确度要求进行配置,并建立运用管理台账,记录必要的设备管理信息。工务段应配置相应设备和人员,制订管理制度,取得相应计量检定或校准资质,对段管计量器具按计量检定规程规定的周期进行检定和校准。

计量器具的准确度是保证工艺(作业)质量的重要环节。为了保证作业质量达到和符合规定的检查或验收标准,在线路作业过程中要进行几何尺寸(如长度、厚度、圆度)、物理力学(如温度、力矩、磨耗量)等计量参数的检测,如果没有准确完好的计量器具就不能进行有效的控制。因此,对计量器具要进行经常的和定期的检查,并实行系统的管理。

一、计量器具管理要求

计量器具按照年度定检和抽检计划组织检定,对合格的计量器具粘贴合格证(准用证)、注明有效期,并在《计量管理手册》上记录检测数据;对不准确、不标准的计量器具进行修复或报废。在用的计量器一定要有有效的合格证,超期未检定的和检定不合格的计量器具一律不准使用。

二、计量器具管理分类

计量器具应根据其在生产和管理中的作用、国家规定的管理要求以及产品的可靠性,可进行 A、B、C 分类,实行“保证重点、兼顾普遍、区别管理、全面监督”的管理办法。

A 类：数显示式轨距尺和支距尺等国家列为强制检定的计量器具。因此，要严格执行检定规程，按规定的周期进行周期检定和抽样检定。

B 类：扭力扳手和轨温计按规定进行周期检定，但允许按检测频率和测定要求适当延长周期，或减少检定项目和范围。

C 类：对于量值不易改变、准确度无严格要求的计量器具如钢卷尺、钢直尺等，可划为 C 类，实行一次性的比对检定或有效期管理。

三、计量器具检定周期

工务段、车间、工区所配备的计量器具，应按规定进行检定，表 2—5—1 可供参考。

表 2—5—1　常用计量量具检定周期

量具名称	检定周期(月)
轨道测量仪	12(精度检查)
轨道检查仪	3 个月或 1 000 km
数显式轨距尺	3
降低值测量仪	—
里式硬度计	12
准直仪	—
便携式线路检查仪	12
电子水准仪	12
平直尺	12
塞　尺	6
数显式扭矩扳手	12
钢轨探伤仪	6

第三章　轨道检测数据分析与应用

第一节　数 据 管 理

轨道检测数据管理包括原始数据采集、预处理，入库集成和智能化展示。

一、数据采集

轨道检测数据分为动态检测检测数据和静态检测数据。新线开通前，应当注重轨道测量仪全线检测数据和动态拉通检测数据的采集工作。

（一）动态数据采集

动态检测数据采集范围包括综合检测列车检测轨道几何数据、车载线路检查仪、便携线路检查仪以及综合巡检系统数据。

常见动态检测手段及项目见表3—1—1。

表3—1—1　常见各种动态检测手段及项目

检测手段	项　目
综合检测列车	轨道几何尺寸（高低、轨向、轨距、水平、扭曲）、舒适度（车体横向加速度、车体垂向加速度）、动力学指标（脱轨系数、减载率、轮轴横向力）
车载线路检查仪	横向加速度、垂向加速度
便携线路检查仪	横向加速度、垂向加速度
综合巡检系统	钢轨轮廓、轨道状态检测

（二）静态数据采集

静态检测数据采集范围包括精测网、基础变形监测（包括桥梁沉降、桥梁变形、路基沉降等）、轨道设计、无砟轨道施工温度、无缝线路锁定轨温、人工检测、维修和通过总重等基础数据。

静态数据采集手段包括轨道检查仪、轨道测量仪、轨距尺、支距尺、钢轨平直度测量仪、钢轨平尺、钢轨轮廓（磨耗）测量仪、隧道限界测量仪、站台限界测量器具、轨温计等。常见静态检测手段及项目见表3—1—2。

表3—1—2　常见各种静态检测手段及项目

检测手段	项　目
轨道检查仪	轨道几何尺寸（高低、轨向、轨距、水平、扭曲）
轨道测量仪	轨道空间位置、几何尺寸
轨距尺	轨距、水平
支距尺	道岔支距尺寸

续上表

检测手段	项　　目
钢轨平直度测量仪	钢轨顶面、内侧工作面平直度
钢轨平尺	钢轨顶面、内侧工作面平直度

二、预 处 理

数据预处理主要对检测数据的异常值进行处理及里程校正。下面主要就综合检测列车、车载线路检查仪及便携线路检查仪检测数据的预处理过程进行简要介绍。

（一）综合检测列车

综合检测列车的检测数据处理包括异常值处理以及里程校正。

1. 异常值处理

目前的综合检测列车都采用激光摄像技术和惯性基准原理，经常产生的干扰有：非接触式测量中的阳光或异物干扰（图3—1—1）、轨道设备构造特点造成的不真实超限数据（如道岔尖轨尖端部分加宽导致轨向、轨距超限，有害空间位置的存在导致轨向、轨距尖刺等，如图3—1—2所示），以及其他不明确原因（高速铁路接触网自动过分相区段、大型变电站的电磁干扰等）造成的检测数据干扰等。

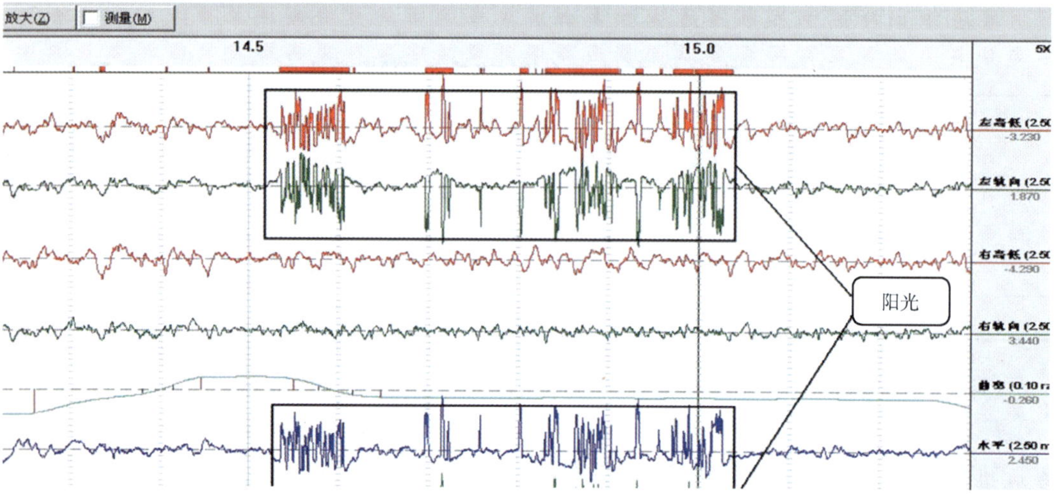

图3—1—1　异物干扰

图3—1—1中，因为综合检测列车检测梁右侧摄像头采样时受到阳光干扰造成波形图中轨向、高低及扭曲等检测项目成段连续尖刺现象，在数据分析之前应当予以删除。

图3—1—2中，因检测车采用激光摄像技术，在检测道岔有害空间时，导致波形图中轨距、轨向及扭曲等项目出现明显的尖刺，产生了不真实的超限，需要进行删除。对于删除数据，长度较短的区段可采用简单插值的方式进行填充，长度较长的区段则不参与线路质量评价。

2. 里程校正

综合检测列车在检测过程中由于列车蠕滑、数据漂移容易造成检测里程偏差。因此应对检测数据进行里程校正，一般采用安装射频标签和对照线路特征点的方式进行里程校正。

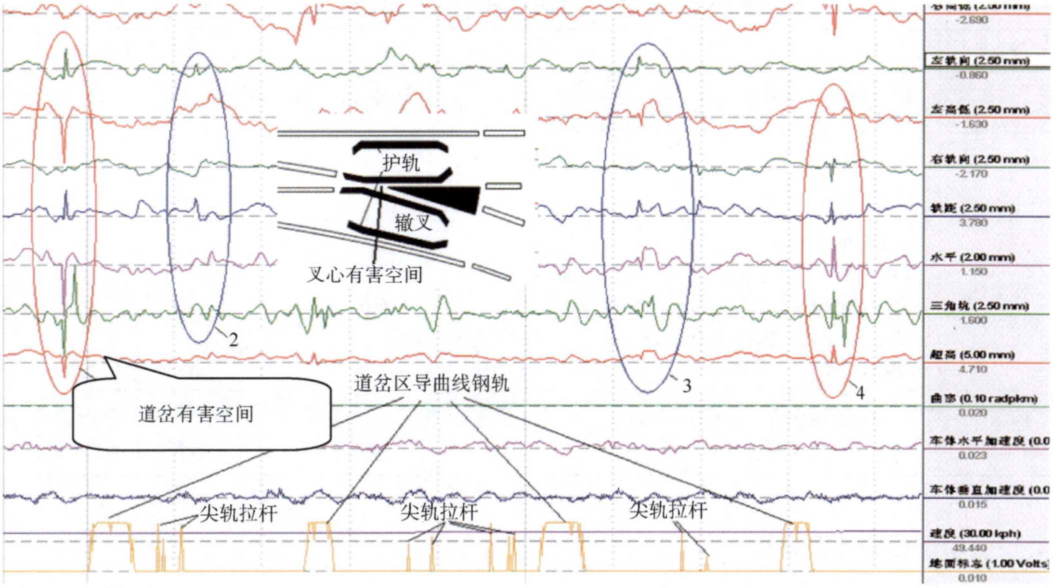

图 3—1—2　道岔结构造成检测数据失真

(二)车载线路检查仪

剔除因列车交会产生的干扰数据。一般采用重复性对比方式剔除异常值。

(三)便携线路检查仪

剔除因列车交会产生的干扰数据。一般采用重复性对比方式剔除异常值。

三、数据存储

检测数据的数据存储是数据分析应用的基本前提。对动态检测数据和静态检测数据按照要求格式形成数据库,纳入安全生产管理信息系统。

动态数据库包括综合检测列车检测超限报告及波形图原始数据、车载式线路检查仪加速度超限数据、便携式线路检查仪加速度超限数据以及人工添乘检查数据等。

静态数据库包括轨道检查仪、轨道测量仪、人工检查等。

第二节　数 据 分 析

数据分析的目的是评价线路设备状态,发现线路设备病害,分析线路设备变化规律,预测线路设备发展趋势,为制订线路养护维修计划提供科学依据。

在统计学领域,通常会将数据分析划分为描述性数据分析、探索性数据分析以及验证性数据分析。描述性数据分析属于初级数据分析,常见的分析方法有对比分析法、平均分析法、交叉分析法等;探索性数据分析侧重于在数据之中发现新的特征,验证性数据分析则侧重于已验证已有假设的真伪性,它们都属于高级数据分析,常用的分析方法有相关分析、因子分析、回归分析等。轨道检测数据分析方法的具体应用见表 3—2—1。

表 3—2—1　轨道检测数据分析方法应用举例

分　类	应　用　举　例	常用方法
描述性数据分析	峰值:综合检测列车均分、优良率、各病害累计百分比、汇总统计;车载、添乘超限重复次数及幅值分布;各单项病害的频数统计及累计百分比 均值:TQI(标准差)、TQI 的频数统计及累计百分比 波长:轨道功率谱	对比分析、平均分析、交叉分析等
探索性数据分析	TQI 各单项之间相关性分析 轨道几何尺寸与舒适度指标相关性分析 基本 TQI 等指标的线路变化预测模型 基于时间和空间线路变化分析 检测数据综合评价系统	相关分析、因子分析、回归分析等
验证性数据分析	拟合轨道功率谱 综合评价系统验证	相关分析、因子分析、回归分析等

一、动态检测数据分析

(一)综合检测列车

1. 峰值分析

主要根据线路设备等级管理目标控制值,逐级评定各项检测指标,筛选大值,主要用于下达局部病害整治依据。

峰值病害分析主要目标是找准病害点,通过病害影响程度排序,将有限的资源运用到最需要的地方。

①统计分析

对某区段所有检测峰值超限扣分情况进行统计分析。如图 3—2—1 所示,对该区段各单项扣分情况进行汇总。

项目	四级	三级	二级	一级	个数			扣分		
					总计	个/km	百分比(%)	总计	扣分/km	百分比(%)
高低	0	0	4	67	71	0.66	15.37	87	0.81	16.67
轨向	0	0	0	1	1	0.01	0.22	1	0.01	0.19
轨距	0	0	0	54	54	0.5	11.69	54	0.5	10.34
水平	0	0	0	24	24	0.22	5.19	24	0.22	4.6
三角坑	0	0	2	178	180	1.68	38.96	188	1.76	36.02
垂向加速度	0	0	0	2	2	0.02	0.43	2	0.02	0.38
横向加速度	0	0	0	0	0	0	0	0	0	0
带通横加	0	0	0	0	0	0	0	0	0	0
长波长高低	0	0	3	36	39	0.36	8.44	51	0.48	9.77
长波长轨向	0	0	0	0	0	0	0	0	0	0
曲率变化率	0	0	0	0	0	0	0	0	0	0
轨距变化率	0	0	6	85	91	0.85	19.7	115	1.07	22.03
横加变化率	0	0	0	0	0	0	0	0	0	0
复合不平顺	0	0	0	0	0	0	0	0	0	0
总和	**0**	**0**	**15**	**447**	**462**	**4.3**	**100**	**522**	**4.87**	**100**

图 3—2—1　某区段峰值超限扣分汇总表

②对比分析

通过不同时期、作业前后对比分析，准确掌握轨道的状态、发展、与同类线路异同点。需要注意的是，对比分析的类型、口径范围、计算方法必须一致，且对比的对象应具有可比性。如图3—2—2所示，对某铁路局管内主要干线均分进行对比分析。

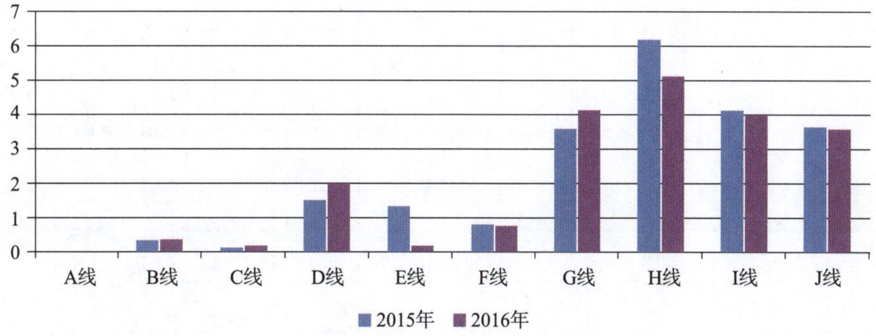

图3—2—2　某铁路局管内主要干线轨检车均分对比

③关联分析

将综合检测列车检测数据与车载式线路检查仪、便携式线路检查仪检测数据进行关联分析。如图3—2—3所示，图中曲线为综合检测列车检测轨道检测波形图，黑色五角星表示车载式线路检查仪检测超限数据，黑色菱形方块表示便携式线路检查仪检测超限数据，通过对不同检测来源的检测数据进行关联分析，准确找到设备病害。

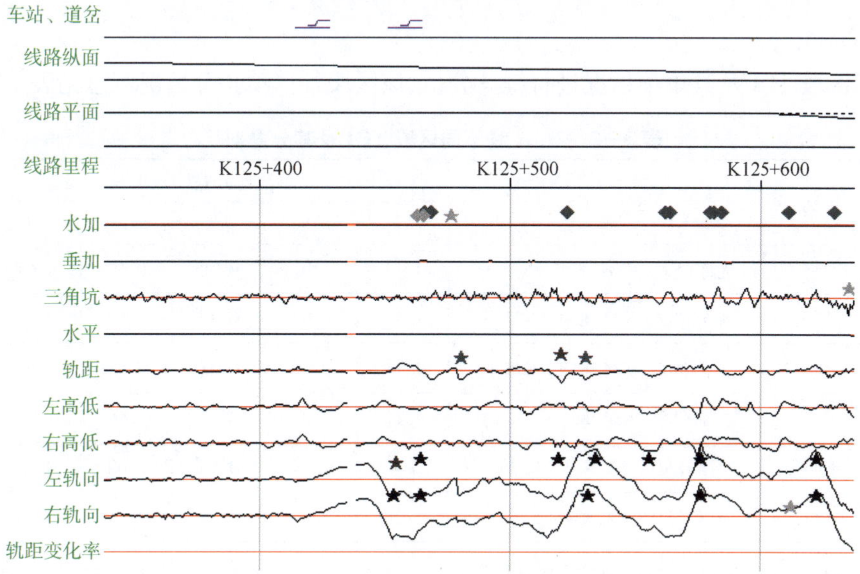

图3—2—3　线路设备病害综合图

④相关性分析

相关性分析是将轨道检测数据的两个重要属性作为分析的依据，进行分类关联分析，找出解决问题的一种分析方法。例如针对峰值超限病害点，将空间里程作为横坐标，将时间跨度作为纵坐标，进行描点绘图，形成病害时空分布图，可以找到病害薄弱区段以及惯性病害地点的恶化周期,如图 3—2—4 所示。

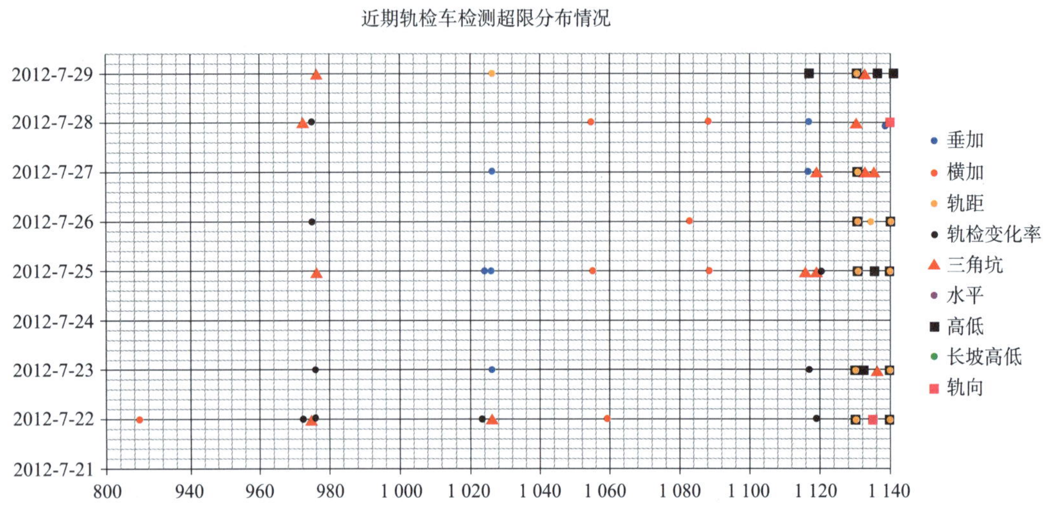

图 3—2—4　某线轨检车检测峰值超限点时空分布

图 3—2—4 中横轴表示病害的里程,纵轴表示病害检测的时间。在沿着里程方向分析可以看出病害的空间分布特点,确定重点维修区段;在沿着时间方向分析可以找出惯性病害区域,安排专项整治计划。

2. 均值分析

①统计分析

a. 区段统计

对某区段 TQI 及其单项情况进行统计分析,该区段各单项扣分情况汇总见表 3—2—2。

表 3—2—2　A 线不同区段 TQI 及其分量对比

线名	行别	区　　段	单项均方差(mm)					平均 TQI
			高低	轨向	轨距	水平	三角坑	
A 线	上行	无砟(K2 ~ K 34,K53 ~ K75)	1. 14	1. 01	0. 38	0. 59	0. 64	3. 76
A 线	下行	无砟(K2 ~ K34,K53 ~ K77)	1. 13	0. 92	0. 37	0. 58	0. 63	3. 63
A 线	上行	无砟(K8 ~ K34,K53 ~ K75)	1. 11	0. 99	0. 38	0. 55	0. 61	3. 64
A 线	下行	无砟(K8 ~ K34,K53 ~ K77)	1. 11	0. 91	0. 37	0. 54	0. 6	3. 53
A 线	上行	有砟(K0 ~ K2,K34 ~ K53)	1. 4	1. 15	0. 53	0. 68	0. 75	4. 51
A 线	下行	有砟(K0 ~ K2,K34 ~ K55)	1. 28	1. 04	0. 55	0. 7	0. 76	4. 33

b. 频数及累计百分比统计

对 TQI 及其分量进行频数和累积百分比统计。如图 3—2—5 所示,对某高铁线 TQI 高低分量进行频数及累计百分比统计,横轴表示高低分量幅值,纵轴表示对应幅值的数量。

通过对不同等级、不同通过总重、不同管理水平的线路 TQI 均值对比分析,制订和完善 TQI 管理标准,见表 3—2—3。

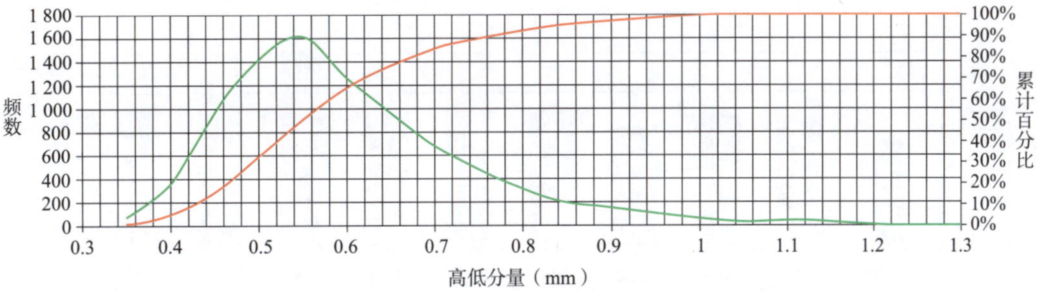

图 3—2—5　某高铁线 TQI 高低分量频数及累计百分比统计

表 3—2—3　某高铁线 2011～2012 年 0 号动检车检测 TQI 分布

项目	TQI	轨距	轨向	高低	水平	三角坑
TQI 均值	4. 11	0. 47	0. 57	0. 57	0. 58	0. 78
<95%	5. 15	0. 65	0. 75	0. 85	0. 95	1. 2
<90%	4. 95	0. 6	0. 7	0. 75	0. 85	1. 1
<80%	4. 7	0. 55	0. 65	0. 7	0. 78	1
<70%	4. 5	0. 53	0. 6	0. 63	0. 72	0. 9
<60%	4. 25	0. 5	0. 57	0. 6	0. 65	0. 75

②对比分析

a. 与管理值对比

将某次检测结果与动态管理标准值进行对比，根据评定结果进行经常保养、舒适度管理、临时补修以及限速管理。表 3—2—4 为某高铁区段内不同轨道结构 TQI 及其单项标准差与 TQI 管理值的对比分析，可见单元板式无砟轨道 TQI 值为 4. 22，大于再创新双块式无砟轨道 TQI 值(4. 14)和普通双块式无砟轨道 TQI 值(3. 81)，整体平顺性较差。

表 3—2—4　某高铁区段不同轨道结构 TQI 及其单项标准差对比(mm)

项目	高低	轨向	轨距	水平	三角坑	TQI
管理值	0. 8×2	0. 7×2	0. 6	0. 7	0. 7	5
单元板	0. 5×2	0. 65×2	0. 55	0. 6	0. 77	4. 22
再创新双块式	0. 6×2	0. 6×2	0. 58	0. 59	0. 69	4. 14
普通双块式	0. 5×2	0. 55×2	0. 47	0. 56	0. 62	3. 81

b. 与不同时期对比

可将当前的轨道设备状态与历史同期进行对比。如图 3—2—6 所示，将某铁路局管内高铁 2015 年上半年检测平均 TQI 与 2014 年总公司轨检车 TQI 对比。

c. 作业效果对比分析

科学开展作业效果评价是保障和提升作业质量的有效途径。根据线路均值评价结果来确定线路是否需进行大机捣固，通过线路捣固前后轨检车检测结果对比评价作业效果，并根据作业效果评价总结、改进作业方式，进而提高作业质量和效率。

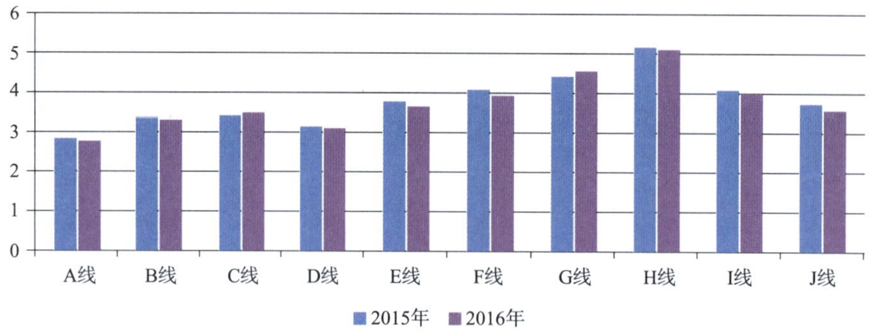

图 3—2—6　2015 年上半年与 2014 年总公司轨检车 TQI 对比

如图 3—2—7 所示，对 A 线大机捣固前后 TQI 进行对比发现，作业区段 TQI 高低分量由 1.99 降到 1.23，三角坑分量由 0.57 降到 0.42，轨向分量由 1.29 降到 1.14，作业后线路设备质量得到了提升。

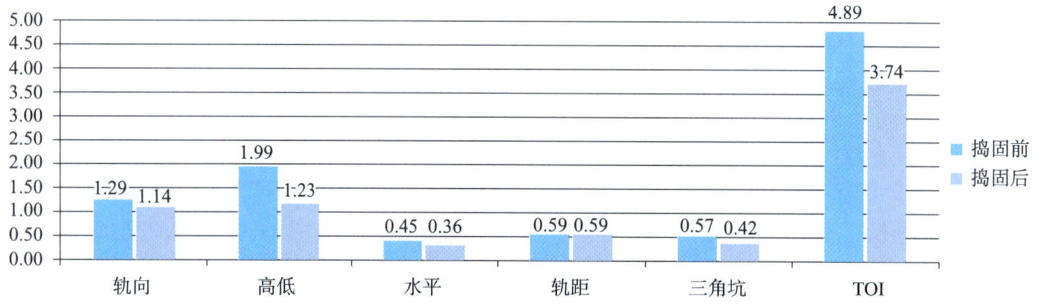

图 3—2—7　A 线大机作业前后轨道质量指数 TQI 对比

③趋势分析

对线路整体质量变化进行趋势分析。根据生产需要对某条线或某个区段进行分析，掌握 TQI 及其单项的变化趋势，如图 3—2—8 所示。

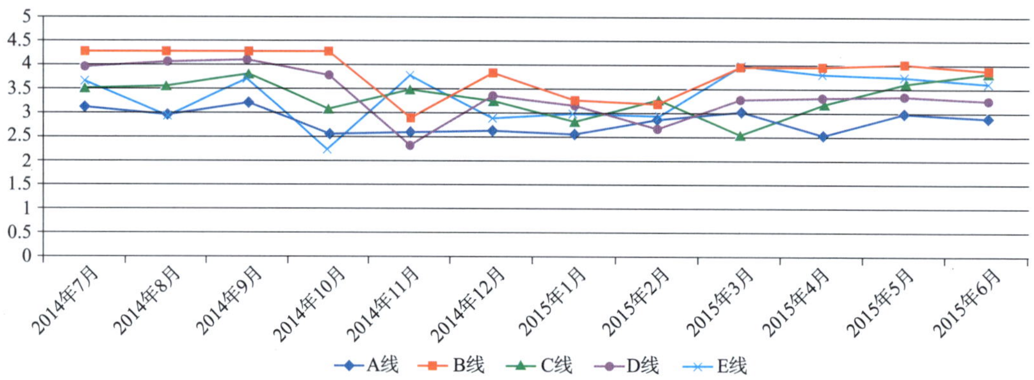

图 3—2—8　综合检测列车检测某铁路局管内各线 TQI 变化趋势

④预测预警

利用预测模型辅助决策，分析各项检测指标的变化趋势，对设备劣化严重的线路实施预警，以防止设备质量失控。

趋势预测建模通常做法是利用轨道检测原始数据和通过总重数据分别计算机模拟三个阶段的变化情况，每个阶段用一个直线来模拟。利用该模型可预测轨道几何尺寸的变化规律。具体模型建立步骤如下：

a. 综合检测列车原始数据的预处理。主要包括干扰剔除、线性插值和里程校正等。

b. 几何尺寸随通过总重的变化率，通常取百万吨通过总重后线路几何尺寸变化率。

c. 根据几何尺寸变化率，按照可靠性数学理论划分维修、保养及临修标准。

d. 对变化率曲线进行数学拟合，并确定干预节点。

质量预警是建立在趋势分析和预测基础上，在探索总结设备变化规律基础上，根据设备现有状态，按照可靠性数学理论划分维修、保养及临修标准，科学及时确定干预节点。

⑤相关性分析

对 TQI 及其单项之间相关性进行分析。对某线 TQI 及其单项相关性分析，如图 3—2—9 所示，横轴、纵轴均表示 TQI 及各单项，横向纵向交叉区域表示他们的关联程度。将各项之间的关联程度用不同的颜色表示，其中深红关联程度最高，其值为 1，深蓝关联程度最低，其值为 0。不难发现，某线 TQI 单项中三角坑与水平关联程度较高，TQI 主要受高低影响。

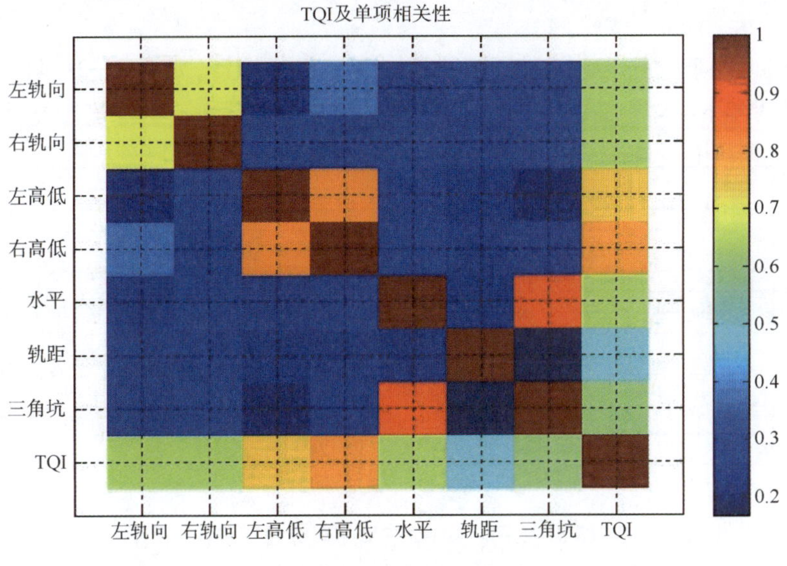

图 3—2—9　某线 TQI 及各单项指标之间相关性分析

3. 轨道不平顺功率谱密度

采用时频分析的方法对轨道不平顺、加速度等数据进行分析，形成轨道谱、加速度谱等，从频域的角度分析轨道不平顺特征，发现和结构关联的周期性特征，与加速度谱等综合分析发现影响车辆运行的敏感频段，更好地掌握轨道状态。

功率谱密度谱是一种概率统计方法，是对随机变量均方值的量度。一般用于随机振动分析，连续瞬态响应只能通过概率分布函数进行描述，即出现某响应所对应的概率。数学上，功率谱密度值—频率值的关系曲线下的面积就是方差，即响应标准偏差的平方值。

时域分析主要工作包括拟合轨道不平顺功率谱和制订标准谱。A 线轨道高低不平顺绘制轨道功率谱，如图 3—2—10 所示。

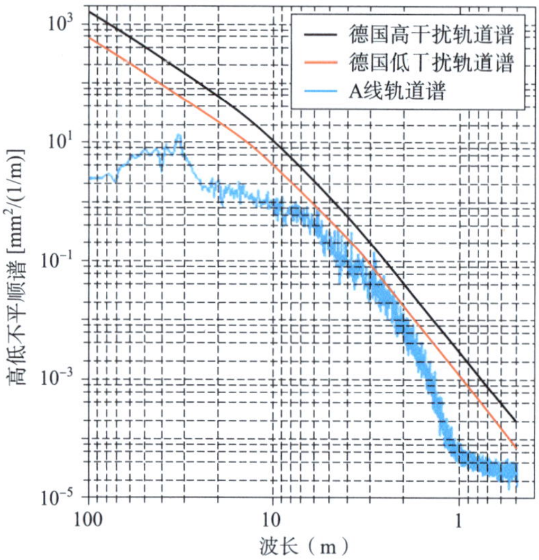

图 3—2—10　A 线高低不平顺功率谱

（二）车载式线路检查仪

1. 统计分析

对一定时期内车载三级超限数量按照不同需求进行统计，如图 3—2—11 所示，对某铁路局管内 2013 年下半年和 2014 年上半年不同时期车载超限数量进行统计分析。

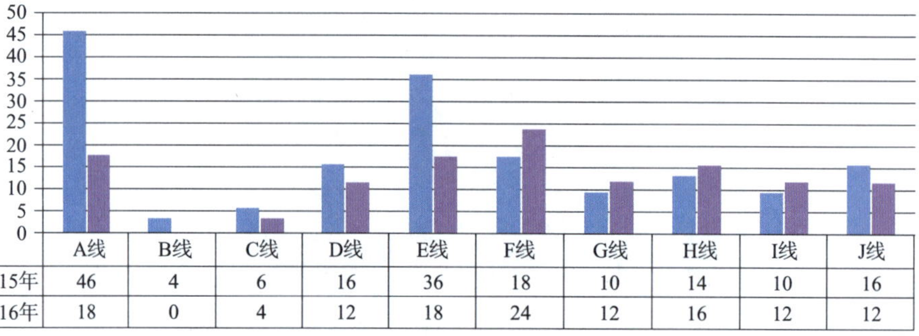

	A线	B线	C线	D线	E线	F线	G线	H线	I线	J线
2015年	46	4	6	16	36	18	10	14	10	16
2016年	18	0	4	12	18	24	12	16	12	12

■2015年　■2016年

图 3—2—11　车载三级超限分线别统计

2. 重复性统计

重复病害统计：包括重复晃车病害计算、重复超限计算和新增重复超限计算。通常先通过同源重复病害的重复次数来量化病害扣分，再通过同时间段异源病害的重复来再次量化病害扣分，两者结合再根据病害的峰值（现有的大峰值自动入库保留）来判定病害是否需要纳入问题库以及入库等级。

重复超限的计算通常按照下面的算法进行：

第一步：将最近时间一次检测数据作为基本批次数据，从中找到该批次中病害里程最小的点做基准点，在上下 50 m 范围的其他趟次中搜索，搜索原则：一趟只能选择一个里程最小的点；找到后在此病害点上打标记；

第二步:找到没有标记的最小病害里程点,在其他趟次中如第一步方式搜索,保证搜索没有打标记病害点;

第三步:按时间倒序,依次从上一趟检测数据中搜索,添加重复超限病害点;

……

第 $N-1$ 步:全局搜索完毕,直到没有未标记的病害点可以搜索为止;

第 N 步:统计记录每个点在一定时期内重复超限次数。

3. 趋势分析

对某区段线路车载式线路检查仪三级报警数量变化趋势进行分析,评定线路设备峰值超限点的变化趋势。某铁路局管内三级超限数量趋势变化分析如图 3—2—12 所示。

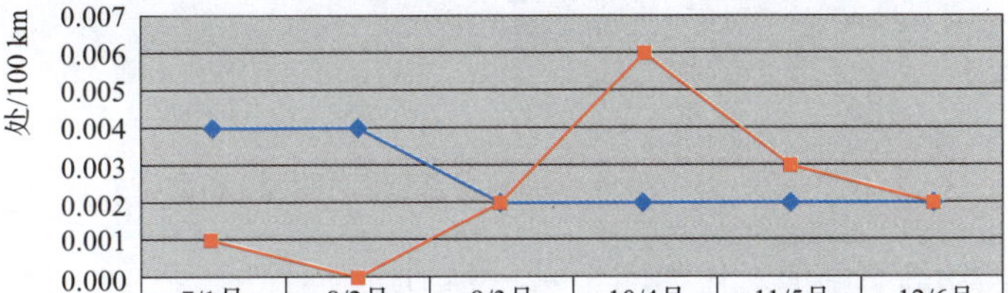

	7/1月	8/2月	9/3月	10/4月	11/5月	12/6月
2013年Ⅲ级	0.004	0.004	0.002	0.002	0.002	0.002
2014年Ⅲ级	0.001	0.000	0.002	0.006	0.003	0.002

图 3—2—12　车载三级超限变化趋势

(三)便携式线路检查仪

便携式线路检查仪数据分析方法与车载式线路检查仪数据分析方法类似。

(四)综合巡检

主要是对各种病害缺陷进行统计。

二、静态检测数据分析

(一)几何状态

对轨道检查仪、轨道测量仪、数显式轨距尺统计对比分析。

(二)轨道结构

对轨道结构几何状态缺陷进行统计分析。

(三)钢轨表面状态

对钢轨光带、廓形、焊缝平直度及表面缺陷进行统计对比分析。

三、综合分析

对线路动静态检测数据进行综合分析,根据分析结果评价线路设备质量状态,为制订养护维修计划提供依据。

(一)动静态综合分析

工务部门应当重视轨道不平顺的动静态检测数据的综合分析。动态检测测量原理决定了对于高低和轨向检测的波形与静态测量的结果会存在差异;因此,需要从动态波形上确定局部高低轨向不平顺的起始位置,以便与现场静态检查的结果有较好的对应性。

高低不平顺动静态幅值对比如图 3—3—13 所示。

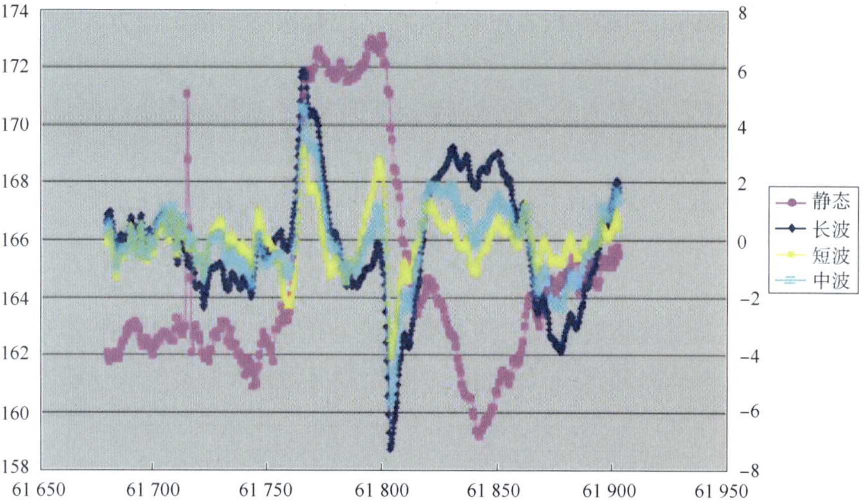

图 3—2—13　高低不平顺静态(绝对测量)和动态对比

轨向不平顺动静态幅值对比如图 3—2—14 所示。

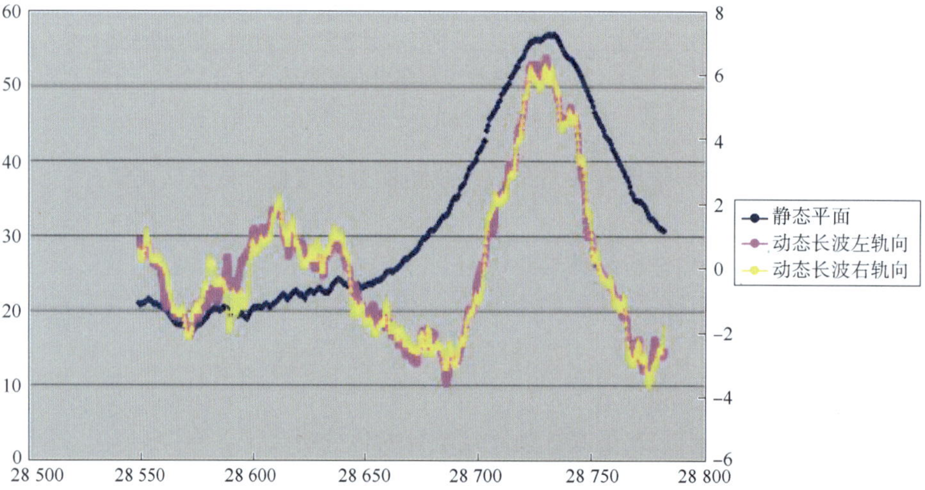

图 3—2—14　轨向不平顺静态(绝对测量)和动态对比

(二)综合评价分析法

由于轨道状态评价指标众多,同时具有时间和空间特性,因此简单把轨道状态作为评价对象进行分析也越来越呈现一定的局限性。例如用峰值指标来评价局部轨道不平顺,用均值指标来评价区段轨道不平顺,某单位甲管辖范围内轨道峰值超限较多,而均值呈现良好;某单位乙管辖范围内轨道峰值超限较少,但均值有所恶化,此时需要同时运用多个指标对轨道状态进行评价。综合评价分析法的基本思想是将多个指标转化为一个能够反映综合情况的指标来进行分析评价。综合评价分析通常有 5 个步骤,如图 3—2—15 所示。

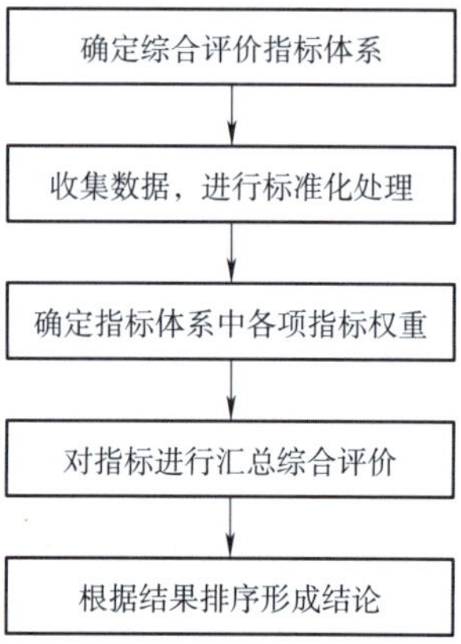

图 3—2—15　综合评价分析主要步骤

综合评价分析法有三大特点：

1. 评价过程不是逐个指标顺次完成的，而是通过一些特殊方法同时完成多个指标的评价；

2. 在综合评价过程中，一般要根据指标的重要性进行加权处理；

3. 评价结果不再是具有具体含义的统计指标，而以指数或分值表示参评单位综合状况的排序。

第三节 数据应用

通过对各种检测数据的全面分析，对线路设备状态进行科学评定，并制订养护维修计划。

一、年度计划

1. 根据动静态检测数据评价线路设备变化情况和重点设备质量不良区段病害类型，制订年度设备维修计划。

2. 对年度设备质量进行评价。

二、月（周）计划

1. 根据动静态检测数据评价线路设备变化情况及年度计划，制订月（周）度设备维修计划。

2. 对设备维修质量进行跟踪评价。

三、日计划

对动态、静态检测发现的临时补修和限速管理值局部病害进行分析，及时消灭危及行车安全的设备病害。

第四章 维修工作内容及计划

第一节 维修工作分类及内容

一、维修工作分类

线路维修工作分为周期检修、经常保养和临时补修。

周期检修是根据线路及其各部件的变化规律和特点，对钢轨、道岔、扣件、无砟及有砟道床、无缝线路及轨道几何形位等按相应周期进行的全面检查和修理，以恢复线路完好技术状态。铁路局可根据线路设备状态、线路条件、运输条件和自然条件等具体情况调整维修周期，并报总公司核备。

经常保养是指根据动、静态检测结果及线路状态变化情况，对线路设备进行经常性修理，以保持线路质量经常处于均衡状态。

临时补修是指对轨道几何尺寸超过临时补修容许偏差管理值或轨道设备伤损状态影响其正常使用的处所进行临时性修理，以保证行车安全和舒适。

二、维修工作内容

维修工作主要内容见表4—1—1。

表4—1—1 维修工作内容

主要内容	周期检修	经常保养	临时补修
无砟轨道	(1)线路设备质量动态检查 (2)轨道几何尺寸和扣件螺栓扭矩静态检查 (3)钢轨探伤 (4)采用打磨列车对钢轨进行预打磨、预防性打磨和修理性打磨 (5)联结零件成段涂油、复拧 (6)根据刚度变化情况，成段更换弹性垫板 (7)有计划地对无砟道床进行检查及修补 (8)无缝线路钢轨位移、钢轨伸缩调节器伸缩量的周期观测和分析 (9)对沉降量较大地段的轨道状态进行周期观测和分析 (10)精测网检查、复测	(1)对轨道质量指数(TQI)超过管理值的区段或轨道几何尺寸超过经常保养容许偏差管理值的处所进行整修 (2)根据钢轨表面伤损、光带及线路动态检测情况，对钢轨进行处理 (3)整修焊缝 (4)整修伤损扣件、道岔及调节器等轨道部件 (5)无缝线路应力调整或放散 (6)修补达到Ⅱ级及以上伤损的无砟道床 (7)疏通排水 (8)精测网维护 (9)沉降地段轨道状态观测和分析 (10)修理、补充和刷新标志、标识 (11)根据季节特点对线路进行重点检查 (12)其他需要经常保养的工作	(1)及时整修轨道几何尺寸超过临时补修容许偏差管理值的处所 (2)处理伤损钢轨(含焊缝)和失效胶接绝缘接头 (3)更换伤损的道岔护轨螺栓、可动心轨咽喉和叉后间隔铁螺栓、长心轨与短心轨联结螺栓等 (4)更换伤损失效的扣件、道岔及调节器等轨道部件 (5)更好或整治失效无砟道床 (6)处理线路故障 (7)其他需要临时补修的工作

续上表

主要内容	周期检修	经常保养	临时补修
有砟轨道	(1)线路设备质量动态检查 (2)轨道几何尺寸静态检查 (3)扣件、轨枕、道床状态检查 (4)钢轨探伤 (5)无缝线路钢轨位移、钢轨伸缩调节器(以下简称调节器)伸缩量的周期观测和分析 (6)沉降地段轨道状态观测和分析 (7)精测网检查、复测 (8)根据线路、道岔、调节器状态,对线路平面、纵断面进行测设和优化,全面起道、拨道、改道、捣固、稳定,调整几何形位,清筛枕盒不洁道床和边坡,改善轨道弹性 (9)采用打磨列车对钢轨进行预打磨、预防性打磨和修理性打磨 (10)联结零件成段涂油、复拧 (11)其他周期性检修的工作	(1)对轨道质量指数(TQI)超过管理值或成段轨道几何尺寸超过经常保养容许偏差管理值的区段进行修理 (2)无缝线路应力调整或放散 (3)根据钢轨表面伤损、光带及线路动态检测情况,对钢轨进行修理 (4)整修焊缝 (5)整修伤损的扣件、道岔及调节器等轨道部件 (6)更换、方正和修理轨枕 (7)整治道床翻浆冒泥,补充道砟,整理道床 (8)疏通排水,清除道床杂草 (9)整治冻害 (10)精测网维护 (11)修理、补充和刷新线路标志、标识 (12)根据季节特点对线路进行重点检查 (13)其他需要经常保养的工作	(1)及时整修轨道几何尺寸超过临时补修容许偏差管理值的处所 (2)处理伤损钢轨(含焊缝)和失效胶接绝缘接头 (3)更换伤损失效的扣件、道岔及调节器等轨道部件 (4)更换伤损的道岔护轨螺栓、可动心轨咽喉和叉后间隔铁螺栓、长心轨与短心轨联结螺栓等 (5)处理线路故障 (6)其他需要临时补修的工作

第二节　作业计划

线路作业计划按照"预防为主、防治结合、严检慎修"的原则,合理安排周期检修、经常保养和临时补修,保持设备质量的均衡良好。

作业计划是一个完整的体系,它包括工作量的调查,计划的编制,实施的步骤,作业质量的回检,执行结果的分析,每一个环节都必须认真做好,以便及时找出问题、改进工作。

作业计划的执行结果是分析安全生产、任务完成、劳力使用的主要原始资料,必须妥善保管。

作业计划下达后,原则上不允许变更。因特殊原因需临时增加、变更作业时,在不与其他施工及维修作业产生冲突的前提下,由工务段报铁路局工务处审核同意,报铁路局调度所批准后实施。

一、线路作业计划分类及内容

1. 线路作业计划分类

线路作业计划包括年度检修计划、月维修计划、周(旬)计划、日计划。

2. 线路作业计划内容

(1)年度检修计划

铁路局年度检修计划主要包括年度分线设备质量控制指标、设备周期性检查、设备整治(主要是大机作业计划)、重点单项任务(主要是更改、专项计划等)等内容。

工务段年度作业计划包括年度设备质量控制指标、设备周期性检查、设备整治、线路外观整治、安防设施整治、重点单项任务等内容。

(2)月作业计划

工务段月作业计划包括铁路局下达的年度计划分月工作任务、周期检修和经常保养任务、月周期检查的临时补修任务。

(3)周(旬)作业计划

车间周(旬)作业计划包括月度生产任务分周(旬)工作任务、临时性重点任务。

(4)日作业计划

车间(班组)日计划包括周(旬)计划任务、突发性临时重点任务。

二、作业计划编制依据

1. 年度检修计划编制依据

铁路局根据《高速铁路无砟轨道线路维修规则》《高速铁路有砟轨道线路维修规则》等相关规定及上年设备状态评定情况、铁路公司下达的更改专项计划等编制年度检修计划。

工务段根据铁路局下达的年度检修计划、历年的养护维修经验及设备病害情况等编制年度作业计划。

2. 月作业计划编制依据

工务段、车间编制月作业计划,其依据是:一是上级下达批准的年度分月任务,包括周期检修和经常保养的任务;二是月周期检查的临时补修工作量;三是日常检查出的问题库的整治处理;四是其他生产用工时;五是可能发生的病事假和非生产工时。

3. 周(旬)作业计划编制依据

车间根据段月度生产任务、临时性重点工作、天窗计划编制周(旬)作业计划。

4. 日作业计划编制依据

车间根据周(旬)作业计划,当日天窗、人员、工机具、气候条件编制日作业计划。

三、作业计划编制流程

1. 年计划

铁路局对管内各线各工务段设备质量状况进行分析评价结合总公司年度设备管理要求提出各线设备管理技术指标,根据《高速铁路无砟轨道线路维修规则》《高速铁路有砟轨道线路维修规则》的检修要求测算各线各工务段年度检修任务,形成年度检修计划经各工务段讨论完善后正式下达到各工务段。工务段在铁路局下达年度检修计划后,组织各车间根据铁路局下达的年度检修计划、历年的养护维修经验及设备病害情况等编制年度作业计划。

2. 月计划

车间在每月下旬召集各班组对本月安全生产情况进行总结分析,根据上级下达的年度分月任务、月周期检查的临时补修任务、日常检查出的问题库的问题、其他生产用工时、可能发生的病事假和非生产工时等情况编制月作业计划。

车间月计划应由车间主任负责审核,并在月底前报送工务段,由主管副段长审批,车间应按审批意见组织实施。

主管副段长应结合设备检查和日常工作,对车间月计划的执行情况进行检查,并对完成情况提出意见,以利于车间总结分析。

3. 周(旬)计划

周(旬)计划是完成月计划的基础,车间、相关工区每周(旬)召开周(旬)例会。结合月度生产任务、临时性重点工作、天窗计划编制周(旬)计划,周(旬)计划详细到每日工作内容和具体责任人。

4. 日计划

日计划是兑现周(旬)计划的基础,是每天工作的具体安排,必须做到作业项目清楚,人员分工明确,并应认真贯彻日作业标准化,严格执行单项作业技术标准。

日计划应包括工作地点、作业项目等内容,派工单应包括工作地点、作业项目、计划工作量、参加人员、工机具、材料等内容。

日计划(派工单)编制步骤如下:

(1)按月计划的进度红线,确定工作内容,并明确组织分工;

(2)按工作内容分组计算上道总工时分;

(3)分组计算消费工时分;

(4)分组计算生产总时分;

(5)分组确定作业项目及工作量;

(6)按作业项目及工作量,考虑应携带的材料、工具;

(7)根据工作特点和地形条件,针对性地提出安全注意事项。

日计划应结合周(旬)计划提前一周(旬)编好,前一天填好派工单。

第三节 作业方案

一、作业方案制订原则

作业方案制订须坚持“严检慎修”的原则,认真落实逐级审批制度。除施工作业应按照规定制订施工方案外,纳入天窗的维修作业项目应按照总公司的规定制订维修作业方案;同一天窗涉及多个维修作业项目时,应分别制订作业方案。

日常设备检查、路肩以外不扰动路基稳定的作业项目可根据需要制订作业方案;无作业方案时,应在当日作业派工单中明确作业内容、人员、工机具材料等内容。

二、作业方案制订的依据

作业方案制订应结合现场病害、检测数据分析、现场设备结构、天窗给点、作业人员组织、作业气温、放行列车条件、作业标准条件等各种因素,科学、合理地制订作业方案。

三、作业方案的内容

作业方案应准确写明作业内容、作业地点和时间、工作量、作业方式及流程、作业组织、作业安全和质量的控制要点、人员工机具及材料数量、影响及限速范围、设备变化、防护办法、列车运行条件、验收等基本内容,需要进行数据分析或作业流程描述的项目根据需要可附图、表。

四、作业方案的审批

作业方案审批应根据维修作业的安全风险、工作量、作业难度以及对行车的影响等因素,分别由铁路局主管副局长、工务处或工务段审批。报铁路局主管副局长审批的作业方案,应先经过工务段和工务处的审核;报工务处审批的作业方案,应先经过工务段的审核。

未按照规定制订作业方案并经审批的维修作业不得实施,严禁盲目动道、随意作业;经审批的作业方案严禁擅自变更,如因特殊情况需对作业方案进行临时调整且来不及重新上报作业方案和审批时,必须逐级报告并按照审批权限征得相关部门的同意后方可实施,作业后应将作业方案变更原因、变更内容和实际作业情况书面报作业方案审批部门核备。突发性设备故障、灾害紧急抢修、轨道状态超过临时补修标准整治、重伤设备处理等需临时封锁要点的作业方案审批应按照应急处置程序办理。

施工、维修作业的项目、审批权限按照总公司的规定执行。

第四节　作 业 实 施

一、作业计划的编制与提报

施工方案由施工单位制订,经相关设备管理单位会签后,上报铁路局主管业务处室,其中建设项目施工方案应先报项目管理机构预审,再报铁路局主管业务处室。提报的施工方案应包括:施工项目及负责人、作业内容、地点和时间、影响及限速范围、设备变化、施工方式及流程、施工过渡方案、施工组织、施工安全和质量的保障措施、施工防护办法、列车运行条件、验收安排等基本内容。

施工单位应于每月 9 日前将次月施工计划申请上报铁路局主管业务处室(建设项目施工计划申请应先报项目管理机构预审,再报主管业务处室)。各业务处室对施工计划申请进行审查汇总,由主管处长批准后,于 11 日前向运输处提出月度施工计划申请表。施工单位于施工前 3 日将施工日计划申请报铁路局主管业务处室(建设项目施工日计划申请应先报项目管理机构预审,再报主管业务处室),主管业务处室审核(盖章)后,于施工前 2 日 9:00 前向调度所施工调度室提报施工日计划申请。

维修计划于维修作业前 3 日向本铁路局主管业务处室提报计划申请,铁路局主管业务处室根据设备管理单位的提报,与其他主管业务处室沟通协调后编制本专业维修计划,于维修作业前 2 日 9:00 前报铁路局调度所施工调度室;施工调度室审核维修日计划后,于维修作业前 1 日 12:00 前将维修日计划传(交)有关调度台及主管业务处室、相关车务段(直属站)。主管业务处室负责通知作业单位、配合单位,车务段(直属站)负责通知相关车站。

二、作业登销记

进行作业时,作业负责人应确认已做好一切作业准备,于开始前 60 min,由作业负责人

（驻调度所联络员）在调度所调度台《行车设备施工登记簿》内登记，列车调度员签认。因作业需要转为非常站控模式时，作业负责人（驻站联络员）应在车站进行登记。作业完成后，经施工、设备管理单位检查达到放行列车条件，由作业负责人（驻站、驻调度所联络员）、设备单位检查人（或设备单位指定人员）办理开通登记（施工销记），车站值班员（或列车调度员）签认后，按规定开通线路。

三、作业组织

在作业前，做好充分准备，并提前进行技术交底，特别是影响行车安全的工程和隐蔽工程；作业中，严格执行技术标准、作业标准、工艺流程和卡控措施，严禁超范围作业，确保施工质量；作业完成后，必须达到放行列车条件并经设备管理单位确认后，方可申请开通线路。

1. 现场作业应严格执行现场作业"五不准"制度，即病害地点没有找准不准作业；病害原因分析不清不准作业；病害整修方案未制订不准作业；安全卡控措施未制订不准作业；人员机具材料未到位不准作业。

2. 作业现场必须有一名技术负责人，技术负责人主要负责对现场病害数据、作业方案进行核对，确保方案正确无误。

3. 作业负责人在作业前、后应对材料机具、照明设备、作业人员进行清理、检查，并在作业前根据作业情况对人员进行分工，如数据分析小组、现场标注小组、作业小组等。应严格按照作业方案、作业标准组织作业，不得超范围作业或变更作业内容。作业完毕后必须进行回检，重点对几何尺寸、扣件系统等进行全面检查。对长波不平顺的病害作业应使用仪器设备进行回检，确保作业质量。

4. 现场作业应加强派工单的管理工作，派工单应包括作业性质、作业时间、作业地点、作业机具材料、作业温度（轨温）、作业人数、作业分工、现场作业情况、作业回检情况、作业量、现场负责人、作业命令号、防护员、跟班干部等信息，并据实根据现场情况进行填写。

5. 作业必须按审批的作业方案执行。作业完成后，应进行质量回检、注销。质量回检包括现场作业质量回检和动态质量回检。

四、作业建档

车间建立线路精调、无砟道床整修、钢轨（含焊缝、绝缘）整修等作业"一处一档"记录台账，做好每处作业的记录、存档工作，对每处作业应书面保存动态检测、静态检测、方案制订、作业审批、现场作业等基本情况，以备后期分析、掌握设备变化规律，并及时修改有关台账资料，如扣件台账、焊缝台账、单元管理台账等；工区的派工单需及时保存，不得丢失；以上资料按照年度进行分册，并根据时间顺序对每处作业档案进行编号。

第五节　作业标准化

线路维修作业要认真贯彻作业标准化，维修工作一日作业标准化应注意做好以下几项工作。

一、作 业 前

1. 按日计划在派工单上公布作业项目和分工，准备并确认工机具、备品和材料数量及状态。人员、出库工机具材料及时做好登记。

2. 布置当日工作计划（地点、项目、工作量）、质量要求以及安全措施和注意事项。根据分工到库房领取工机料具并登记。

3. 按规定办理登记签认手续，联系有关单位配合作业。

4. 进作业门前应确认作业命令，对人员、工机具、材料进行清点登记。

二、作 业 中

1. 按规定设置现场防护员。

2. 听从作业负责人统一指挥，上道前和跨越线路时应严格遵守"一停、二看、三通过"和"手比、眼看、口呼"的规定。

3. 严格按照作业方案及安全技术措施组织作业。

4. 严格执行规章制度，实行安全生产，杜绝违章作业。

5. 作业完毕，作业负责人组织进行质量回检和清场。

三、作 业 后

1. 组织作业人返回作业门，清点登记人员、工机具材料，撤除防护并销记。

2. 返回工区后清点整理工机具材料入库，对号定位，堆码整齐。

3. 召开班后小结会，分析当日安全、质量、数量、纪律等情况，进行评比。

第六节　生产财务计划

工务段的生产财务计划是铁路运输成本计划的一个组成部分，是一项重要的经济指标。

工务段的全面计划管理，主要体现在生产财务计划的调查编制、下达、贯彻实施、跟踪检查、决算分析、总结提高的全过程中。为了实现计划规定的各项经济指标，在生产财务计划编制的同时，还应编制技术组织措施计划、增产节约计划。在生产财务计划的下达、贯彻实施过程中，还需要编制季度分月计划和单项工作计划。

工务段的生产财务计划必须具体体现养路工作方针，落实各项工作的要求，还必须合理安排好钢轨、轨枕、道砟以及道岔主要部件等主要材料的使用数量。计划的指标任务以及定额必须合理、留有余地；计划的材料数量必须满足设备病害整治和养护维修的需要。

第七节　应 急 处 置

高速铁路工务设备故障的迅速排除是线路基础设施维护和管理的重要内容，是高速铁路安全、有序、舒适运营的重要保证，也是科学管理的重要标志。对各种故障及突发情况，应按照"以人为本、安全第一，预防为主、统一领导、集中指挥、分级管理、分工协作、快速反应、紧急处置”的理念进行快速、有效处置。一旦发生故障,应立即启动预案,同时认真检查确认现场情况,迅速逐级报告,果断决策,尽快抢修及开通线路,减少对运输秩序的影响。为此,一是要编制合理、科学的应急预案,应急预案应细化到车间;二是要加强应急演练,增强职工应急处理能力,提高故障处理质量和效率;三是配齐相关应急备品及专用工具并做好日常管理,确保应急使用;四是建立生产厂家、建设单位、设备管理单位联动机制,密切合作,充分发挥各自优势,为应急处置创造有利条件。

一、基本要求

1. 列车调度员(车站值班员)发现或接到相关设备故障的报告后,应立即进行处置,通知设备管理单位,在《行车设备检查登记簿》内登记。设备管理单位应及时在《行车设备检查登记簿》内签认,尽快组织修复。对暂时不能修复的,应登记停用内容和影响范围,写明行车限制条件。

2. 设备管理单位人员发现行车设备故障时,应立即通知列车调度员(车站控制时为车站值班员),报告工长、车间主任或设备管理单位调度,并在《行车设备检查登记簿》内登记,积极设法修复;对暂时不能修复的,应登记停用内容和影响范围,写明行车限制条件。

3. 铁路职工或其他人员发现设备故障危及行车和人身安全时,应立即通知列车司机停车并报告列车调度员,通知不到时应通知就近车站、工务、电务或供电等人员,有关人员接到通知后应立即报告列车调度员、通知设备管理单位,必要时立即采取应急措施,扣停列车、通知区间运行的列车停车或限速运行。

4. 高速铁路固定设备的临时上道检查、故障抢修作业必须在《行车设备检查登记簿》内登记,并经列车调度员同意后,方可上道作业。

对处于使用状态的行车设备,严禁进行维修作业。

5. 高速铁路处理设备故障需临时开行路用列车、轨道车时,由设备管理单位提出申请,调度所值班主任(值班副主任)准许,列车调度员发布调度命令。

6. 当设备发生故障,需在双线区间的一线上道检查、处理设备故障时,本线应封锁、邻线列车限速160 km/h及以下。设备管理单位应在《行车设备检查登记簿》内登记,提出本线封锁、邻线列车限速160 km/h及以下的申请,本线、邻线可不设置防护信号。司机应加强瞭望。

抢修作业时,邻线列车接近前,防护人员通知现场作业负责人停止作业。作业工机具、材料等不得侵限且严禁摆放在两线间。

故障处理后需要现场看守时,设备管理单位应在《行车设备检查登记簿》内登记,提出本线及邻线行车限制条件,并按规定设置防护。

二、检查处理程序

1. 列车调度员(车站值班员)接到设备故障或自然灾害及异物侵限后,按以下基本程序办理。

(1)列车调度员接到信息,应立即按规定采取措施,并通知工务调度。工务调度应立即通知工务处领导、工务段调度和驻调度所联络员,并了解详细情况,协调相关工作。工务段调度立即通知值班段长和车间，确定作业负责人。

当为非常站控时，车站值班员应立即按照规定采取相应措施，并通知工务车间和列车调度员，工务车间向工务段调度汇报，并指派驻站联络员、确定作业负责人，工务段调度向值班段长、工务调度汇报，工务调度向工务处领导汇报。

(2)工务段值班段长立即组织检查、抢修(必要时，工务段可按照规定向列车调度员申请利用动车组列车运送人员处理故障)。

(3)作业负责人按通知的故障地点和类别，组织抢修人员携带机具和材料，赶赴现场。

(4)抢修人员到达现场后，上线前由作业负责人确定本线封锁和临线限速(不超过160 km/h)的起止里程，并在第一时间通知驻调度所(站)联络员；驻调度所(站)联络员根据作业负责人的报告在《行车设备检查登记簿》内进行登记，列车调度员(车站值班员)根据登记要求办理。

(5)作业负责人接到调度命令并与驻调度所(站)联络员核实后，立即组织上线检查和故障(自然灾害)处理，向驻调度所(站)联络员报告情况，并向工务段调度汇报。

报告的主要内容如下：

①作业负责人姓名、职务；

②故障或自然灾害的区间、行别、里程(××公里××米或车站名、道岔股道编号)；

③故障或自然灾害的主要情况及影响范围；

④故障或自然灾害的处理方案。

(6)故障或自然灾害处理后，由作业负责人向驻调度所(站)联络员报告处理情况和列车放行条件(需封锁或限速开通线路时，应报告封锁或限速的区间、行别、起止里程、放行列车速度等)，并向工务段调度汇报。

(7)驻调度所(站)联络员按照作业负责人确定的放行列车条件在《行车设备检查登记簿》内登记，列车调度员(车站值班员)根据登记要求办理。

2. 工务部门检查发现设备故障或自然灾害及异物侵限时，按以下基本程序办理。

(1)作业负责人立即组织故障或自然灾害处理，并向驻调度所(站)联络员报告，同时向工务段调度报告。工务段调度向工务调度和值班段长报告，工务调度向工务处领导报告。

报告主要内容如下：

①作业负责人姓名、职务；

②故障或自然灾害的区间、行别、里程(××公里××米或车站名、道岔股道编号)；

③故障或自然灾害的主要情况及影响范围；

④故障或自然灾害的处理方案。

(2)工务段值班段长立即组织检查、检修。

(3)驻调度所(站)联络员应立即向列车调度员(车站值班员)报告，并根据作业负责人的报告在《行车设备检查登记簿》内进行登记，列车调度员(车站值班员)根据登记要求办理。

(4)故障或自然灾害处理后，由作业负责人向驻调度所(站)联络员报告处理情况和列车放行条件(需封锁或限速开通线路时，应报告封锁或限速的区间、行别、起止里程、放行列车速度等)，并向工务段调度汇报。

(5)驻调度所(站)联络员按照作业负责人确定的放行列车条件在《行车设备检查登记簿》内登记,列车调度员(车站值班员)根据登记要求办理。

三、应急处理措施

(一)线路胀轨应急措施

1. 当线路连续出现碎弯并有胀轨迹象时,应限制列车运行速度或封锁线路,并尽快组织处理。

2. 作业中如出现轨向、高低不良时,必须停止作业,并及时采取防胀措施。

3. 发现胀轨跑道时应立即封锁线路进行处理。

4. 无缝线路发生胀轨跑道时,应对胀轨跑道情况按规定内容做好记录。

(二)钢轨折断应急措施

1. 线路钢轨折断处理

发现钢轨折断时应立即封锁线路,并根据现场情况采取紧急处理、临时处理或永久处理。

(1)紧急处理

当断缝不大于30 mm时,可在断缝处上夹板或臌包夹板,用急救器加固,拧紧断缝前后各50 m范围内的扣件,并派专人看守,按不超过45 km/h速度放行列车,且邻线限速不超过160 km/h。

(2)临时处理

当钢轨折损严重、断缝超过30 mm或紧急处理后不能及时焊复时,应切除伤损部分,在两锯口间插入长度不短于6 m的同型钢轨,轨端钻孔,安装接头夹板,用10.9级螺栓拧紧,拧紧短轨前后各50 m范围内的扣件,按不超过160 km/h速度放行列车。

(3)永久处理

对紧急处理或临时处理的处所,宜于当日天窗内或在轨温适宜时临时要点进行焊复。

2. 道岔钢轨折断处理

发现道岔尖轨、基本轨、可动心轨、翼轨折断时应立即封锁线路,进行处理。

(1)紧急处理

①断缝位于尖轨与基本轨、可动心轨与翼轨密贴段范围以外,且能加固时,处理办法和放行列车条件同钢轨折断处理。

②断缝位于尖轨与基本轨、可动心轨与翼轨密贴段范围以外不能加固,或断缝位于尖轨与基本轨、可动心轨与翼轨密贴段范围内,且直股或曲股之一可单独放行列车时,根据现场实际情况,确定道岔开向,工务紧固,电务部门确认道岔尖轨及心轨密贴状态,道岔应现场加锁或控制台单锁(具体加锁办法按照铁路局规定执行),视道岔型号和状态确定放行列车速度,但最高不得超过60 km/h,并派人看守,邻线限速不超过160 km/h;直股和曲股均不能放行列车时,应进行永久处理。

(2)永久处理

更换尖轨、基本轨或辙叉并焊接,焊接作业要求同钢轨折断永久处理。

（三）列车司机发现线路晃车和检查车Ⅳ级超限应急措施

1. 列车司机发现线路晃车时的应急处理

运行途中列车司机发现晃车时，应立即减速运行并向列车调度员（车站值班员）报告晃车地点及晃车时列车运行速度，待本列无异常状况后恢复常速运行。车站值班员报告列车调度员。

（1）晃车时列车运行速度为160 km/h以下时，列车调度员（车站值班员）立即通知已进入区间的后续列车停车，不再向该区间放行列车，通知工务部门。列车调度员根据工务部门上道检查的申请，及时发布本线封锁、邻线限速160 km/h及以下的调度命令后，准许上道检查。工务检查设备后，根据现场具体情况，确定列车放行条件。

（2）晃车时列车运行速度为160 km/h及以上时，列车调度员应向后续首列发布限速120 km/h的调度命令，限速位置按司机汇报的晃车地点前后各1 km确定。列车通过晃车地点后，司机应立即向列车调度员报告运行情况。若仍晃车，列车调度员立即通知已进入区间的后续列车停车，不再向该区间放行列车，通知工务部门，根据工务部门上道检查的申请，及时发布本线封锁、邻线限速160 km/h及以下的调度命令后，准许上道检查。工务检查设备后，根据现场具体情况，确定列车放行条件。若不再晃车，则按160 km/h、250 km/h、常速逐级逐列提速。

在逐级逐列提速的过程中，再次发生晃车时，列车调度员应立即通知已进入区间的后续列车停车，不再向该区间放行列车，通知工务部门，根据工务部门上道检查的申请，及时发布本线封锁、邻线限速160 km/h及以下的调度命令后，准许上道检查。工务检查设备后，根据现场具体情况，确定列车放行条件。

2. 检查车Ⅳ级偏差应急处理

检查车检查发现Ⅳ级偏差处所或Ⅲ级偏差且车辆动力学指标超限处所，应根据偏差超限值立即采取限速或封锁措施。

检查车检查发现Ⅳ级偏差时，检查人员立即通知本务司机转报列车调度员。列车调度员指挥后续列车限速运行，300～350 km/h区段限速不大于200 km/h，200～250 km/h区段限速不大于160 km/h。

（四）动车组车轮踏面硌伤应急措施

工务部门接到动车组车轮踏面硌伤信息后应立即启动动车组车轮踏面硌伤应急预案。工务人员携带工具登乘路局开行的动车组对重点排查区段进行逐站排查，确认异物疑似区间后，工务段调度通知线路车间人员上道人工排查、处理。

检查人员发现钢轨轨面有异物时，应立即将异物所在行别、里程及异物尺寸等情况报告工务段调度，做好记录并拍摄影像资料，视情况采取打磨等方法对异物进行处理，由现场负责人确定列车放行条件并按相关规定办理手续；未发现异物时，由现场负责人在检查结束后将检查情况报告工务段调度。工务段调度应及时汇总检查情况，并报告行车调度员和铁路局工务调度。铁路局工务调度应掌握异物检查情况，并及时向总公司工务调度报告。

检修人员需搭乘动车组列车（或其他列车）进行抢修时，工务段调度须将搭乘人数、负责人、联系方式、上车点、下车点等信息报调度所，根据调度命令及时赶赴现场。

第五章　无砟轨道线路作业

第一节　调整高低、水平、扭曲作业

一、技术要求

1. 作业遵守无缝线路作业轨温条件。

2. 精调时先确定基准轨，按照“先高低、后水平”的原则，将基准轨高低调整到位后，再通过水平调整另外一股钢轨。

3. 调整完毕，应对轨道几何尺寸、扣件、垫板等进行全面复检，直到确认轨道状态符合标准要求。

二、作业方法

1. 准备作业

（1）作业材料：调整件（绝缘缓冲垫板、轨下微调垫板、铁垫板下调高垫板、轨垫、塑料调高垫板、钢制调高垫板、耦合垫板等）。

（2）工、机具：数显式轨距尺、扭矩扳手、丁字扳手、电动扳手、撬棍、液压起道器、小撬棍、弦线、石笔、轨温计、塞尺、照明灯具、GSM-R 手持机、轨道检查仪等。

（3）检查工机具的安全、操作性能，禁止工机具等带病上道作业，并校对量具。

（4）测量轨温，确定作业条件。

（5）核对数据。用数显式轨距尺测出现场方案中需要调整区段的每根枕未动道前的轨距、水平，如图 5—1—1 所示。根据作业方案，在基准轨轨底上标注调整量。用弦线对高低进行检测，要求弦线绷紧，一枕一测，读数测量要求准确并将数据标注在钢轨上，以便核对确认。

图 5—1—1　现场核对数据

（6）确定调整件型号。根据作业方案中的调整量和现场实际绝缘缓冲垫板、轨下微调垫板、铁垫板下调高垫板、轨垫、塑料调高垫板、钢制调高垫板、耦合垫板等型号，确定新更换绝缘缓冲垫板、轨下微调垫板、铁垫板下调高垫板等型号、数量，如图 5—1—2 所示。

(a)　　(b)

图 5—1—2　调整件

WJ-7 型扣件高低调整调高垫板设置见表 5—1—1。

表 5—1—1　WJ-7 型扣件高低调整调高垫板设置（mm）

高低调整量	绝缘缓冲垫板厚度	轨下微调垫板总厚度	铁垫板下调高垫板厚度
-4	2	0	0
-3	2	1	0
-2	2	2	0
-1	2	3	0
0	6	0	0
+1 ~ +7	6	1 ~ 7	0
+8	6	0	8
+9 ~ +15	6	1 ~ 7	8
+16	6	0	2 × 8
+17 ~ +26	6	1 ~ 10	2 × 8

WJ-8 型扣件高低调整调高垫板设置见表 5—1—2。

表 5—1—2　WJ-8 型扣件高低调整调高垫板设置（mm）

高低调整量	轨下垫板厚度	轨下微调垫板总厚度	铁垫板下调高垫板厚度
-4 ~ -1	2 ~ 5	0	0
0	6	0	0
+1 ~ +6	6	1 ~ 6	0
+7 ~ +10	3 ~ 6	0	10
+11 ~ +16	6	1 ~ 6	10
+17 ~ +20	3 ~ 6	0	20
+21 ~ +26	6	1 ~ 6	20

W300-1 型扣件高低调整调高垫板设置见表 5—1—3。

表 5—1—3　W300-1 型扣件高低调整调高垫板设置(mm)

高低调整量	轨垫厚度(Zw 692-x)	塑料调高垫板厚度(AP20-x)	钢制调高垫板厚度(AP20S)	螺旋道钉长度(Ss36)
-4 ~ -1	1×2 ~5			230
0	1×6			
+1 ~ +2	1×7 ~8			
+3 ~ +8	1×3 ~8	1×6		
+9 ~ +12	1×5 ~8	1×10		240
+13 ~ +14	1×7 ~8	2×6		
+15 ~ +18	1×5 ~8	1×10 +1×6		
+19 ~ +22	1×5 ~8	2×10		250
+23 ~ +26	1×3 ~6	1×6	1×20	

SFC 型扣件高低调整调高垫板设置见表 5—1—4 和表 5—1—5。高低调整量为 -2 ~ 6 mm 时,扣件调高垫板(标准搭配形式和可替代的搭配形式)按表 5—1—4 进行设置。高低调整量为 6.5 ~30 mm 时,扣件调高垫板按表 5—1—5 进行设置。

表 5—1—4　SFC 型扣件高低调整调高垫板设置(mm)

调高量	标准搭配形式		可替代的搭配形式		
	耦合垫板	HDPE 调高垫板	耦合垫板	HDPE 调高垫板	镀锌钢板
-2 ~0	2 ~4				
0	4				
0.5	2 +2.5				
1	2	3	4		1
1.5	2.5	3	3.5		2
2	3	3	4		2
2.5	3.5	3	3.5		1 +2
3	4	3	4		1 +2
3.5			3.5	3	1
4			4	3	1
4.5			3.5	3	2
5			4	3	2
5.5			3.5	2×3	
6			4.0	2×3	

表 5—1—5　SFC 型扣件高低调整调高垫板设置(mm)

调高量	垫板搭配方式		钢　板	备　注
	LDPE 耦合垫板	HDPE 调高垫板		
6.5～8	2.5～4	3+5		安装和维护过程中,可根据实际情况进行搭配,并应遵循以下原则: (1)钢板和 HDPE 调高垫板均应安放在 LDPE 耦合垫板之上 (2)铸铁底板下所有垫板总数量不得超过 3 块 (3)LDPE 耦合垫板采用 1 块(调高 0.5 mm 时,采用 2 块)
8.5～9.5	2.5～3.5	10		
10	4	5+5		
10.5	3.5	10	1	
11～13	2～4	3+10		
13.5～15	2.5～4	10+5		
15.5	3.5	15	1	
16～18	2～4	3+15		
18.5～20	2.5～4	20		
20.5	3.5	20	1	
21～23	2～4	3+20		
23.5～24.5	2.5～4	25		
25	4	25		
25.5	3.5	25	1	
26～28	2～4	3+25		
28.5～30	2.5～4	30		

(7)分发调整件

根据需要在每根需调整扣件的轨枕上分发绝缘缓冲垫板、轨下微调垫板、铁垫板下调高垫板等调整件材料,如图 5—1—3 所示。

(a)　　(b)

图 5—1—3　分发调整件

(8)复查确认。作业负责人对调整方案进行现场实际核对、确认,如果核对调整量与现场实际状态一致或趋势相同方可动道,再根据作业方案中的调整量,对作业区段划撬,在轨面上标注高程调整值和方向;如不相符,需要负责人对方案或现场数据进行分析,否则严禁擅自动道。复查确认如图 5—1—4 所示。

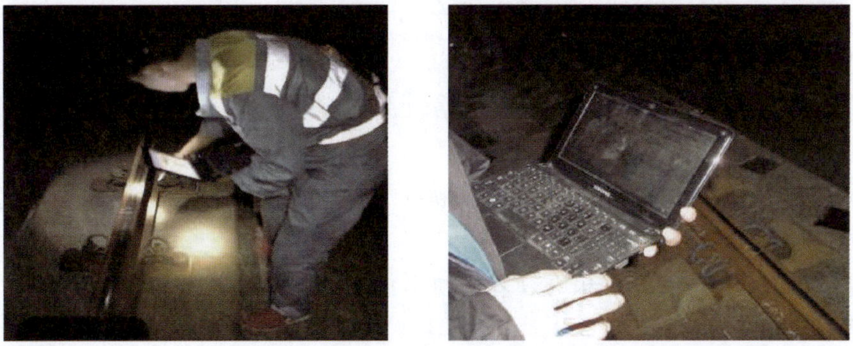

(a)　　(b)

图 5—1—4　复查确认

2. 基准轨高程调整作业

(1)松开扣件。根据作业轨温条件确定连续松开数量,如图 5—1—5 所示。

(2)起道。根据调整量值,可适量起道,起道时,注意放平起道器,位置适宜,起道器严禁放在焊缝处起道,如图 5—1—6 所示。

图 5—1—5　松开扣件

图 5—1—6　起道作业

(3)清扫承轨台上的杂物。

(4)WJ-7 型扣件高程调整。

WJ-7 型扣件高低调整通过更换不同规格绝缘缓冲垫板、轨下微调垫板、铁垫板下调高垫板实现,高低调整量为 -4 ~ +26 mm。

①高程增加:当调高量小于 7 mm 时,在轨下垫板下放入调高垫板;当调高量超过 7 mm 时,可同时在铁垫板下放入调高垫板。

②钢轨下调高:轨下调高垫板必须放在轨下垫板和铁垫板间,数量不超过 2 块,并应将最薄的轨下调高垫板放在下面,以防轨下调高垫板窜出。

③铁垫板下调高:铁垫板下调高垫板必须放在铁垫板和绝缘缓冲垫板间,数量不超过 2 块,总厚度不超过 16 mm。

④高程降低:抽调高垫板程序同上。

⑤拧紧扣件:高程调整后立即拧紧扣件,检查扣件密贴、落槽到位,T 型螺栓使用 W1 型弹条时扭矩为 100 ~ 140 N·m,使用 X2 型弹条时为 70 ~ 90 N·m;锚固螺栓扭矩为 300 ~

350 N·m。

(5)WJ-8 型扣件高程调整。

WJ-8 型扣件高低调整通过更换不同规格轨下垫板、轨下微调垫板、铁垫板下调高垫板实现,高低调整量为 -4 ~ +26 mm。

①高程增加:当调高量小于 6 mm 时,在轨底放入调高垫板;当调高量超过 10 mm 时,可同时在铁垫板下放入调高垫板。

②钢轨下调高:轨下微调垫板必须放在轨下垫板与铁垫板之间,数量不超过 2 块,并应把最薄的轨下微调垫板放在下面。

③铁垫板下调高:铁垫板下调高垫板必须放在铁垫板下弹性垫板与轨枕之间,铁垫板下调高垫板不能摞叠使用,总厚度不超过 20 mm。注意铁垫板下调高垫板每副由两片组成,只能单副使用,从侧面插入。超过 15 mm 调高量时,应使用加长 S3 螺栓。

④高程降低:抽调高垫板程序同上,对于降低量超过 10 mm,对铁垫板下调高垫板进行更换处理。

⑤拧紧扣件:高程调整后立即拧紧扣件,检查扣件密贴、落槽到位,螺旋道钉使用 W1 型弹条时扭矩为 130 ~ 170 N·m,使用 X2 型弹条时扭矩为 90 ~ 120 N·m。

(6)W300-1 型扣件高程调整。

W300-1 型扣件高低调整通过更换不同规格轨垫 ZW692、塑料调高垫板(AP20)、钢制调高垫板(AP20S)实现,高低调整量为 -4 ~ +26 mm。

①高程的增加和降低,按表 5—1—3 要求更换轨垫、塑料调高垫板、钢制调高垫板等调整件,根据高低调整需要,选用 230 mm、240 mm、250 mm 规格的螺栓。

②拧紧扣件:高程调整后立即拧紧扣件,检查扣件密贴、落槽到位,螺栓使用 SKL15 型弹条时扭矩为 210 ~ 250 N·m,使用 SKLB15 型弹条时扭矩为 150 ~ 180 N·m。

(7)SFC 型扣件高程调整。

SFC 型扣件高低调整通过更换不同的规格耦合垫板、塑料调高垫板、钢调高垫板实现,高低调整量为 -2 ~ +30 mm。

①高程的增加和降低,按表 5—1—4 和表 5—1—5 要求更换合垫板、塑料调高垫板、钢调高垫板等调整件。铸铁底板下插入垫板(含耦合垫板在内)不得超过 3 块,且耦合垫板总厚度不得大于 4. 5 mm。

②拧紧扣件:高程调整后立即拧紧扣件,检查扣件密贴、落槽到位,锚固螺栓扭矩为 150 ~ 200 N·m。当垫板(含调高垫板和耦合垫板)叠加总厚度超过 15 mm 时,需要使用部件编号为 12671 型的螺栓,总厚度在 15 mm 及以下时,使用部件编号为 10866 型的螺栓。

3. 调整另一股钢轨高程

依据基准轨,通过控制水平调整另一股钢轨高程。

4. 清点整理

整理抽换出来的调高垫板、绝缘缓冲垫板等调整件,分类、分型号整理,循环使用。

三、注意事项

1. 作业后轨距允许偏差 ±1 mm;水平 2 mm;10 m 范围内轨向、高低不大于 2 mm;轨距变化率不大于1/1 500,扭曲2 mm/3 m。

2. 扣件安装正确、齐全,扣件扭力矩符合标准,弹条中部前端下颚与绝缘块不宜接触,两者间隙不得大于0.5 mm;各垫板的厚度、层数符合要求。

3. 必要时,对调整完毕的区段,用轨道测量仪进行检核测量,并对超限尺寸进行反复调整,直至确认轨道状态符合标准要求,并按相关规定提交检测成果资料。

第二节　调整轨向、轨距作业

一、技术要求

1. 作业应遵守无缝线路作业轨温条件。

2. 精调时先确定基准轨,按照"先轨向、后轨距"的原则,将基准轨轨向调整到位后,再通过轨距调整另外一股钢轨。

3. 调整完毕,应对轨道几何尺寸、扣件、垫板等进行全面复检,直到确认轨道状态符合标准要求。

二、作业方法

1. 准备作业

(1)作业材料:调整件(轨距挡板、绝缘块)。

(2)工、机具:数显式轨距尺、扭矩扳手、丁字扳手、电动扳手、撬棍、液压改道器、小撬棍、弦线、石笔、轨温计、塞尺、照明灯具、GSM-R手持机、轨道检查仪等。

(3)检查工机具的安全、操作性能,禁止工机具等带病上道作业,并校对量具。

(4)测量轨温,确定作业条件。

(5)核对数据。用数显式轨距尺测出现场方案中需要调整区段的每根枕未动道前的轨距、水平,根据作业方案,在基准轨轨底上标注调整量。用弦线对高低进行检测,要求弦线绷紧,一枕一测,读数测量要求准确并将数据标注在钢轨上,以便核对确认。

(6)确定调整件型号。根据作业方案中的调整量,WJ-7、SFC型扣件的轨距、轨向调整通过挪动铁垫板实现,WJ-8型扣件和W300-1型扣件的轨距、轨向调整根据更换轨距挡板、绝缘块来实现。

WJ-8型扣件左右位置调整配置见表5—2—1。

表5—2—1　WJ-8型扣件钢轨左右位置调整配置

单股钢轨左右位置调整量(mm)	钢轨外侧		钢轨内侧	
	轨距挡板号码	绝缘轨距块号码	绝缘轨距块号码	轨距挡板号码
-5	10	11	7	4
-4	10	10	8	4
-3	10	9	9	4
-2	7	11	7	7
-1	7	10	8	7

续上表

单股钢轨左右位置调整量(mm)	钢　轨　外　侧		钢　轨　内　侧	
	轨距挡板号码	绝缘轨距块号码	绝缘轨距块号码	轨距挡板号码
0	7	9	9	7
+1	7	8	10	7
+2	7	7	11	7
+3	4	9	9	10
+4	4	8	10	10
+5	4	7	11	10

W300-1 型扣件左右位置调整配置见表 5—2—2。

表 5—2—2　W300-1 型扣件钢轨左右位置调整配置

单股钢轨左右位置调整量(mm)	钢轨外侧轨距挡板	钢轨内侧轨距挡板
-8	Wfp15 +8	Wfp15 -8
-7	Wfp15 +7	Wfp15 -7
-6	Wfp15 +6	Wfp15 -6
-5	Wfp15 +5	Wfp15 -5
-4	Wfp15 +4	Wfp15 -4
-3	Wfp15 +3	Wfp15 -3
-2	Wfp15 +2	Wfp15 -2
-1	Wfp15 +1	Wfp15 -1
0	Wfp15	Wfp15
+1	Wfp15 -1	Wfp15 +1
+2	Wfp15 -2	Wfp15 +2
+3	Wfp15 -3	Wfp15 +3
+4	Wfp15 -4	Wfp15 +4
+5	Wfp15 -5	Wfp15 +5
+6	Wfp15 -6	Wfp15 +6
+7	Wfp15 -7	Wfp15 +7
+8	Wfp15 -8	Wfp15 +8

(7)分发调整件。在每根需调整扣件的轨枕上分发所需更换的轨距挡板、绝缘块。

(8)复查确认。作业负责人对调整方案进行现场实际核对、确认,如果核对调整量与现场实际状态一致或趋势相同方可动道,再根据作业方案中的调整量,对作业区段划撬,在轨面上标注轨向调整值和方向;如不相符,需要负责人对方案或现场数据进行分析,否则严禁擅自动道。

2. 基准轨轨向调整作业

(1)松开扣件

连续松开数量根据作业轨温条件确定。

(2) WJ-7 型扣件轨向、轨距调整

WJ-7 型扣件轨距、轨向调整通过横向挪动铁垫板实现，钢轨左右位置调整量为 ±6 mm。

①用改道器结合轨距尺测量轨距横向挪动铁垫板，检查轨距调整情况直至符合要求(图 5—2—1)。在挪动铁垫板时，若出现平垫块卡阻情况，将平垫块掉头。

②上齐并拧紧锚固螺栓，确保扭力矩满足 300 ~ 350 N · m。

图 5—2—1　轨距和轨向调整

(3) WJ-8 型扣件轨向、轨距调整

WJ-8 型扣件轨距、轨向调整通过更换不同号码绝缘轨距块或轨距挡板实现，钢轨左右位置调整量为 ±5 mm。

①更换每根轨枕对应的轨距挡板、绝缘块，检查轨距调整情况直至符合要求。

②上齐并拧紧螺旋道钉，确保扭力矩满足要求，使用 W1 型弹条时扭矩为 140 ~ 180 N · m，使用 X2 型弹条时扭矩为 90 ~ 120 N · m。

(4) W300-1 型扣件轨向、轨距调整

W300-1 型扣件轨距、轨向调整通过更换不同规格轨距挡板实现，钢轨左右位置调整量为 ±8 mm。

①更换每根轨枕对应的轨距挡板，检查轨距调整情况直至符合要求。

②将绝缘垫片放于轨底上表面的弹条扣压肢待安装位置，注意方向，半圆开口朝外。

③上齐并拧紧螺栓，确保扭力矩满足要求，普通弹条为 210 ~ 250 N · m，桥上小阻力弹条为 150 ~ 180 N · m。

(5) SFC 型扣件轨向、轨距调整

SFC 型扣件轨距、轨向调整通过横向挪动铸铁底板实现，钢轨左右位置调整量为 ±6 mm。调整方法为松开锚固螺栓；用改道器横向挪动调整轨距和轨向。

①用改道器结合轨距尺测量轨距横向挪动铸铁底板，检查轨距调整情况直至符合要求。

②上齐并拧紧锚固螺栓，确保扭力矩满足 150 ~ 200 N · m。

③钢轨与绝缘轨距块、绝缘轨距块与铁垫板挡肩间缝隙之和不得大于 1 mm。

3. 调整另一股钢轨轨向

依据基准轨通过轨距调整另一股钢轨轨向。

4. 清点整理

整理抽换出来的轨距挡板、绝缘块等调整件，分类、分型号整理，循环使用。

三、注意事项

1. 作业后轨距允许偏差 ±1 mm；水平 2 mm；10 m 范围内轨向、高低不大于 2 mm；轨距变化率不大于 1/1 500，扭曲 2 mm/3 m。

2. 扣件安装正确、齐全，扣件扭力矩符合标准，弹条中部前端下颚与绝缘块不宜接触，两者间隙不得大于 0.5 mm；钢轨与绝缘块、绝缘块与铁垫板挡肩间间隙之和不得大于

1 mm。

3. 同一股钢轨上扣件时，直线地段一般先紧固调整量为正的一侧，再紧固调整量为负的一侧；曲线地段先紧固曲线内侧扣件（低的一侧），再紧固另外一侧（高的一侧）。

4. 必要时，对调整完毕的区段，用轨道测量仪进行检核测量，并对超限尺寸进行反复调整，直至确认轨道状态符合标准要求，并按相关规定提交检测成果资料。

第三节　更换扣件预埋套管作业

一、技术要求

1. 更换后的预埋套管应定位准确，抗拔力符合要求。

2. 采用的修复方案及锚固胶应提前进行试验，确定修复工艺参数。

3. 作业完毕后应对轨道几何尺寸、扣件、垫板等进行全面复检，直到确认轨道状态符合标准要求。

二、作业方法

（一）A 方案

1. 准备作业。

（1）作业材料：配套的预埋套管、锚固胶、螺栓专用防护油脂。

（2）工、机具：冲击电钻、小型空气压缩机、道钉抗拔力检测仪、发电机、钻头、丁字扳手、液压起道机、尖嘴钳、改刀（或销钉）、棉纱、数显式轨距尺、照明灯具、GSM-R 手持机等。

（3）检查工机具的安全、操作性能，禁止工机具等带病上道作业，并校对量具。

（4）松开病害处的扣件及相邻扣件，使用液压起道机抬升钢轨至病害处垫板可以自由窜动，卸下垫板，露出待更换螺栓孔。

2. 取出旧预埋套管。

（1）将改刀（或销钉）钉入失效的预埋套管中。

（2）用丁字扳手旋出失效套管。

（3）用专用电钻继续向下钻出残留的套管底部，用专用钳子取出被钻出残留套管碎屑，剁子或锥形砂轮除掉轨道板孔壁上端残留的突出铁橛等杂物。

3. 清孔。使用空压机将螺栓孔内丝纹上残余套管及其他杂物清理干净。

4. 在孔内注入或在新套管外壁涂覆适量的锚固胶。

5. 将新套管旋入轨枕孔内。

6. 恢复垫板及扣件，螺杆涂油，安装、拧紧螺栓至标准扭力矩。

（二）B 方案

1. 准备工作。

（1）作业材料：配套的预埋套管、锚固胶、螺栓专用防护油脂。

（2）工、机具：发电机、钻头、扭力矩扳手、液压起道机、棉纱、批灰刀、水桶、软水管、电加热器、专用多刃倒锥、专用清理工具、套管旋入器、强力套筒扳手、吹吸风机、数显式轨距尺、照明灯具、GSM-R 手持机等。

(3)检查工机具的安全、操作性能,禁止工机具等带病上道作业,并校对量具。

(4)松开病害处的扣件及相邻扣件,使用液压起道机抬升钢轨至病害处垫板可以自由窜动,卸下垫板,露出待更换螺栓孔。

2. 取出旧预埋套管。

(1)将电加热器插上电源并合上电源开关,使电热管工作产生热量,然后将其对准损坏的预埋套管并向下施压,使电加热器头部的多刃倒锥深入到预埋套管内,深度应大于120 mm。

(2)取出电加热器后快速将专用多刃倒锥按照原来的痕迹打入失效预埋套管内,用强力套筒扳手逆时针转动,将失效预埋套管旋出。

3. 清孔。用专用清理工具,清理螺栓孔中存有的杂物(水泥块、土等),使用吹吸风机将其清理干净。

4. 在孔内注入或在新套管外壁涂覆适量的锚固胶。

5. 用套管旋入器将新预埋套管按顺时针方向旋入轨枕。

6. 恢复垫板及扣件,螺杆涂油,安装、拧紧螺栓至标准扭力矩。

(三)C 方案

1. 准备作业。

(1)作业材料:配套的预埋套管、锚固胶、螺栓专用防护油脂。

(2)工、机具:改锚箱 1 套(尼龙套管刀具、防护帽、卸尼套装置、一字冲子、十字冲子、长钳子、小棘轮扳手、手锤、棘轮装置)、T 型扳手(加力杆)、扭力矩扳手、取底电钻 1 台(钻头)、吹风机 1 台、角磨机 1 台、发电机 1 台、起道机 2 台、扳手 3 台(36 mm 扳头 1 个、24 mm 扳头 2 个)、撬棍 1 根、数显式轨距尺、大锤 1 把、线盘 1 个、大绳 1 根、扫把 1 个、皮筐 1 个、照明灯具、GSM-R 手持机等。

(3)检查工机具的安全、操作性能,禁止工机具等带病上道作业,并校对量具。

(4)松开病害处的扣件及相邻扣件,使用液压起道机抬升钢轨至病害处垫板可以自由窜动,卸下垫板,露出待更换螺栓孔。

2. 清理旧孔:清除失效套管内破损的套管丝扣、杂物及积水。

3. 取出旧预埋套管。

(1)利用大锤将削刀钉入失效的预埋套管。削刀钉入必须要居中且不要倾斜,锤击要用力均匀;钉入削刀时,要掌握削刀的钉入深度,避免因钉入深度不足造成套管在半腰处折断。

(2)利用 T 型扳手及加力杆旋出失效的预埋套管。失效套管旋出时,严禁带“角度”旋转,防止破坏轨道板锚固螺栓预制孔。

(3)利用取底电钻继续向下钻出残留的预埋套管底部,用长钳子夹出被钻出残留套管碎削。

4. 清孔。

(1)利用冲子凿出底部丝扣中残留的预埋套管,用长钳子夹出被钻出残留套管碎屑。

(2)利用剁子或锥形砂轮除掉轨道板孔壁上端残留的突出处所。

(3)用吹风机吹出管孔中的残留碎屑。

5. 在孔内注入或在新套管外壁涂覆适量的锚固胶。

6. 用套管旋入器将新预埋套管按顺时针方向旋入轨枕。

7. 恢复垫板及扣件，螺杆涂油，安装、拧紧螺栓至标准扭力矩。

三、注意事项

1. 如果待更换螺栓孔中存有断裂螺栓，采用焊接的方法，用专用工具将断螺栓取出。

2. 取出失效套管时，不得伤及套管周围钢筋，且油渍或油脂不得污染孔壁。

3. 新套管锚固强度应达到抗拔力要求后方可安装扣件，并利用角磨机打磨掉预埋套管高出部位。

4. 相关油脂严禁滴落在钢轨轨面上，如有滴落，利用棉纱擦拭干净。

5. 雨雪天气时严禁作业。

第四节　无砟道床结构损坏修复作业

无砟道床维修作业包括无砟道床伤损修补作业和道床结构损坏修复作业。无砟道床结构损坏修复作业所用材料应经总公司认定的检验机构检验合格，并经现场同条件检验，各项指标性能均满足要求后方可使用。

一、CRTS Ⅰ型板式无砟道床轨道板更换作业

（一）技术要求

1. 新轨道板质量应符合《CRTS Ⅰ型板式无砟轨道混凝土轨道板》（TB/T3398）的要求。

2. 灌注袋应符合《客运专线铁路 CRTS Ⅰ型板式无砟轨道水泥乳化沥青砂浆和凸台树脂用灌注袋暂行技术条件》（科技基〔2008〕74 号）的要求。

3. 轨道板铺设精度、凸台树脂灌注质量应满足高速铁路轨道工程施工质量验收标准。

4. 轨道几何状态、作业轨温、焊接质量应符合《高速铁路无砟轨道线路维修规则》要求。

（二）作业方法

1. 准备工作

（1）更换材料：轨道板、凸台树脂、离缝注浆材料、钢轨、焊接材料、扣件等。

（2）工、机具：电镐、起吊设备、精调爪、测量设备、发电机、手持搅拌机、焊接及锯轨装备、内燃（电动）扳手、扭矩扳手、液压起道器、撬棍、翻轨器、夹钳、鼓风机、磨光机、清扫工具等。

（3）轨道板试吊：全面检查重型轨道车性能，模拟线上接触网导高、线间距、曲线超高等条件进行试吊。

（4）轨道板定位标注：采用弹墨线、靠尺、钢尺、弦线等对原轨道板的平面及高程位置进行测量和标识，并做好数据记录，主要是对原轨道板和邻近轨道板之间的相对位置，包括水平位置、板间距离、板间高差、凸台间隙等具有定位轨道板状态的参数。

（5）零配件紧固及编号：对作业点前后各 100 m 范围内的螺栓进行紧固，防止无缝线路爬行，同时对零配件按照左右股、内外侧进行编号，确保恢复线路时原位安装。

（6）钢轨切割：结合现场既有焊缝位置，确定钢轨切割位置，尽量减少焊缝数量。切割完

毕后，轨端钻孔，安装接头夹板，用10.9级螺栓拧紧，限速不大于160 km/h开通线路。

2. 更换作业

更换作业包括接触网停电、零配件拆除、凸台树脂凿除、钢轨移位、旧板吊装、水泥乳化沥青砂浆表面清理、密封条粘贴、新板吊装、轨道板精调、凸台树脂浇筑、钢轨恢复、板底注胶、回检清场、轨道恢复共14个步骤。

(1)接触网停电

按照施工命令，进行接触网停电、验电、挂地线，并做好相关防护措施。

(2)零配件拆除

拆除需更换轨道板上所有零配件，拆除需移动钢轨范围内的螺栓及轨距块，接头夹板等，拆下的配件摆放整齐。拆除钢棒防护槽钢、静电连接线(接地钢缆)。

(3)凸台树脂凿除

利用电镐等工具凿除既有凸台树脂，并清理干净。

(4)钢轨移位

安装辊轮，沿线路方向移动钢轨，留出作业空间。

(5)旧板吊装

安装四个精调爪，同步均匀顶升轨道板，在轨道板与水泥乳化沥青砂浆层脱离后拆除精调爪。安装起吊螺栓，对吊点和螺栓松紧度核查后，将旧板吊到轨道车平板上，如图5—4—1所示。

图5—4—1　轨道板起吊

(6)水泥乳化沥青砂浆表面清理

对更换的轨道板处水泥乳化沥青砂浆表面进行检查，用鼓风机、磨光机、扫把等对残留浮渣进行打磨平整、清理干净，同时对凸台再次清理。清理完毕后，严禁站人。

(7)密封条粘贴

在距水泥乳化沥青砂浆边缘2～3 cm处，粘贴2～3 mm厚密封条，确保砂浆周边全部密封，并留出注胶孔和排气孔。

(8)新板吊装

将新板吊至安装位置，落板时每端利用三个预制木条对新轨道板横向、纵向位置进行限位。落板后，利用弦线对轨道板平面位置进行复核，利用钢直尺等对高程进行复核。

(9)轨道板精调

安装精调爪,将轨道板精调到位,精度控制在 2 mm 以内。

(10)凸台树脂浇筑

粘结凸台灌注袋,均匀搅拌树脂料,立即进行浇筑。

(11)钢轨恢复

将钢轨移回原位,安装扣件、夹板。

(12)板底注胶

采用与原水泥乳化沥青砂浆性能相似的树脂材料进行注浆填充,压力控制在 0.1 MPa,确保板下空隙填充密实。

(13)回检清场

供电部门拆除地线。对轨道结构、几何尺寸进行全面检查。清理现场,将工具、垃圾全部撤出线路。

(14)轨道恢复

利用后续天窗进行钢轨焊接、线路测量、轨道精调等轨道恢复工作。

①钢轨焊接:钢轨焊接、焊缝打磨、探伤。插入钢轨的长度不小于 20 m。

②线路测量:利用精测小车对作业区段及前后各 100 m 线路进行测量,对线形进行分析,并制订精调方案。

③轨道精调:按照精调方案对线路进行调整。

(三)注意事项

1. 重型轨道车停于邻线对应位置,在起吊作业前必须用垫木垫实,确保液压支腿稳固。起吊过程中作业人员撤离吊装区域,严禁任何人站在吊臂和轨道板下方。作业过程中要严密注意控制吊臂高度,不得触碰破坏供电接触网。

2. 在作业时应准备足够的扣件配件用于更换和调整轨道线形。

二、CRTS I 型板式无砟道床砂浆更换作业

水泥乳化沥青砂浆层损坏严重,采取修补措施无法保证轨道板稳定性和行车平稳性时,必须重新灌注充填层。水泥乳化沥青砂浆层更换可按以下工艺进行施作。

(一)技术要求

1. 砂浆质量应符合《客运专线铁路 CRTS I 型板式无砟轨道水泥乳化沥青砂浆暂行技术条件》(科技基〔2008〕74 号)的要求。

2. 灌注袋应符合《客运专线铁路 CRTS I 型板式无砟轨道水泥乳化沥青砂浆和凸台树脂用灌注袋暂行技术条件》(科技基〔2008〕74 号)的要求。

3. 轨道几何状态应符合《高速铁路无砟轨道线路维修规则》的要求。

(二)作业方法

1. 准备工作

(1)更换材料:砂浆更换材料、凸台树脂修补材料、砂浆灌注袋、凸台树脂灌注袋、扣件等。

(2)工、机具:电镐、千斤顶、精调爪、测量设备、发电机、专用砂浆搅拌机、内燃(电动)扳手、液压起道器、撬棍、翻轨器、夹钳、鼓风机、磨光机、清扫工具等。

(3)轨道板定位标注:采用弹墨线、靠尺、钢尺、弦线等对原轨道板的平面及高程位置进行测量和标识,并做好数据记录,主要是对原轨道板和邻近轨道板之间的相对位置,包括水平位置、板间距离、板间高差、凸台间隙等具有定位轨道板状态的参数。

2. 更换作业

更换作业包括零配件拆除、凸台树脂清除、钢轨抬高、水泥乳化沥青砂浆清除、轨道板复位精调、安装砂浆袋、水泥乳化沥青砂浆灌注、凸台树脂恢复、回检清场、轨道恢复共10个步骤。

①零配件拆除

拆除需更换砂浆对应轨道板上所有零配件,拆除需移动钢轨范围内的螺栓及轨距块,拆下的配件摆放整齐。拆除钢棒防护槽钢、静电连接线(接地钢缆)。

②凸台树脂清除

清除轨道板两侧凸形挡台周围树脂。

③钢轨抬高

根据钢轨锁定稳定和施工气温,确定钢轨抬升区域,并采用内燃扳手等工具将一定范围内的钢轨扣件松开,然后使用液压起道器将钢轨抬高。

④水泥乳化沥青砂浆清除

使用风镐、电镐清除水泥乳化沥青砂浆,然后将轨道板底部、底座板表面清理干净。

⑤轨道板复位精调

将轨道板缓慢放下,放置在原始高度位置,采用精调爪结合全站仪对轨道板进行精调。

⑥安装砂浆灌注袋

轨道板精调完成后,安装灌注用砂浆袋。

⑦水泥乳化沥青砂浆灌注

在专用砂浆搅拌机内搅拌砂浆更换材料,进行砂浆的灌注,如图5—4—2所示。

图5—4—2　水泥乳化沥青砂浆灌注

⑧凸台树脂恢复

安装凸台树脂灌注袋,搅拌并灌注凸台树脂修补材料。

⑨回检清场

对轨道结构、几何尺寸进行全面检查。清理现场,将工具、垃圾全部撤出线路。

⑩轨道恢复

利用后续天窗进行线路测量、轨道精调等轨道恢复工作。

a. 线路测量:利用轨道测量仪对作业区段及前后各 100 m 线路进行测量,对线形进行分析,并制订精调方案。

b. 轨道精调:按照精调方案对线路进行调整。

(三)注意事项

1. 严格控制底座混凝土表面的清洁度和平整度,灌注袋应平整的铺设在底座上,平展无褶皱、四边、四角对称。

2. 灌注材料性能应符合相关标准要求,并进行检验。

3. 砂浆应灌注饱满,与轨道板底部密贴,不应有间隙,U 形边切线与轨道板边应平齐,轨道板边角悬空深度应小于 30 mm。

4. 作业时应准备足够的扣件配件用于更换和调整轨道线形。

三、CRTS Ⅱ型板式无砟道床轨道板更换作业

(一)技术要求

1. 新轨道板质量应符合《CRTS Ⅱ型板式无砟轨道混凝土轨道板》(TB/T 3399)的要求。

2. 轨道板铺设精度须满足高速铁路轨道工程施工质量验收标准。

3. 轨道几何状态、无缝线路锁定轨温、焊接质量应符合《高速铁路无砟轨道线路维修规则》要求。

(二)作业方法

1. 准备工作

(1)更换材料:轨道板、宽接缝修补材料、离缝注浆材料、离缝封边材料、钢轨、焊接材料、扣件等。

(2)工、机具:电镐、起吊设备、精调爪、测量设备、发电机、专用砂浆搅拌机、混凝土搅拌机、焊接及锯轨装备、内燃(电动)扳手、扭矩扳手、液压起道器、撬棍、翻轨器、夹钳、鼓风机、磨光机、清扫工具等。

(3)轨道板试吊:全面检查重型轨道车性能,模拟线上接触网导高、线间距、曲线超高等条件进行试吊。

(4)轨道板定位标注:采用弹墨线、靠尺、钢尺、弦线等对原轨道板的平面及高程位置进行测量和标识,并做好数据记录,主要是对原轨道板和邻近轨道板之间的相对位置,包括水平位置、板间距离、板间高差、凸台间隙等具有定位轨道板状态的参数。

(5)零配件紧固及编号:对作业点前后各 100 m 范围内的螺栓进行紧固,防止无缝线路爬行,同时对零配件按照左右股、内外侧进行编号,确保恢复线路时原位安装。

(6)钢轨切割:结合现场既有焊缝位置,确定钢轨切割位置,尽量减少焊缝数量。切割完毕后,轨端钻孔,安装接头夹板,用 10.9 级螺栓拧紧,限速不大于 160 km/h 开通线路。

2. 更换作业

更换作业包括接触网停电、零配件拆除、轨道板植筋锚固、宽接缝混凝土凿除、钢轨移位、旧板吊装、水泥乳化沥青砂浆表面清理、新板吊装、轨道板精调、安装模板、水泥乳化沥青

砂浆浇筑、宽接缝混凝土浇筑、钢轨恢复、回检清场、轨道恢复共15个步骤。

(1)接触网停电

按照施工命令,进行接触网停电、验电、挂地线,并做好相关防护措施。

(2)零配件拆除

拆除需更换轨道板上所有零配件,拆除需移动钢轨范围内的螺栓及轨距块、接头夹板等,拆下的配件摆放整齐。

(3)轨道板植筋锚固

根据轨道板张拉锁定温度和施工时无砟轨道温度,计算需要植筋锚固数量,利用锚固筋将轨道结构两端一定数量的轨道板与支承层或底座板进行植筋加固。

(4)宽接缝混凝土凿除

对轨道板宽接缝的接缝处进行切割,然后采用电镐、风镐等机具清除轨道板宽接缝混凝土和线间混凝土。

(5)钢轨移位

安装辊轮,沿线路方向移动钢轨,留出作业空间。

(6)旧板吊装

安装四个精调爪,同步均匀顶升轨道板,在轨道板与水泥乳化沥青砂浆层脱离后拆除精调爪。安装起吊螺栓,对吊点和螺栓松紧度核查后,将旧板吊到轨道车平板上,如图5—4—3所示。

图5—4—3　轨道板吊装

(7)水泥乳化沥青砂浆清理

对更换的轨道板处水泥乳化沥青砂浆进行清理,用电镐、鼓风机等对残留浮渣进行打磨平整、清理干净。清理完毕后,严禁站人。

(8)新板吊装

将新板吊至安装位置,落板时每端利用三个预制木条对新轨道板横向、纵向位置进行限位。落板后,利用弦线对轨道板平面位置进行复核,利用钢直尺等对高程进行复核。

(9)轨道板精调

安装精调爪,将轨道板精调到位,精度控制在2 mm以内。

(10)安装模板

在轨道板四周安装模板,并按要求设置排气孔。

(11)水泥乳化沥青砂浆灌注

采用专用砂浆搅拌机,搅拌并灌注水泥乳化沥青砂浆。

(12)宽接缝混凝土浇筑

按规定扭矩纵向连接轨道板,对轨道板进行张拉,放入钢筋网笼,用混凝土搅拌机现场拌合宽接缝修补材料,立即进行浇筑。

(13)钢轨恢复

将钢轨移回原位,安装扣件、夹板。

(14)回检清场

供电部门拆除地线。对轨道结构、几何尺寸进行全面检查。清理现场,将工具、垃圾全部撤出线路。

(15)轨道恢复

利用后续天窗进行钢轨焊接、线路测量、轨道精调等轨道恢复工作。

①钢轨焊接:钢轨焊接、焊缝打磨、探伤。插入钢轨的长度不小于 20 m。

②线路测量:利用轨道测量仪对作业区段及前后各 100 m 线路进行测量,对线形进行分析,并制订精调方案。

③轨道精调:按照精调方案对线路进行调整。

(三)注意事项

1. 重型轨道车停于邻线对应位置,在起吊作业前必须用垫木垫实,确保液压支腿稳固。起吊过程中,作业人员撤离吊装区域,严禁任何人站在吊臂和轨道板下方。作业过程中要严密注意控制吊臂高度,不得触碰破坏供电接触网。

2. 水泥乳化沥青材料性能应符合相关标准要求,并进行检验。

3. 在干燥季节灌注时,应提前对底座混凝土采用高压水枪进行预湿,但不得在底座混凝土表面形成明水、积水。

4. 当气温高于 40℃或低于 5℃时及雨雪天气时,严禁灌注作业,灌注应一次性完成,并采取措施防止灌注时污染板体。

5. 在作业时应准备足够的扣件配件用于更换和调整轨道线形。

四、CRTS Ⅱ型板式无砟道床砂浆层更换作业

(一)技术要求

1. 砂浆更换材料质量应符合《客运专线铁路 CRTS Ⅱ型板式无砟轨道水泥乳化沥青砂浆暂行技术条件》(科技基〔2008〕74 号)要求。

2. 轨道几何状态应符合《高速铁路无砟轨道线路维修规则》要求。

(二)作业方法

1. 准备工作

(1)更换材料:砂浆更换材料、宽接缝混凝土修补材料、模板、扣件等。

(2)工、机具:电镐、千斤顶、精调爪、测量设备、发电机、专用砂浆搅拌机、内燃(电动)扳手、液压起道器、撬棍、翻轨器、夹钳、鼓风机、磨光机、清扫工具等。

(3)轨道板定位标注:采用弹墨线、靠尺、钢尺、弦线等对原轨道板的平面及高程位置进行测量和标识,并做好数据记录,主要是对原轨道板和邻近轨道板之间的相对位置,包括水平位置、板间距离、板间高差、凸台间隙等具有定位轨道板状态的参数。

2. 更换作业

更换作业包括零配件拆除、轨道板植筋锚固、宽接缝混凝土凿除、轨道板解锁、钢轨抬高、水泥乳化沥青砂浆清除、轨道板复位精调、安装模板、水泥乳化沥青砂浆灌注、轨道板锁定、宽接缝恢复、回检清场、轨道恢复共 13 个步骤。

(1)零配件拆除

拆除需更换轨道板上所有零配件，拆除需移动钢轨范围内的螺栓及轨距块等，拆下的配件摆放整齐。

(2)轨道板植筋锚固

根据轨道板张拉锁定温度和施工时无砟轨道温度，计算需要植筋锚固数量，利用锚固筋将轨道结构两端一定数量的轨道板与支承层或底座板进行植筋加固。

(3)宽接缝混凝土凿除

对轨道板宽接缝的接缝处进行切割，然后采用电镐、风镐等机具清除轨道板宽接缝混凝土和线间混凝土。

(4)轨道板解锁

采用扭矩扳手将轨道板进行张拉锁件解开。

(5)钢轨抬高

根据钢轨锁定稳定和施工气温，确定钢轨抬升区域，并采用内燃扳手等工具将一定范围内的钢轨扣件松开，然后使用液压起道器将钢轨抬高。

(6)水泥乳化沥青砂浆清除

使用风镐、电镐清除水泥乳化沥青砂浆，然后将轨道板底部底座板或支承层表面清理干净，并将取锚固筋时留下的孔洞使用修复材料填补平整，最后润湿底座板或支承层。

(7)轨道板复位精调

将轨道板缓慢放下，放置在原始高度位置，采用精调爪结合全站仪对轨道板进行精调。

(8)安装模板

轨道板精调完成后，安装灌注模板。

(9)水泥乳化沥青砂浆灌注

在专用砂浆搅拌机内搅拌砂浆更换材料，进行砂浆的浇筑和拆模，如图5—4—4所示。

图5—4—4　水泥乳化沥青砂浆灌注

(10)轨道板锁定

充填层砂浆固化并强度到达一定强度后进行张拉锁定。安装张拉锁件，并按设计要求张拉。

(11)宽接缝恢复

拌合宽接缝修补材料，浇筑窄接缝，将钢筋笼放入宽接缝并润湿，浇筑宽接缝修补材料并抹平,最后养护宽接缝混凝土。

(12)回检清场

供电部门拆除地线。对轨道结构、几何尺寸进行全面检查。清理现场,将工具、垃圾全部撤出线路。

(13)轨道恢复

利用后续天窗进行线路测量、轨道精调等轨道恢复工作。

①线路测量:利用轨道测量仪对作业区段及前后各 100 m 线路进行测量,对线形进行分析,并制订精调方案。

②轨道精调:按照精调方案对线路进行调整。

(三)注意事项

1. 水泥乳化沥青材料性能应符合相关标准要求,并进行检验。

2. 在干燥季节灌注时,应提前对底座混凝土采用高压水枪进行预湿,但不得在底座混凝土表面形成明水、积水。

3. 当气温高于 40℃或低于 5℃时及雨雪天气时,严禁灌注作业,灌注应一次性完成,并采取措施防止灌注时污染板体。

4. 在作业时应准备足够的扣件配件用于更换和调整轨道线形。

五、CRTSⅡ型板式无砟道床底座板后浇带修复作业

(一)技术要求

1. 底座板质量应符合《客运专线铁路无砟轨道支承层暂行技术条件》(科技基〔2008〕74 号)要求。

2. 轨道几何状态应符合《高速铁路无砟轨道线路维修规则》要求。

(二)作业方法

1. 准备工作

(1)修复材料:底座板后浇带混凝土修补材料、宽接缝混凝土修补材料、砂浆更换材料、钢筋网笼、模板、焊接材料、扣件等。

(2)工、机具:电镐、发电机、钢轨切割工具、轨道板吊装设备、混凝土搅拌机、高压水枪、鼓风机、磨光机、清扫工具等。

2. 修复作业

修复作业包括轨道板植筋锚固、锯轨、宽接缝混凝土凿除、轨道板移除、砂浆层及伤损位置底座板凿除、后浇带钢板连接器连接、后浇带钢筋绑扎、模板安装及混凝土浇筑、安装钢筋网笼及模板、轨道板运输铺设及精调、充填层砂浆灌注、轨道板纵向连接及宽接缝浇筑、回检清场、轨道恢复共 12 个步骤。

(1)轨道板植筋锚固

根据轨道板张拉锁定温度和施工时无砟轨道温度,计算需要植筋锚固数量,利用锚固筋将轨道结构两端一定数量的轨道板与支承层或底座板进行植筋加固。

(2)锯轨

将待修补底座板上方一定范围内钢轨锯断,以便移开轨道板。

（3）宽接缝混凝土凿除

对轨道板宽接缝的接缝处进行切割，然后采用电镐、风镐等机具清除轨道板宽接缝混凝土和线间混凝土，解锁张拉锁件。

（4）轨道板移除

用轨道板起吊装置将轨道板吊装移至线外。

（5）砂浆层及伤损位置底座板凿除

用电镐、风镐将砂浆层及底座板混凝土凿除，凿除过程中注意轨道板及钢板连接器的保护，完成后用高压水枪将底座板清理干净。

（6）后浇带钢板连接器连接

清理钢筋上混凝土残留物及锈蚀等。钢板连接器连接前采用红外线测温仪测量底座板混凝土表面温度，在温度为15℃～20℃范围内，采用扭矩扳手分别将张拉螺母及锚固螺母拧紧，扭矩为450 N·m。

（7）后浇带钢筋绑扎、模板安装及混凝土浇筑

钢板连接器连接完成后，检查两布一膜滑动层，确保无损坏，再进行箍筋绑扎和模板安装，最后采用底座板后浇带混凝土修补材料进行后浇带混凝土浇筑，待混凝土初凝后将轨道板范围内底座板混凝土拉毛，如图5—4—5所示。

图5—4—5　后浇带钢筋绑扎、模板安装

（8）轨道板运输铺设及精调

用轨道板吊装设备将轨道板吊起，采用平板车运送至施工地点，铺设在原位置，精调。

（9）充填层砂浆灌注

轨道板侧面封边后，现场拌合砂浆更换材料，并进行灌注。

（10）轨道板纵向连接及宽接缝浇筑

砂浆灌注后，当砂浆抗压强度达到9 MPa时进行轨道板纵向连接，用4把扳手按照从中间向两侧的顺序依次张拉每根纵向连接钢筋，张拉初始扭矩控制200 N·m，逐步循环增加到450 N·m。张拉完成后安装带绝缘卡的宽接缝钢筋笼，安装侧模后灌注宽接缝及灌浆孔混凝土。

（11）回检清场

供电部门拆除地线。对轨道结构、几何尺寸进行全面检查。清理现场，将工具、垃圾全

部撤出线路。

(12)轨道恢复

利用后续天窗进行线路测量、轨道精调等轨道恢复工作。

(三)注意事项

1. 本作业工序杂多、难度较大,应严格控制各工序的作业质量和整体顺接。

2. 确保后浇带的浇注、底座板的张拉、轨道板的张拉等作业温度在要求范围内,并基本与原施工温度一致。

3. 底座板浇注后应做好防护,并杜绝出现裂纹。

六、CRTS Ⅱ型板式无砟道床宽窄接缝修复作业

(一)技术要求

轨道几何状态应符合《高速铁路无砟轨道线路维修规则》要求。

(二)作业方法

1. 准备工作

(1)更换材料:宽接缝修补材料、钢筋网笼、模板、扣件等。

(2)工、机具:电镐、发电机、混凝土搅拌机、鼓风机、磨光机、清扫工具等。

2. 修复作业

修复作业包括轨道板植筋锚固、宽接缝混凝土凿除、安装钢筋网笼及模板、宽接缝混凝土浇筑、回检清场、轨道恢复共6个步骤。

(1)轨道板植筋锚固

根据轨道板张拉锁定温度和施工时无砟轨道温度,计算需要植筋锚固数量,利用锚固筋将轨道结构两端一定数量的轨道板与支承层或底座板进行植筋加固。

(2)宽接缝混凝土凿除

对轨道板宽接缝的接缝处进行切割,然后采用电镐、风镐等机具清除轨道板宽接缝混凝土和线间混凝土。

(3)安装钢筋网笼及模板

在宽接缝内安装钢筋网笼,在宽接缝两侧安装模板,如图5—4—6所示。

图5—4—6 宽接缝两侧安装模板

(4)宽接缝混凝土浇筑

按规定扭矩纵向连接轨道板，对轨道板进行张拉，用混凝土搅拌机现场拌合宽接缝修补材料，立即进行浇筑。

(5)回检清场

对轨道结构、几何尺寸进行全面检查。清理现场，将工具、垃圾全部撤出线路。

(6)轨道恢复

利用后续天窗进行线路测量、轨道精调等轨道恢复工作。

①线路测量：利用轨道测量仪对作业区段及前后各 100 m 线路进行测量，对线形进行分析并制订精调方案。

②轨道精调：按照精调方案对线路进行调整。

(三)注意事项

1. 宽接缝凿除时应注意对轨道板的保护，防止损伤轨道板。

2. 轨道板张拉时从中间至两边对称张拉。

3. 施工适宜温度 5℃ ~30℃，雨雪天气不得施工。

七、CRTS Ⅱ型板式无砟道床梁端高强度挤塑板损坏更换作业

采取其他处理措施无法保证高强度挤塑板正常工作状态时，应进行更换。挤塑板更换可按以下工艺进行施作。

(一)技术要求

1. 高强度挤塑板应符合《客运专线铁路 CRTS Ⅱ型板式无砟轨道高强度挤塑板暂行技术条件》(科技基〔2009〕88 号文)的要求。

2. 轨道几何状态应符合《高速铁路无砟轨道线路维修规则》要求。

(二)作业方法

1. 准备工作

(1)更换材料：新挤塑板、薄膜、粘结剂、树脂等。

(2)工、机具：电镐、发电机、除尘器、鼓风机、注浆机、清扫工具等。

2. 修复作业

修复作业包括旧挤塑板清除、刷涂粘结剂、安装新挤塑板共 3 个步骤。

(1)旧挤塑板清除

采取措施从轨道两侧将挤塑板取出，并用鼓风机将内部清理干净。

(2)刷涂粘结剂

梁面刷涂粘结剂，将新挤塑板表面覆盖一层薄膜，并放入。

(3)安装新挤塑板

密闭底座板与挤塑板周边，压注树脂材料，充填空隙，如图 5—4—7 所示。

图 5—4—7 新挤塑板

（三）注意事项

1. 桥面表面应保持干燥、清洁，不得残留石子或砂粒类磨损性颗粒，不得有酸、碱、油类、有机溶剂。

2. 粘结剂应保证与梁面防水层和挤塑板之间的相容性。

3. 施工适宜温度5℃～30℃，雨雪天气不得施工。

八、双块式无砟道床双块式轨枕损坏更换作业

对于双块式轨枕松动，应及时维修，视严重程度，可采用裂缝注浆、更换轨枕或在轨枕间安装特殊扣件等方法进行处理。如双块式轨枕两螺栓孔间纵裂引起的纵向裂缝、承轨面和挡肩交界处横向裂缝宽度大于1.0 mm、或挡肩面破损长度超过挡肩长度的1/2，则判定为挡肩失效，应及时维修，可采用更换轨枕或在轨枕间安装特殊扣件等方法进行处理。

双块式轨枕松动、挡肩失效或扣件调整量用到极限，采取其他措施不能保证无砟轨道稳定性和行车平稳性时，应更换双块式轨枕。双块式轨枕更换可按以下工艺施作。

（一）技术要求

1. 双块式轨枕应符合《客运专线铁路双块式无砟轨道双块式混凝土轨枕暂行技术条件》（科技基〔2008〕74）的要求。

2. 轨道几何状态应符合《高速铁路无砟轨道线路维修规则》要求。

（二）作业方法

1. 准备工作

（1）更换材料：双块式轨枕、道床混凝土修补材料等。

（2）工、机具：电镐、发电机、除尘器、鼓风机、砂浆拌合工具、清扫工具等。

2. 修复作业

修复作业包括旧轨枕清理、新轨枕放置、道床混凝土修补等3个步骤。

（1）松开扣件，提升钢轨至一定高度。

（2）采用混凝土切割锯或其他措施，将损坏的轨枕从混凝土道床板中取出，轨枕底部应凿出不小于25 mm深的空间。

（3）对于纵向钢筋穿过双块式轨枕钢筋桁架的无砟轨道结构，切断钢筋并使伸至相邻轨枕盒的连接钢筋裸露出来，如图5—4—8所示。

图5—4—8　轨枕清理

(4)对裸露混凝土表面进行凿毛,对连接钢筋表面除锈处理后,清理轨枕盒内松散颗粒及灰尘。

(5)放入新双块式轨枕,选择合适长度、直径的钢筋,将其焊接到裸露道床板纵向连接钢筋上。

(6)用螺杆调节器支撑双块式轨枕,钢轨就位,安装扣件。

(7)精细调整轨排标高和左右位置,并固定。

(8)对裸露混凝土面进行润湿处理,注入低收缩性、早强、粘结性能和流动性较好的砂浆材料。砂浆从轨枕一侧注入,直至填满整个开凿面。

(9)将砂浆面刮平,与相邻道床板表面平齐,并打扫干净。

(10)灌注砂浆养护,强度达到 30 MPa 及以上后,恢复线路。

(三)注意事项

1. 清理旧枕时,加强对道床板的保护,减少道床板的伤损面积。

2. 注入砂浆时应灌注饱满,确保新轨枕和道床板间无间隙、离缝等。

3. 可对刚修复后的轨枕采取临时支撑,待达到合适强度后再撤除。

4. 施工适宜温度 5℃ ~30℃,雨雪天气不得施工。

九、双块式无砟道床路基和隧道地段道床板损坏修理作业

道床板结构损坏严重或连续 3 个及以上双块式轨枕伤损失效,采取其他措施无法保证轨道稳定性和行车安全时,应成段更换道床板。道床板更换作业应选择在接近道床板施工时温度条件下进行,可按以下工艺施作。

(一)技术要求

轨道几何状态应符合《高速铁路无砟轨道线路维修规则》要求。

(二)作业方法

1. 准备工作

(1)更换材料:道床混凝土修补材料等。

(2)工、机具:电镐、发电机、混凝土切割设备、鼓风机、砂浆拌合工具、清扫工具等。

2. 修复作业

修复作业包括道床板植筋锚固、锯轨、道床板混凝土切割运走、相邻道床板混凝土凿毛、铺设钢筋、新轨枕放置、双块式轨枕定位、安装模板、道床板混凝土浇筑共 9 个步骤。

(1)利用锚固筋,将受损道床板两端的相邻道床板与支承层进行锚固。锚固筋的数量和布置根据伤损情况、维修作业期间温度等确定,锚固筋直径一般为 25 mm(道床板上钻孔直径 40 mm),长度 400 ~500 mm,保证伸入支承层的锚固深度不得小于 250 mm。

(2)松开受损道床板部位扣件,切割钢轨。

(3)利用混凝土切割锯对受损道床板进行切割,从更换部分最后一根轨枕旁切割开,切割深度为道床板厚度。

(4)分离道床板与支承层,将受损道床板起吊运走。

(5)凿开相邻道床板混凝土,露出纵向钢筋长度不得小于 700 mm,并进行除锈处理。

(6)对裸露支承层表面和道床板混凝土进行凿毛,清理松散颗粒及灰尘。

(7)根据设计要求布设钢筋，纵向钢筋与两端露出的钢筋焊连，搭接长度不得小于700 mm，焊接长度不得小于200 mm，并做好钢筋绝缘处理。

(8)利用螺杆调节器支撑双块式轨枕，铺设钢轨，安装扣件，精细调整轨排几何状态后固定。

(9)支立模板，对支承层及四周混凝土表面进行润湿处理，在新旧混凝土接触面涂刷一层界面剂。

(10)根据施工时间要求，浇筑低收缩性、早强和抗裂性好的C40混凝土。

(11)将混凝土振捣密实后，刮平新浇筑的道床板表面，与相邻道床板表面平齐，并清理干净施工现场。

(12)混凝土养护，初凝后拆除支承螺杆。

(13)混凝土强度达到30MPa以上后，根据设计锁定轨温，与相邻钢轨焊连，精调轨道状态，拆除模板，恢复线路。

(三)注意事项

1. 应确保凿毛质量，确保新旧混凝土之间的连接质量。

2. 道床板钢筋架设完毕后，应对绝缘性能进行测试，确保符合相关标准。

3. 在混凝土未达到相关强度之前，应加强对道床板和轨枕的保护，防止碰撞、踩踏等。

4. 道床板的模板安装质量应符合相关要求。

5. 施工适宜温度5℃ ~30℃，雨雪天气不得施工。

第五节　无砟道床结构伤损修补作业

无砟道床结构伤损修补作业所用材料应经总公司认定的检验机构检验合格，并经现场同条件检验，各项指标性能均满足要求后方可使用。

一、无砟道床混凝土裂缝修补作业

根据无砟轨道结构特点、无砟道床混凝土裂缝性质和裂缝伤损等级，混凝土裂缝修补方法可分为表面封闭法、无压注浆法和低压注浆法。三种修补方法可按以下要求进行施作。

(一)无砟道床混凝土裂缝表面封闭法修补作业

1. 技术要求

(1)表面封闭涂层材料、底涂材料性能均应满足表5—5—1要求。

(2)表面封闭材料涂刷宽度为裂缝两侧各5 ~10 cm，长度不小于裂缝长度。

(3)表面封闭修补完成后涂层均匀且厚度不小于300 μm，无针孔、无气泡、无开裂、无起皮，外观整齐，颜色与混凝土颜色相近。

表5—5—1　表面封闭涂层材料性能要求

序号	项　　目	单位	指标要求	检测方法
1	表干时间	h	≤2	GB/T 16777
2	拉伸强度(7 d)	MPa	≥2	GB/T 16777

续上表

序号	项　　目	单位	指标要求	检测方法
3	断裂伸长率(7 d)	%	≥100	GB/T 16777
4	人工气候老化(720 h)		无裂纹及变形	GB/T 19250
5	耐碱性(碱处理,拉伸强度保持率)	%	60～150	GB/T 16777
6	不透水性(0.3MPa,30 min)		不透水	GB/T 16777
7	粘结强度(7 d)	MPa	≥1.5	GB/T 16777(A 法)

注:(1)涂层材料颜色应尽量与混凝土颜色相近;
(2)GB/T 16777《建筑防水涂料试验方法》;
(3)GB/T 19250《聚氨酯防水涂料》。

2. 作业方法

(1)准备工作

①修补材料:表面封闭的涂层材料宜采用聚合物水泥基材料,底涂材料可采用高聚合物乳液含量的聚合物水泥基材料。

②工、机具:钢丝刷、真空吸尘器、计量工具、搅拌工具、盛料容器、热风机、涂刷工具等。

③对表面封闭涂层材料、底涂材料的性能进行工艺性实验。

(2)修补作业

①使用钢丝刷将裂缝表面两侧刷毛,刷毛长度、宽度不小于涂层长度、宽度。用真空吸尘器清除灰尘等杂物。采用热风机对封闭工作面及裂缝内进行干燥处理。

②称量并配制表面封闭用修补材料,采用手持式搅拌机或专用搅拌器将修补材料搅拌均匀。

③沿裂缝表面涂刷一层底涂材料。

④待底涂材料表干后,涂刷表面封闭涂层材料,涂刷 3 遍以上,涂层材料表干后方可进行下一遍涂刷,且相邻两遍涂刷方向相互垂直。

(3)注意事项

①作业前应将无砟道床混凝土裂缝部位清除干净,且表面无明水。

②环境要求:作业适宜温度 5℃～30℃,雨雪天不得作业。

③在大风干燥等条件下适当采取薄膜覆盖等方法养护,防止涂层材料失水过快导致涂层开裂。天窗结束之前应将薄膜揭去。

(二)无砟道床混凝土裂缝无压注浆法修补作业

1. 技术要求

(1)低黏度树脂材料性能均应满足表 5—5—2 要求。

表 5—5—2　低黏度树脂材料性能要求

序号	项　　目	单位	指标要求	检测方法
1	黏　　度	mPa·s	≤50	GB/T 2794
	凝胶时间	min	≤30	GB/T 7193
2	拉伸强度	MPa	≥6(2 h) ≥14(24 h) ≥20(7 d)	GB/T 2567

续上表

序号	项　　目	单位	指标要求	检测方法
3	抗压强度	MPa	≥10(2 h) ≥20(24 h) ≥30(7 d)	JC/T 1041
4	断裂伸长率(7d)	%	≥2	GB/T 2567
5	收缩率(7d)	%	≤2	通过测量液态密度(GB/T 13354)和成形硬化物的密度(GB/T 1033.1)计算得出
6	粘结强度(7d)	MPa	≥5	JC/T 1041

注:(1)GB/T 2794《胶粘剂粘度的测定》;
(2)GB/T 7193《不饱和聚酯树脂试验方法》;
(3)GB/T 2567《树脂浇铸体性能试验方法》;
(4)JC/T 1041《混凝土裂缝用环氧树脂灌浆材料》;
(5)GB/T 13354《液态胶粘剂密度的测定方法 重量杯法》;
(6)GB/T 1033.1《塑料 非泡沫塑料密度的测定 第1部分:浸渍法、液体比重瓶法和滴定法》。

(2)无压注浆围挡宽度为裂缝两侧各5~10 mm,长度不小于裂缝长度。

(3)注浆材料硬化打磨后,进行表面封闭修补。表面封闭修补要求同上述“表面封闭法”。

2. 作业方法

(1)准备工作

①修补材料:无压注浆法修补混凝土裂缝宜采用低黏度树脂材料。

②工、机具:钢丝刷、手动双组份注浆器、电热吹风机、真空吸尘器、角磨机等。

③对低黏度树脂材料的性能进行工艺性实验。

(2)修补作业

①用真空吸尘器清除裂缝内杂物。

②采用电热吹风机去除裂缝内水分。

③沿裂缝两侧制作注浆围挡,防止浆体污染混凝土表面。

④采用手动双组分注浆器向裂缝内注入低黏度树脂材料。灌注过程中应随时观察树脂渗透情况,并及时补注修补材料直至注满。

⑤修补材料固化后,去除裂缝围挡,将裂缝表面多余树脂材料打磨平整。

⑥在裂缝表面涂刷裂缝封闭材料,其修补材料及工艺与上述“表面封闭法”相同。

3. 注意事项

(1)作业前应将无砟道床混凝土裂缝部位清除干净,且裂缝干燥。

(2)环境要求:作业适宜温度5℃~30℃,雨雪天不得作业。

(三)无砟道床混凝土裂缝低压注浆法修补作业

1. 技术要求

(1)低压注浆法修补材料性能均应满足表5—5—3要求。

(2)低压注浆法注浆压力应小于0.1 MPa。

(3)注浆材料硬化打磨后,进行表面封闭修补。表面封闭修补要求同上述“表面封闭法”。

表 5—5—3　低压注浆法修补材料性能要求

序号	项　　目	单位	指标要求	检测方法
1	黏　　度	mPa · s	≤200	GB/T 2794
2	凝胶时间	min	≤60	GB/T 7193
3	拉伸强度	MPa	≥6(2 h) ≥14(24 h) ≥20(7 d)	GB/T 2567
4	抗压强度	MPa	≥10(2 h) ≥30(24 h) ≥60(7 d)	JC/T 1041
5	断裂伸长率(7d)	%	≥2	GB/T 2567
6	收缩率(7d)	%	≤2	通过测量液态密度(GB/T 13354)和成形硬化物的密度(GB/T 1033.1),计算得出
7	粘结强度(7d)	MPa	≥5	JC/T 1041

注:(1)GB/T 2794《胶粘剂粘度的测定》;
(2)GB/T 7193《不饱和聚酯树脂试验方法》;
(3)GB/T 2567《树脂浇铸体性能试验方法》;
(4)JC/T 1041《混凝土裂缝用环氧树脂灌浆材料》;
(5)GB/T 13354《液态胶粘剂密度的测定方法 重量杯法》;
(6)GB/T 1033.1《塑料 非泡沫塑料密度的测定 第 1 部分:浸渍法、液体比重瓶法和滴定法》。

2. 作业方法

(1)准备工作

①修补材料:低压注浆法修补混凝土裂缝宜采用性能满足表 5—5—3 要求的树脂材料;封缝材料可采用聚合物快硬水泥浆、专用封缝材料或专用封缝带等。

②工、机具:注浆器、注浆嘴、钢丝刷、真空吸尘器、角磨机等。

③对低压注浆修补材料的性能进行工艺性实验。

(2)修补作业

①使用钢丝刷清洁裂缝区域表面,用真空吸尘器清除周围杂物。

②采用封缝材料封闭裂缝,封闭过程中留出注浆孔和排气孔。

③通过注浆器向裂缝内注入修补材料,直至注满为止。

④当修补材料固化后,去除封缝材料,并将裂缝表面打磨平整。

⑤在裂缝表面涂刷裂缝封闭材料,其修补材料及工艺与上述“表面封闭法”相同。

3. 注意事项

(1)作业前应将无砟道床混凝土裂缝部位清除干净,且裂缝干燥。

(2)环境要求:作业适宜温度 5℃ ~30℃,雨雪天不得作业。

二、无砟道床混凝土缺损修补作业

根据无砟轨道结构特点、无砟道床混凝土缺损性质,混凝土缺损修补可采用树脂砂浆或聚合物水泥砂浆,修补方法可按以下要求进行施作。

（一）技术要求

1. 混凝土缺损修补材料性能均应满足表5—5—4要求。

2. 检查工、机具的安全、操作性能，禁止工、机具等带病上道作业。

（二）作业方法

1. 准备工作

（1）修补材料：混凝土缺损修补宜采用性能满足表5—5—4要求的树脂砂浆或聚合物水泥砂浆材料；底涂材料可选用黏度较低的树脂或聚合物水泥净浆。

（2）工、机具：切割机、真空吸尘器、计量工具、搅拌工具、盛料容器、抹子、铲刀、打磨器等。

（3）对混凝土缺损修补材料的性能进行工艺性实验。

表5—5—4　混凝土缺损修补材料性能要求

序号	项　目	单位	指标要求	检测方法
1	抗折强度	MPa	≥5（2 h） ≥6（24 h） ≥8（7 d） ≥10（28 d）	JTJ/T 271
2	抗压强度	MPa	≥10（2 h） ≥20（24 h） ≥40（7 d） ≥50（28 d）	JTJ/T 271
3	收缩率（28 d）	%	≤0.2	DL/T 5126
4	粘结强度（28 d）	MPa	≥2.5	DL/T 5126

注：（1）JTJ/T 271《港口工程混凝土粘接修补技术规程》；
（2）DL/T 5126《聚合物改性水泥砂浆试验规程》。

2. 修补作业

（1）将结构受损处松散混凝土和骨料颗粒凿除，并采用真空吸尘器清理缺损区域碎屑、灰尘等杂物。

（2）如有钢筋露出，对钢筋进行除锈、防锈处理，分次涂刷防锈剂。

（3）根据需要，在混凝土破损部位支立模板。

（4）在修补混凝土暴露面涂刷底涂材料。

（5）计量并配制树脂砂浆或聚合物水泥砂浆。

（6）向混凝土缺损部位灌注树脂砂浆或聚合物水泥砂浆。

（7）待砂浆硬化后，拆除模板，将砂浆修正磨平。

（三）注意事项

1. 作业前应将无砟道床混凝土缺损部位松动混凝土清除干净，且表面干净无水。

2. 环境要求：作业适宜温度5℃～30℃，雨雪天不得作业。

三、无砟道床砂浆层伤损修补作业

CRTS Ⅰ型板式无砟轨道水泥乳化沥青砂浆层伤损形式主要包括：砂浆层与轨道板间离

缝、砂浆层缺损掉块及砂浆层裂缝等。CRTSⅡ型板式无砟轨道水泥乳化沥青砂浆层伤损形式主要包括:砂浆层与轨道板间离缝、砂浆层缺损掉块及砂浆层裂缝等。针对各种伤损形式,可分别采用以下修补方法进行施作。

(一)CRTSⅠ型板式无砟轨道水泥乳化沥青砂浆层离缝伤损修补作业

1. 技术要求

(1)CRTSⅠ型板式无砟轨道水泥乳化沥青砂浆层离缝伤损修补宜采用树脂材料,其主要性能应满足表5—5—5的要求。

(2)检查工、机具的安全、操作性能,禁止工、机具等带病上道作业。

表5—5—5 砂浆离缝伤损修补材料性能要求

序号	项　目	单位	指标要求	检测方法
1	凝胶时间	min	≤40	GB/T 7193
2	拉伸强度(7 d)	MPa	≥20	GB/T 2567
3	抗压强度	MPa	≥6(2 h) ≥20(24 h) ≥30(7d)	《客运专线铁路CRTSⅠ型板式无砟轨道水泥乳化沥青砂浆暂行技术条件》
4	弹性模量(7 d)	MPa	100~300	
5	断裂伸长率(7 d)	%	≥2	GB/T 2567
6	收缩率	%	≤8	通过测量液态密度(GB/T 13354)和成形硬化物的密度(GB/T 1033.1),计算得出
7	干粘结强度(7 d)	MPa	≥2	JC/T 1041
8	潮湿基面粘结强度(7 d)	MPa	≥1.5	JC/T 1041

注:(1)GB/T 7193《不饱和聚酯树脂试验方法》;
(2)GB/T 2567《树脂浇铸体性能试验方法》;
(3)GB/T 13354《液态胶粘剂密度的测定方法　重量杯法》;
(4)GB/T 1033.1《塑料 非泡沫塑料密度的测定　第1部分:浸渍法、液体比重瓶法和滴定法》;
(5)GB/T 19250《聚氨酯防水涂料》;
(6)JC/T 1041《混凝土裂缝用环氧树脂灌浆材料》。

2. 作业方法

(1)准备工作

①修补材料:砂浆层离缝修补材料、泡沫密封条等。

②工、机具:手持搅拌器(2 300 r/min,540 W)、压力灌浆机、角磨机等。

③对砂浆层离缝修补材料的性能进行工艺性实验。

(2)修补作业

①清理砂浆离缝处杂物,保证分离面清洁。

②使用泡沫密封条将离缝部位进行封堵,防止修补材料渗漏。

③准备修补材料,按规定的配合比,配制并采用手持搅拌器搅拌树脂材料,使用压力灌浆机进行树脂材料灌注(压力保持在0.2 MPa),同时观察树脂渗漏情况,以灌注最高密封端出现溢流即灌注饱满。

④灌注完成后约1 h,拆除泡沫密封条,检查灌注饱满和固化程度,如不饱满,应重新

灌注。

⑤砂浆侧面修正,清理施工现场。

3. 注意事项

(1)作业前应将无砟道床水泥乳化沥青砂浆层离缝区域清理干净,且表面干净无水。

(2)环境要求:作业适宜温度5℃~30℃,雨雪天不得作业。

(二)CRTS Ⅰ型板式无砟轨道水泥乳化沥青砂浆层缺损掉块修补方法

1. 技术要求

(1)CRTS Ⅰ型板式无砟轨道水泥乳化沥青砂浆层缺损修补宜采用树脂砂浆材料,其性能应满足表5—5—6要求。

(2)检查工、机具的安全、操作性能,禁止工、机具等带病上道作业。

表5—5—6 砂浆层缺损掉块修补材料性能要求

序号	项 目	单位	指标要求	检测方法
1	树脂凝胶时间	min	≤30	GB/T 7193
2	抗压强度	MPa	≥2(2 h) ≥3(24 h)	《客运专线铁路CRTS Ⅰ型板式无砟轨道水泥乳化沥青砂浆暂行技术条件》
3	弹性模量(28 d)	MPa	100~300	
4	收缩率(28 d)	%	≤0.2	DL/T 5126
5	粘结强度(28 d)	MPa	≥1.5	JC/T 1041

注:(1)GB/T 7193《不饱和聚酯树脂试验方法》;
(2)DL/T 5126《聚合物改性水泥砂浆试验规程》;
(3)JC/T 1041《混凝土裂缝用环氧树脂灌浆材料》。

2. 作业方法

(1)准备工作

①修补材料:砂浆层缺损掉块修补材料、模板等。

②工、机具:电镐、热风枪、振捣器、搅拌机、钢丝刷、盛料容器、涂刷工具等。

③对砂浆层缺损修补材料的性能进行工艺性实验。

(2)修补作业

①清理缺损、掉块处砂浆碎块和杂物,凿到新砂浆表面,清理后,用热风枪烘烤干燥。

②根据缺损面积大小,选择模板法或无模板法进行修补。

③采用模板法时,首先支立模板,配制并搅拌树脂砂浆,灌注树脂砂浆至缺损位置,待树脂砂浆硬化后拆除模板,如图5—5—1所示。

④采用无模板法时,配制并搅拌树脂砂浆,将树脂砂浆填入缺损位置,采用振捣器将其振捣密实。

图5—5—1 缺损掉块修补

⑤砂浆侧面修正,清理施工现场。

3. 注意事项

(1)作业前应将无砟道床水泥乳化沥青缺损区域清理干净,且表面干净无水。

(2)环境要求:作业适宜温度5℃～30℃,雨雪天不得作业。

(三)CRTSⅡ型板式无砟轨道水泥乳化沥青砂浆层离缝伤损修补方法

1. 技术要求

(1)水泥乳化沥青砂浆层离缝伤损修补宜采用低黏度树脂材料,其性能应满足表5—5—7要求,离缝封边处理宜采用离缝封边材料或封边带,其中离缝封边材料性能应满足表5—5—8要求。

(2)检查工、机具的安全、操作性能,禁止工、机具等带病上道作业。

表5—5—7 砂浆离缝修补材料性能要求

序号	项 目	单位	指标要求	检测方法
1	黏 度	mPa·s	≤100	GB/T 2794
2	凝胶时间	min	≤30	GB/T 7193
3	拉伸强度	MPa	≥6(2 h) ≥10(24 h) ≥15(7 d)	GB/T 2567
4	抗压强度	MPa	≥15(2 h) ≥20(24 h) ≥30(7 d)	JC/T 1041
5	断裂伸长率(7 d)	%	≥2	GB/T 2567
6	收缩率(7 d)	%	≤2	通过测量液态密度(GB/T 13354)和成形硬化物的密度(GB/T1033.1),计算得出
7	粘结强度(7 d)	MPa	≥3	JC/T 1041

注:(1)GB/T 2794《胶粘剂粘度的测定》;

(2)GB/T 7193《不饱和聚酯树脂试验方法》;

(3)GB/T 2567《树脂浇铸体性能试验方法》;

(4)JC/T 1041《混凝土裂缝用环氧树脂灌浆材料》;

(5)GB/T 13354《液态胶粘剂密度的测定方法 重量杯法》;

(6)GB/T 1033.1《塑料 非泡沫塑料密度的测定 第1部分:浸渍法、液体比重瓶法和滴定法》。

表5—5—8 封边材料性能要求

序号	项 目	单 位	指标要求	检测方法
1	黏 度	mPa·s	≥20 000	GB/T 2794
2	凝胶时间	min	≤20	GB/T 7193
3	粘结强度	MPa	≥0.5	JC/T 1041

注:(1)GB/T 2794《胶粘剂粘度的测定》;

(2)GB/T 7193《不饱和聚酯树脂试验方法》;

(3)JC/T 1041《混凝土裂缝用环氧树脂灌浆材料》。

2. 作业方法

(1)准备工作

①修补材料:砂浆离缝修补材料、封边材料等。

②工、机具:钢丝刷、真空除尘器、注浆器/泵等。

③对砂浆层离缝修补材料、封边材料的性能进行工艺性实验。

(2)修补作业

①使用钢丝刷、真空除尘器或压缩空气等清洁离缝区域表面。

②用砂浆离缝封边材料或封边带封边,封边时留出注浆口和排气孔。

③按规定的配合比制备修补树脂材料。采用注浆器泵、将修补材料从注浆口注入离缝区域,直至注满,如图5—5—2所示。

④修补材料固化以后,拆除封边材料或封边带,检查灌注饱满程度,如不饱满,应重新灌注。

⑤砂浆侧面修正,清理施工现场。

图5—5—2　封边注浆

3. 注意事项

(1)作业前应将无砟道床水泥乳化沥青砂浆层离缝区域清理干净,且表面干净无水。

(2)环境要求:作业适宜温度5℃~30℃,雨雪天不得作业。

(四)CRTSⅡ型板式无砟轨道水泥乳化沥青砂浆层缺损掉块修补方法

1. 技术要求

(1)CRTSⅡ型板式无砟轨道水泥乳化沥青砂浆层缺损掉块修补宜采用树脂砂浆材料,其性能指标应满足表5—5—9要求。

(2)检查工、机具的安全、操作性能,禁止工、机具等带病上道作业。

表5—5—9　砂浆缺损修补用树脂砂浆性能要求

序号	项　目	单位	指标要求	检测方法
1	可使用时间树脂	min	≥10	黏度达到40 Pa·s的时间
2	凝胶时间树脂	min	≤60	GB/T 7193
3	抗压强度	MPa	≥2(2 h) ≥10(24 h) ≥15(7d)	《客运专线铁路CRTSⅡ型板式无砟轨道水泥乳化沥青砂浆暂行技术条件》
4	弹性模量(28 d)	MPa	7 000~10 000	
5	收缩率(28 d)	%	≤0.2	DL/T 5126
6	粘结强度(28 d)	MPa	≥2	JC/T 1041

注:(1)GB/T 7193《不饱和聚酯树脂试验方法》;

(2)DL/T5126《聚合物改性水泥砂浆试验规程》;

(3)JC/T 1041《混凝土裂缝用环氧树脂灌浆材料》。

2. 作业方法

(1)准备工作

①修补材料:砂浆缺损用树脂砂浆、模板等。

②工、机具:电镐、加热器、搅拌机、振捣器、垫块、铲子、桶、刷子等。

③对砂浆缺损用树脂砂浆的性能进行工艺性实验。

(2)修补作业

①采用电镐修凿、清除劣化伤损的砂浆层,并向内修凿约 100 mm。

②清理修凿产生的碎片、残渣等。

③如修凿部位残留水分,采用加热器干燥修凿部位。

④为保证修补材料与基体可靠粘结,可在修凿部涂敷底漆。

⑤根据缺损尺寸,选择是否支立模板。

⑥按配比准确称量树脂材料、石英砂等,采用手持式搅拌机使修补材料混合均匀。

⑦根据缺损面积大小,选择模板法或无模板法进行修补。

⑧对于无模板法,用铲子将混合均匀的树脂砂浆放入修补处,并用振捣器将修补砂浆振捣密实。

⑨对于模板法,首先支立模板,将修补材料灌入缺损部位,直至灌注饱满。待修补材料固化后,拆除模板。

⑩砂浆侧面修正,清理施工现场。

3. 注意事项

(1)作业前应将无砟道床水泥乳化沥青砂浆层缺损区域清理干净,且表面干净无水。

(2)环境要求:作业适宜温度 5℃ ~30℃,雨雪天不得作业。

四、无砟道床混凝土伸缩缝、支承层裂缝伤损修补作业

(一)技术要求

1. 无砟道床混凝土伸缩缝、支承层裂缝伤损修补宜采用弹性聚氨酯树脂材料,其性能应满足表 5—5—10 要求。

2. 检查工、机具的安全、操作性能,禁止工、机具等带病上道作业。

表 5—5—10 混凝土伸缩缝、支承层裂缝伤损修补材料性能要求

序号	项　目	单位	指标要求	检测方法
1	凝胶时间	min	≤30	GB/T 7193
2	黏　度	mPa · s	≤5 000	GB/T 2794
3	拉伸强度	MPa	≥1(2 h) ≥2(24 h) ≥3(7 d)	GB/T 16777
4	断裂伸长率(7 d)	%	≥100	GB/T 16777
5	收缩率(7 d)	%	≤1	通过测量液态密度(GB/T 13354)、和成形硬化物的密度(GB/T 1033.1),计算得出

续上表

序号	项　　目	单位	指标要求	检测方法
6	粘结强度(7 d)	MPa	≥1.5	JC/T 1041

注:(1)GB/T 7193《不饱和聚酯树脂试验方法》;
(2)GB/T 2794《胶粘剂粘度的测定》;
(3)GB/T 16777《建筑防水涂料试验方法》;
(4)JC/T 1041《混凝土裂缝用环氧树脂灌浆材料》。

(二)作业方法

1. 准备工作

(1)修补材料:弹性聚氨酯树脂、胶带等。

(2)工、机具:手动注浆器、钢丝刷、真空除尘器等。

(3)对弹性聚氨酯树脂的性能进行工艺性实验。

2. 修补作业

(1)使用钢丝刷、真空吸尘器等清洁裂缝内杂物。

(2)采用胶带封闭两侧缝隙。

(3)采用手动注浆器向伸缩缝中注入修补材料,直至注满。

(4)待修补材料固化后,去除两侧封闭胶带;修正磨平凸出部位。

3. 注意事项

(1)作业前应将无砟道床伸缩缝伤损区域清理干净,且表面干燥无水。

(2)环境要求:作业适宜温度5℃~30℃,雨雪天不得作业。

五、其他作业

(一)锚穴封端脱落修补作业

1. 技术要求

(1)CRTS Ⅰ型板式无砟轨道预应力混凝土轨道板锚穴封锚脱落修补材料包括:修补砂浆、界面剂和养护剂,其中修补砂浆性能应满足表5—5—11要求,界面剂性能应符合《混凝土界面处理剂》(JC/T 907—2002)要求,养护剂性能应符合《水泥混凝土养护剂》(JC901—2002)要求。

(2)检查工、机具的安全、操作性能,禁止工、机具等带病上道作业。

表5—5—11　锚穴封端脱落修补砂浆性能指标

序号	项　　目	单位	性能要求	检测方法
1	抗压强度	MPa	≥30(2 h) ≥60(7 d)	GB/T 17671
2	抗折强度	MPa	≥3(2 h) ≥9(7 d)	GB/T 17671
3	抗渗性能		≥P20	DL/T 5126
4	收缩率	%	≤0.02	DL/T 5126

续上表

序号	项　　目	单位	性能要求	检测方法
5	氯离子总含量		不应超过胶凝材料总量的0.06%	《客运专线铁路CRTS Ⅰ型板式无砟轨道混凝土轨道板暂行技术条件》

注:(1)GB/T 17671《水泥胶砂强度检验方法(ISO法)》;
(2)DL/T 5126《聚合物改性水泥砂浆试验规程》。

2. 作业方法

(1)准备工作

①修补材料:修补砂浆、界面剂和养护剂等。

②工、机具:真空吸尘器、搅拌机、多功能空气锤、盛料容器、称量工具等。

③对修补砂浆、界面剂和养护剂的性能进行工艺性实验。

(2)修补作业

①清除锚穴内原有砂浆残渣,对锚穴内壁进行凿毛,并采用真空吸尘器清除孔内杂物。

②按比例称取修补砂浆,采用搅拌机搅拌均匀。

③对锚穴内壁喷涂界面剂。

④将修补砂浆放入锚穴内,采用多功能空气锤进行封堵成型,如图5—5—3所示。

图5—5—3　修补砂浆封堵

⑤封堵成型完毕后,在封锚砂浆表面喷涂养护剂。

3. 注意事项

(1)作业前应将无砟道床锚穴封端内清理干净,且干净无明水。

(2)环境要求:作业适宜温度5℃~30℃,雨雪天不得作业。

(二)CRTS Ⅰ型板式无砟轨道凸形挡台周围树脂伤损修补

1. 技术要求

(1)凸形挡台周围树脂伤损修补宜采用聚氨酯类材料,其性能应满足表5—5—12要求。

(2)检查工、机具的安全、操作性能,禁止工、机具等带病上道作业。

表 5—5—12　凸形挡台周围树脂修补用聚氨酯类材料性能要求

序号	项　　目	单位	指标要求	检测方法
1	凝胶时间	min	≤120	GB/T 7193
2	黏　　度	Pa·s	≤1	GB/T 2794
3	剪切强度	MPa	≥0.5(2 h) ≥1(24 h) ≥2(7 d)	《客运专线铁路 CRTS Ⅰ型板式无砟轨道凸形挡台填充聚氨酯树脂(CPU)暂行技术条件》
4	弹性系数(7 d)	kN/mm	10±2	
5	收缩率(7 d)	%	≤1	通过测量液态密度(GB/T 13354)和成形硬化物的密度(GB/T 1033.1),计算得出
6	粘结强度(7 d)	MPa	≥0.5	JC/T 1041

注:(1)GB/T 7193《不饱和聚酯树脂试验方法》;

(2)GB/T 2794《胶粘剂粘度的测定》;

(3)GB/T 13354《液态胶粘剂密度的测定方法　重量杯法》;

(4)GB/T 1033.1《塑料 非泡沫塑料密度的测定　第 1 部分:浸渍法、液体比重瓶法和滴定法》;

(5)JC/T 1041《混凝土裂缝用环氧树脂灌浆材料》。

2. 作业方法

(1)准备工作

①修补材料:聚氨酯类凸台树脂修补材料等。

②工、机具:钢凿、钢丝刷、无油空气喷嘴、树脂灌注设备等。

③对凸台树脂修补材料的性能进行工艺性实验。

(2)修补作业

①清理树脂伤损处,保证伤损凿开面清洁。

②充填树脂材料,直到离缝、裂缝或缺损处完全充填。

③表面修整,清理现场。

3. 注意事项

(1)作业前应将凸台树脂灌注区域清理干净,且表面干燥无水。

(2)环境要求:作业适宜温度 5℃~30℃,雨雪天不得作业。

(三)CRTS Ⅱ型板式无砟轨道板间连接处离缝伤损修补

1. 技术要求

(1)CRTS Ⅱ型板式无砟轨道板间宽接缝混凝土与轨道板离缝伤损修补宜采用有机硅树脂材料,其性能应满足表 5—5—13 的要求。

(2)检查工、机具的安全、操作性能,禁止工、机具等带病上道作业。

表 5—5—13　宽接缝混凝土与轨道板离缝修补材料性能要求

序号	项　　目		单　位	技术要求
1	表干时间		min	≤60
2	下垂度(70℃)	垂直放置	mm	≤3
		水平放置	mm	0
3	质量损失率		—	≤5%

续上表

序号	项　　目		单　位	技术要求
4	弹性恢复率(定伸150%)		—	≥80%
5	100%拉伸模量	温度条件:23℃	MPa	≤0.3
		温度条件:-20℃	MPa	≤0.3
6	拉伸强度	温度条件:23℃	MPa	≥1.0
		温度条件:-20℃	MPa	≤2.0
		热老化(80℃)处理336 h后	MPa	≥0.8
		碱处理336 h后	MPa	≥0.8
		紫外老化处理1 500 h后	MPa	≥0.8
7	断裂伸长率	温度条件:23℃	—	≥800%
		温度条件:-20℃	—	≥600%
		热老化(80℃)处理336 h后	—	≥600%
		碱处理336 h后	—	≥600%
		紫外老化处理1 500 h后	—	≥600%
8	定伸粘结性(150%)	温度条件:23℃	—	无破坏
		温度条件:-20℃	—	无破坏
		热老化(80℃)处理336 h后	—	无破坏
		浸水处理192 h后	—	无破坏
9	冷拉—热压后粘结性		—	无破坏
10	拉伸—压缩循环后粘结性		—	无破坏

2. 作业方法

(1)准备工作

①修补材料:宽接缝混凝土与轨道板离缝修补材料等。

②工、机具:手动注浆器、钢丝刷、真空除尘器等。

③对宽接缝混凝土与轨道板离缝修补材料的性能进行工艺性实验。

(2)修补作业

①使用钢丝刷、真空吸尘器等清洁离缝内杂物,并保持裂缝内部干燥。

②采用铲刀等工具将有机硅树脂修补材料压入离缝内部20 mm以上。

③待修补材料固化后,表面修整,清理现场。

3. 注意事项

(1)作业前应将离缝伤损区域清理干净,且表面干燥无水。

(2)环境要求:作业适宜温度5℃~30℃,雨雪天不得作业。

(四)嵌缝材料伤损修补作业

1. 技术要求

(1)无砟轨道嵌缝材料伤损修补材料包括嵌缝板和嵌缝密封材料。无砟轨道嵌缝材料伤损失效修补材料应采用满足《高速铁路嵌缝材料暂行技术条件》(铁总科技〔2013〕162号)的要求;嵌缝密封材料宜采用硅酮嵌缝材料,其性能应满足表5—5—14的要求。

(2)检查工、机具的安全、操作性能,禁止工、机具等带病上道作业。

表 5—5—14 嵌缝材料修补材料技术要求

序号	项　　目		单　位	技术要求
1	外　　观		—	单组分灰白色,细腻膏状
2	表干时间		min	≤60
3	下垂度(70℃)	垂直放置	mm	≤3
		水平放置	mm	0
4	弹性恢复率(定伸 150%)		—	≥90%
5	100% 拉伸模量	温度条件:23℃	MPa	≤0.3
		温度条件:-20℃	MPa	≤0.3
6	拉伸强度	温度条件:23℃	MPa	≥1.0
		温度条件:-20℃	MPa	≤2.0
		热老化(80℃)处理 336 h	MPa	≥0.8
		碱处理处理 336 h	MPa	≥0.8
		紫外老化处理 1 500 h	MPa	≥0.8
7	断裂伸长率	温度条件:23℃	—	≥800%
		温度条件:-20℃	—	≥600%
		热老化(80℃)处理 336 h	—	≥600%
		碱处理处理 336 h	—	≥600%
		紫外老化处理 1 500 h	—	≥600%
8	定伸粘结性(150%)		—	无破坏
9	粘结强度		MPa	≥0.5
10	冷拉—热压后粘结性		—	无破坏
11	拉伸—压缩循环后粘结性		—	无破坏

2. 作业方法

(1)准备工作

①修补材料:嵌缝材料修补材料、胶带等。

②工、机具:电镐、吹风机、电子秤、毛刷、胶枪、铲刀等。

③对嵌缝材料修补材料的性能进行工艺性实验。

(2)修补作业

①嵌缝凿除:采用电镐等凿除失效的嵌缝材料,并尽可能清理粘在混凝土上的嵌缝材料。

②基础清理:清除接缝内的尘土碎石或已失效的嵌缝材料,采取必要的措施确保接缝的清洁干燥。

③嵌填嵌缝板:在接缝内填入嵌缝板,嵌缝板的深度以控制嵌缝密封材料的宽深比为 1:1 ~2:1 为宜。

④涂刷界面剂:按照材料要求,配制并在接缝两侧涂刷界面剂。

⑤轨道防护:根据需要,在接缝两侧混凝土面粘贴胶带,防止施工过程中,嵌缝胶掉落污染无砟轨道。

⑥嵌缝密封：向接缝内连续注入适量的嵌缝密封材料，并适当整修外形，确保嵌缝胶连续饱满，无气眼和缺陷，如图 5—5—4 所示。

图 5—5—4　嵌缝密封

⑦现场清理：修复完毕后，去除防护胶带，清理现场。

3. 注意事项

(1)作业前应将嵌缝伤损区域清理干净，且表面干燥无水。

(2)环境要求：作业适宜温度 5℃ ~30℃，雨雪天不得作业。

(五)路基面翻浆冒泥修补作业

1. 技术要求

(1)路基面翻浆冒泥修补材料主要包括空洞灌浆修补材料、封闭层缺损修补材料、嵌缝修补材料等。空洞灌浆修补材料宜采用聚合物改性水泥灌浆材料，其性能应满足表 5—5—15 的技术要求；封闭层缺损修补材料宜采用聚合物改性水泥砂浆，其性能应满足表 5—5—4 的技术要求；嵌缝修补材料宜采用硅酮嵌缝材料，其性能应满足表 5—5—14 的要求。

(2)检查工、机具的安全、操作性能，禁止工、机具等带病上道作业。

表 5—5—15　聚合物改性水泥灌浆材料的技术指标

序号	参数指标	聚合物水泥砂浆	
1	出机扩展度	≥300 mm	
2	抗折强度	≥3MPa	
3	抗压强度	2h	≥5MPa
		1d	≥10MPa
		7d	≥30MPa
4	粘结强度	≥1.0 MPa	

2. 作业方法

(1)准备工作

①修补材料：聚合物改性水泥灌浆材料等。

②工、机具：钢丝刷、毛刷、冲击钻、电子秤、搅拌机、空压机、凿子、注胶机等。

③对聚合物改性水泥灌浆材料的性能进行工艺性实验。

(2)修补作业

①施工准备

在进行翻浆冒泥修复前，查看路基面空洞以及积水情况，对于有积水的情况，首先排出积水，如图5—5—5所示。清理翻浆冒泥部位的外侧灰尘、浮渣及松散层，并用高压空气吹扫，尽量清除支承层与路基界面内的灰尘杂物及积水。

图5—5—5　路基翻浆冒泥

②路基面空洞注浆

a. 设置注浆口：查清冒浆空洞的长度、宽度、深度、走向、贯穿及漏水等情况，在外侧空洞较大处及端部等位置合理地设置注浆口，采用冲击电钻沿界面中心区域钻入，钻入深度至少15 cm，钻孔方向与外侧缝隙平行。

b. 外侧封闭：将注浆管插入注浆口内部，插入过程中防止注浆管被砂浆堵塞，然后采用封缝材料将缝隙进行封闭。

c. 准备注浆设备：注浆设备在使用前，对注浆设备进行调试和清洗，然后按规定的配比将液料和干料混合均匀后倒入注浆机中。

d. 注浆：待封缝材料固化后，连接注浆机与注浆管，开动注浆机，向空洞位置注浆。开始注浆，当下一注浆口有水泥浆漏出时，将注浆口封堵，同时继续注浆直至无法再注入修补材料。然后再把注浆管连接到最后有浆液漏出的注浆口上，继续注浆，依此，直到空洞两端的所有注浆口中有浆液流出时，封闭所有未注浆口，完成注浆。

注浆完毕后，立即用清水对注浆设备料筒及管道内部进行清洗，防止注浆设备损坏。

e. 清理：待灌浆材料完全固化后，清除注浆管，并用角磨机将表面打磨平整。

③封闭层缺损修复

a. 清理缺损区域：采用冲击钻将已破碎或已经疏松的基床表层混凝土清除，直至露出坚硬的混凝土基面。

b. 刷涂界面剂：将清理好的修补区域内混凝土基层进行凿毛处理，并用界面剂进行界面处理。

c. 缺损修复：根据需要，在混凝土缺损部位支立模板。采用混凝土缺损修补材料，按其要求的配合比将干料和液料搅拌均匀后即可浇筑在混凝土缺损部位。

d. 表面处理:待砂浆固化后,用角磨机将表面打磨平整,颜色与混凝土基本一致。

④嵌缝材料修复

a. 基础清理:清除接缝内的尘土碎石或已失效的嵌缝材料,采取必要的措施确保接缝的清洁干燥。

b. 嵌填嵌缝板:在接缝内填入嵌缝板,嵌缝板的深度以控制嵌缝密封材料的宽深比为1:1 ~2:1 为宜。

c. 涂刷界面剂:按照材料要求,配制并在接缝两侧涂刷界面剂。

d. 轨道防护:根据需要,在接缝两侧混凝土面粘贴胶带,防止施工过程中,嵌缝胶掉落污染无砟轨道。

e. 嵌缝密封:向接缝内连续注入适量的嵌缝密封材料,并适当整修外形,确保嵌缝胶连续饱满,无气眼和缺陷。

f. 现场清理:修复完毕后,去除防护胶带,清理现场。

3. 注意事项

(1)作业前应将翻浆冒浆伤损区域泥浆清理干净,且排出积水。

(2)环境要求:作业适宜温度5℃ ~30℃,雨雪天不得作业。

(六)CRTSⅢ型板自密实混凝土离缝修补作业

1. 技术要求

(1)CRTSⅢ型板式无砟轨道自密实混凝土离缝修补材料主要包括离缝封边材料和离缝注浆材料。封边材料性能应满足表5—5—8的要求,离缝注浆修补材料性能应满足表5—5—16的要求。

(2)检查工、机具的安全、操作性能,禁止工、机具等带病上道作业。

表5—5—16 离缝注浆修补材料技术要求

序号	项　目	单位	指标要求	检测方法
1	黏　度	mPa · s	≤100	GB/T 2794
2	凝胶时间	min	≤30	GB/T 7193
3	拉伸强度	MPa	≥8(2h) ≥12(24h) ≥20(7d)	GB/T 2567
4	抗压强度	MPa	≥15(2h) ≥25(24h) ≥40(7d)	JC/T 1041
5	断裂伸长率(7 d)	%	≥2	GB/T 2567
6	收缩率(7 d)	%	≤2	通过测量液态密度(GB/T 13354)和成形硬化物的密度(GB/T 1033.1),计算得出
7	粘结强度(7 d)	MPa	≥3	JC/T 1041

注:(1)GB/T 2794《胶粘剂粘度的测定》;

(2)GB/T 7193《不饱和聚酯树脂试验方法》;

(3)GB/T 2567《树脂浇铸体性能试验方法》;

(4)JC/T 1041《混凝土裂缝用环氧树脂灌浆材料》;

(5)GB/T 13354《液态胶粘剂密度的测定方法　重量杯法》;

(6)GB/T 1033.1《塑料 非泡沫塑料密度的测定　第1部分:浸渍法、液体比重瓶法和滴定法》。

2. 作业方法

(1)准备工作

①修补材料:离缝注浆修补材料等。

②工、机具:钢丝刷、吹风机、注浆器、打磨器等。

③对离缝注浆修补材料的性能进行工艺性实验。

(2)修补作业

①离缝清理:用钢丝刷对离缝区域自密实混凝土周围进行清理。

②设置注浆口:在离缝合适部位设置注浆口。

③离缝封边:用离缝封边材料对离缝进行封闭。

④离缝注浆:用注浆器从注浆口依次向离缝内部进行注浆,直至整个离缝区域灌注饱满。

⑤表面修饰:待低黏度树脂材料固化后,将表面封边材料打磨清理干净即可。

3. 注意事项

(1)作业前应将离缝伤损区域清理干净,且表面干燥无水。

(2)环境要求:作业适宜温度5℃ ~30℃,雨雪天不得作业。

(七)CRTSⅢ型板自密实混凝土缺损修补作业

1. 技术要求

(1)CRTSⅢ型板式无砟轨道自密实混凝土缺损修补材料包括树脂砂浆或聚合物水泥砂浆。树脂砂浆材料性能应满足表5—5—17的要求。底涂材料可选用黏度较低的树脂或聚合物水泥净浆。

(2)检查工、机具的安全、操作性能,禁止工、机具等带病上道作业。

表5—5—17 自密实混凝土缺损修补材料性能要求

序号	项　目	单位	指标要求	检测方法
1	抗折强度	MPa	≥3(2 h) ≥4(24 h) ≥5(7 d) ≥6(28 d)	JTJ/T 271
2	抗压强度	MPa	≥10(2 h) ≥20(24 h) ≥30(7 d) ≥40(28 d)	JTJ/T 271
3	收缩率28 d	%	≤0.2	DL/T 5126
4	粘结强度28 d	MPa	≥2.5	DL/T 5126

注:(1)JTJ/T 271《港口工程混凝土粘接修补技术规程》;
(2)DL/T 5126《聚合物改性水泥砂浆试验规程》。

2. 作业方法

(1)准备工作

①修补材料:自密实混凝土缺损修补材料、模板等。

②工、机具:切割机、真空吸尘器、计量工具、搅拌工具、盛料容器、抹子、铲刀、打磨器等。

③对自密实混凝土缺损修补材料的性能进行工艺性实验。

(2)修补作业

①将自密实混凝土结构受损处松散混凝土和骨料颗粒凿除,并采用真空吸尘器清理缺损区域碎屑、灰尘等杂物。

②根据需要,在自密实混凝土破损部位支立模板,并预留灌注口。

③在待修补部位自密实混凝土暴露面涂刷底涂材料。

④计量并配制树脂砂浆或聚合物水泥砂浆。

⑤从灌注口向自密实混凝土缺损部位灌注树脂砂浆或聚合物水泥砂浆。

⑥待砂浆硬化后,拆除模板,将砂浆修正磨平。

3. 注意事项

(1)作业前应将自密实混凝土缺损区域清理干净,且表面干燥无水。

(2)环境要求:作业适宜温度5℃~30℃,雨雪天不得作业。

(八)CRTSⅡ型板底座板漏筋伤损修补作业

1. 技术要求

(1)CRTSⅡ型板式无砟轨道底座板漏筋伤损修补材料主要为等强度聚合物混凝土和界面剂,聚合物混凝土性能应满足表5—5—18的要求,界面剂性能应符合《混凝土界面处理剂》(JC/T 907—2002)要求。

(2)检查工、机具的安全、操作性能,禁止工、机具等带病上道作业。

表5—5—18　底座板漏筋伤损修补材料性能要求

序号	项目		单位	指标要求	试验方法
1	抗压强度	2 h	MPa	≥30.0	GB/T 50081
		1 d		≥40.0	
		28 d		≥50.0	
2	抗折强度	2 h	MPa	≥4.0	
		1 d		≥5.0	
		28 d		≥6.0	
3	劈裂粘结强度(28 d)		MPa	≥2.0	JTJ/T 271
4	干缩率(28 d)		%	≤0.03	GB/T 50081
5	电通量(28 d)		C	<1 000	
6	抗冻性		—	≥F300	

注:(1)GB/T 50081《普通混凝土力学性能试验方法标准》;
(2)JTJ/T 271《港口工程混凝土粘接修补技术规程》。

2. 作业方法

(1)准备工作

①修补材料:聚合物混凝土、界面剂、钢筋、模板等。

②工机具:风镐、吹风机、钢丝刷、角磨机、计量工具、搅拌工具、盛料容器、抹子、铲刀等。

③对修补材料的性能进行工艺性实验。

(2)修补作业

①底座板凿除。根据底座厚度，在实测底座中心线位置弹墨线，做好基面标记；在轨道板下 5 mm 位置弹墨线，标记浇筑混凝土加高面位置；采用大、小风镐等设备将漏筋地段底座板按照要求进行凿出，当达到基面位置采用风镐，进行基础面凿毛，凿毛后需纹理清晰，凿毛深度 10 ~ 15 mm，采用吹风机和钢丝刷将混凝土碎片、浮砟、尘土等吹刷干净，保证具有一定粗糙度。

②钢筋除锈（或钢筋下移）。钢筋除锈采用角磨机配备专用打磨头，对锈蚀钢筋进行打磨除锈处理。钢筋下移采用角磨机切割已锈蚀钢筋，重新更换 HRB500ϕ16（或 ϕ20）钢筋（钢筋长度需提前确定），在横向箍筋内侧补充设置更换钢筋，底座板不漏筋地段钢筋与下移至箍筋内钢筋之间搭接长度小于 400 mm，采用 1.2 m 弯起钢筋连接焊接，焊接长度单面焊接不小于 200 mm；弯起钢筋，钢筋的最小曲率≥14d。

③安装模板。线下开展工艺性试验，对工装进行配置，确保安装、拆卸方便。

④浇筑面处理。采用吹风机和钢丝刷将混凝土碎片、浮砟、尘土等吹刷干净，浇筑混凝土前表面应喷水湿润，涂刷界面剂，确保有较好的界面粘结效果。

⑤浇筑混凝土。采用与相邻已浇筑底座混凝土等强度聚合物混凝土（需提前测定），浇筑过程中充分振捣，底座做表面抹面，抹面高程以标记为准，底座板上表面设置不应小于 2% 横向排水坡，聚合物混凝土技术指标需满足设计要求。

⑥轨道精调。

3. 注意事项

（1）底座混凝土局部凿除不得损伤混凝土基面，如果凿除过程中底座伤损厚度不足 50 mm（或基面下已有明显裂纹），需彻底凿除实测厚度混凝土。

（2）底座混凝土局部凿除并重新浇筑聚合物混凝土，必须做好基面处理确保新老混凝土的可靠粘结。

（3）不宜在高、低温季节施工，根据底座板锁定底座板施工温度，确定整修施工温度为底座板锁定温度 ±5℃ 幅值范围内施工，雨雪天不得作业。

第六章　有砟轨道线路作业

第一节　线路大机精确作业

高速铁路有砟轨道线路周期检修、成段保养应采用大型养路机械进行全面起拨道、捣固,并进行稳定。使用大型养路机械进行作业前,应利用精测网对作业地段的线路平面、纵断面进行全面测设和优化,计算确定作业量,制订合理的作业方案,并严格按方案进行作业。

一、技术要求

1. 严格按照作业轨温条件组织施工:一次起道量小于 30 mm,一次拨道量小于 10 mm 时,作业轨温条件不得超过实际锁定轨温 ±20℃;一次起道量在 31 ~50 mm,一次拨道量在 11 ~20 mm 时,作业轨温条件不得超过实际锁定轨温 -20℃ ~+15℃。

2. 捣固车一次起道量不宜超过 50 mm,起道量超过 50 mm 时应分两次起道捣固;一次拨道量不宜超过 80 mm。

3. 作业后线路设备质量达到《高速铁路有砟轨道线路维修规则》的作业验收标准。

二、作业方法

(一)准备工作

1. 工机具材料:精确测量设备、轨距尺、弦线、照明工具、上砟工具、小型捣固机械、捆扎线等。

2. 方案制订、申报、审批与协调

由工务段负责制订方案并向工务处申报,审批通过后交工务机械段一份。

施工前,工务段与各施工配合单位(工务机械段,相关电务段、供电段、车务段等)签订施工安全、配合协议,提前组织召开大机施工协调会。每周组织电务、供电等单位对下周施工计划进行协调,确定周施工计划,明确配合事宜。施工后组织召开施工点评会,对每日施工进行小结,分析当日施工存在的问题,提出整改措施,明确次日施工的施工区间、作业地段、封锁时间及相关要求、注意事项等。

3. 线路测量及数据处理

(1)大机捣固前,由工务段提前对需要作业的地段进行精确测量(图 6—1—1)。

(2)测量工作完成后进行线路平、纵断面优化设计,调整各点的起、拨道量,数据应包括作业里程、起道量、拨道量。拨道量按照大机作业方向,向左拨量标为负值,向右拨量标为正值。

(3)抬道量应按照现场设备状态进行优化,按照单台车单点作业任务量划为一单元,作

图 6—1—1　线路测量作业

业起止点处应控制在抬道数据较小处。

(4)工务段提前向工务机械段提供作业地段的平纵断面资料，包括平面曲线起止里程、超高、缓长、曲线半径、方向(按大机作业方向标明左右)、曲线长度、线路坡度表、竖曲线半径、切线长、变坡点里程等内容，以及优化后的线路平、纵断面设计资料。

4. 道床补砟

工务段应提前对作业地段进行调查，结合测量数据、现场道床缺砟状态综合确定补砟数量；对起道量较大地段应加大补砟量，确保捣固作业前道砟满足大机作业要求。

5. 大机调试

工务机械段在作业前要对捣固车超平、拨道、横平等进行调试，并做好大机调试前后的数据记录；每月或每作业 10 km(以先到为准)应对作业精度进行一次标定、调试，大机精度调试应在设定的大机标定基准线上进行，出现问题时要及时调整。

(二)大机作业

大机作业如图 6—1—2 所示。

图 6—1—2　大机作业

1. 大机数据输入。

(1)工务机械段对工务段提供的优化后的线路平、纵断面设计资料进行数据处理，设置衔接作业起终点的顺坡距离及顺坡率，明确顺坡起终点的具体里程。顺坡率按线路等级要求进行设置，不得大于 $1/(10v_{max})$。第二台捣固车的顺坡里程必须完全覆盖第一台捣固车的顺坡里程，同时应注意起道及拨道数据的起终点，尽量预留开关拨道的作业距离。

(2)将作业所需的数据按照捣固车轨道参数计算机的数据格式要求输入计算机。

(3)工务机械段与工务段技术人员共同对资料输入、数据转换、顺坡设置、作业里程等情况进行核对。

2. 工务段应将检校点测量数据标注清楚、准确。用油漆在钢轨上做好标记，并在轨枕上标明该点的起、拨道量(包括拨道方向)及具体里程，对拨量方向改变点也要进行放样标记，以供核对。标记时，将曲线要素位置、竖曲线起点和变坡点等关键点在钢轨上用油漆标记清楚。在捣固过程中，工务段应与工务机械段联合检查校核。

3. 工务机械段按照操作规程开展大机作业。工务段对大机作业后的轨道水平、正矢及起道情况进行检查，发现问题要求工务机械段及时修正大机参数或返工重做。

(三)作业验收

1. 天窗点内，对当日大机作业情况进行作业验收。

2. 作业后15日内，工务段根据检查车检查情况对大机作业质量进行动态验收评价。

三、注意事项

1. 提前对现场进行调查，对电务、车辆部门等影响大机作业的装置原则上进行拆除，确实无法拆除的处所，在天窗内组织人员进行补强捣固。

2. 大机作业过程中应对钢轨状态进行检查，采用目视和对轨底手摸的方法对作业起步点、缓和曲线等处钢轨进行重点检查，防止钢轨被镐头打伤。

3. 为保证捣固作业质量，对薄弱处所应增加捣固次数或采用两次插镐捣固。

4. 动力稳定车在桥上作业时，稳定装置应尽可能在桥台或桥墩处起振或停振，并应先行卸压。

第二节　起道、拨道、改道、捣固作业

一、起道捣固作业

起道捣固是将线路低洼处所起高，通过捣固作业以找平轨面高程的作业方法。

(一)技术要求

1. 起道捣固作业应按照作业方案组织实施。

2. 作业前应对轨距尺校正，保证精确无误。

3. 起道者必须随时注意看道者的手势或口令，起道高低要适当。为防止回落，预留的下沉量不得超过4 mm。

4. 起道顺坡长度，两端顺坡率不得大于$1/(10v_{max})$。

5. 作业后轨道几何尺寸应满足《高速铁路有砟轨道线路维修规则》作业验收标准。

(二)作业方法

1. 准备工作

(1)工、机具：振动镐、轨距尺、弦线、起道器、照明工具等。

(2)确定基准股:直线上以顺行车方向左股为基准股,曲线地段则以曲下股为基准股。

(3)方案复核:检查作业地点及前后 50 m 轨距、水平,同步将放置起道机位置的测量数据标注在轨枕面,目视复核起道起止位置及起道量,确定方案无误后再进行作业。

2. 起道捣固作业

线路捣固作业如图 6—2—1 所示。

(a)

(b)

图 6—2—1　线路捣固作业

(1)扒道床。弹性良好道床扒砟深度:起道量 5 mm 以下,枕木盒道砟预留 1/3;起道量 5 ~ 8 mm,枕木盒道砟预留 1/2;起道量 8 mm 以上,可不扒开道床捣固;不起道捣固:枕木盒道砟预留 1/4;弹性不良道床扒砟深度:起道量 5 mm 以下,扒至轨枕底;起道量 5 mm 以上,现场视具体情况而定。

(2)基准股起道:作业负责人每隔 5 ~ 6 根轨枕在钢轨面上注明起道机放置位置(起道机严禁放在绝缘接头及焊缝上,直线放在钢轨内侧,曲线上股放在外侧,曲线下股放在内侧),作业人员放置起道机于标注位置,起道机放置平整,不能歪斜,严禁翘起;按照测量数据依次起道,单股一次性起道完毕后,先复核每撬起道量,再目视复核高低。

(3)基准股捣固:先在起道机左右两侧基准股轨枕头打点,打点后撤出起道机,对高低进行目视复核,再分段按捣固操作标准进行捣固作业,暂只对轨枕头单面进行捣固。

(4)非基准股起道:在基准股起道机相对位置放置起道机,结合前后水平一次性起道完毕,再目视复核高低。

(5)非基准股捣固:先在起道机左右两侧轨枕头打点,打点后撤出起道机,对高低进行目视复核,再分段捣固。捣固时应严格控制水平。

(6)全面捣固:开展全面捣固,起道量大于 4 mm 时安排道心捣固作业。

(7)夯拍道床:捣固结束后对线路变化快、起道量大的地段用夯拍器对捣固范围内的轨枕盒、砟肩、道床边坡进行夯拍。

(8)外观整理:回填及夯拍道床,按标准恢复道床外观。

(9)作业回检:作业后用轨距尺、激光弦线等检测工具对作业地点前后各 50 m 范围进行回检,高低水平控制在 2 mm 以内,外观达标,用油漆做好记名修并做好记录。

(三)注意事项

1. 压机手必须熟悉起道机性能和操作方法。

2. 起道时应用专用撬棍作手把,禁止起道机撞击钢轨或轨枕头。

3. 确定起道量,必须考虑现有道砟量,防止盲目起高造成缺砟。

二、拨道作业

为使线路方向恢复良好状态,应进行拨道作业。线路拨道作业主要分直线拨道、曲线拨道等基本作业类型。

(一)技术要求

1. 拨道作业应按照作业方案要求组织实施。

2. 直线用10 m弦最大矢度,曲线用20 m弦在钢轨踏面下16 mm处测量,现场正矢与计算正矢之差不超过表6—2—1规定。

表6—2—1　曲线正矢容许误差表

速度(km/h)	项　目	实测正矢与计算正矢差		圆曲线正矢连续差(mm)	圆曲线最大最小正矢差(mm)
		缓和曲线	圆曲线		
$200 \leq v \leq 250$	作业验收	2	3	4	5
$250 < v \leq 300$	作业验收	2	3	3	5

3. 作业后轨道几何尺寸应满足《高速铁路有砟轨道线路维修规则》作业验收标准。

(二)作业方法

1. 准备工作

(1)工、机具:液压拨道器、弦线、扒砟器、钢卷尺、照明工具等。

(2)确定基本轨:直线地段如两股方向偏差不大时,一般以顺里程方向的左股为基本股;如一股方向好,则以较好的一股为基本股;曲线地段应以上股为基本股。

(3)对拨道地段进行测量,曲线地段调查现场正矢,并计算拨道量。

(4)拨道量大时,应在拨道前将轨枕头的道砟挖开一些;拨道量不大,将轨枕头的道砟扒松即可;曲线上有鹅头时,应将鹅头先消灭。

2. 拨道作业

拨道作业如图6—2—2所示。

(1)直线拨道

①标注实际拨道量:作业负责人每隔5～6根轨枕在钢轨面上注明拨道器放置位置,将测量数据标注在轨枕面上。用"→×"或"←×"进行标记("×"为拨道量)。

②数据复核:在两个拨量为零的点架设好手工长弦线或轨道平顺度激光检查仪,测量拨道量。

图6—2—2　拨道作业

中波病害采用一次拉线,按照弦线测量

的数据与轨道测量仪的数据进行对比，复核测量数据的方向是否一致，数值误差控制在±2 mm 范围之内。

长波病害先按照测量数据以线间距控制法在合适距离处，拨出两个拨量为零的点后，在两个拨量为零点位置架设长弦或轨道平顺度激光检查仪复核测量数据，看方向是否一致，数值误差控制在±2 mm 范围之内。

③扒道床：对需要拨道的地点，用捣镐对拨道方向一侧的轨枕头石砟扒松至轨枕底，必要时应扒开轨枕头石砟。根据标记方向，扒好拨道器放置位置，按油缸与轨枕面夹角为45°的标准，严禁在绝缘接头及焊缝处放置拨道器。

④架设弦线：按照复核数据时确定好的零点位置，架设好弦线，确保数据准确。

⑤拨道作业：按照油缸与轨枕面45°角放置拨道器，使用弦线控制拨动量进行拨道。两台拨道器同时用力，方向一致，拨到位后，再将相隔5～6孔的拨道器进行拨道，当4台都拨道位后将先前两台拨道位的卸压，同步用弦线复核拨道量是否符合要求。

⑥作业复核：拨道作业完毕后用弦线全面复核轨向，是否达到作业验收标准。对未拨到位的地点进行个别调整，使其达到作业验收标准。

⑦夯拍道床：拨道后必须回填道砟并加以夯实。

⑧作业回检：作业后对作业地点前后各50 m 范围进行回检，用油漆做好记名修并做好记录。

（2）曲线拨道

①标注拨道量：每隔5～6根轨枕在钢轨面上注明拨道器放置位置，将测量数据标注在轨枕面上。用"→×"或压"←×"进行标记（"×"为拨道量）。

②测量线间距：利用卷尺测量出需要拨道地点的线间距并用油漆标注在轨底。

③扒道床：对需要拨道的地点用捣镐对拨道方向一侧的轨枕头石砟挖松至轨枕底（当拨道方向为"下压"且拨道量大于3 mm 或拨道方向为"上挑"且拨道量大于6 mm 需扒开轨枕头道砟）。根据标记方向，按油缸与轨枕面夹角为45°的标准，扒好拨道器放置位置。严禁在绝缘接头及焊缝处放置拨道器。

④拨道作业：按照油缸与轨枕面45°角放置拨道器，通过弦线和线间距测量法来控制拨道量。两台拨道器同时用力，方向一致，拨到位后，后一台先卸压，再将前面一台卸压，同步用弦线复核拨道量是否符合要求。

⑤作业复核：用弦线全面复核正矢是否达到作业验收标准。对不合格地点计算进行个别调整，使其达到作业验收标准，同步测量线间距值复核实际拨道量。

⑥夯拍道床：作业达到验收标准后按标准全面恢复道床，并将拨后离缝一侧的轨枕头道砟全面夯实，确保拨道质量。

⑦作业回检：作业后对作业地点前后各50 m 范围进行回检，并及时填写曲线正矢记录簿；用油漆做好记名修并做好记录。

（三）注意事项

1. 使用起拨道器拨道时，拨道器应不少于3台，即前二后一。

2. 前后转移时，拨道人员要在同一侧用两手握住撬棍，棍头朝前并紧靠身体，做到动作一致。

3. 拨动量较大地段，在拨正后，还要进行找细。

4. 计算拨道量及拨道时，应注意各种建筑物及信号机的接近限界，并注意不使桥梁造成偏心。

三、改道作业

为了改正超限或接近超限的轨距及其变化率，消除扣件离缝以及线路方向不良，应进行改道作业。

(一)技术要求

1. 改道作业应按照作业方案要求组织实施。

2. 轨距误差不超过表6—2—2规定。

表6—2—2　轨距容许误差(单位:mm)

项　　目		作业验收
250≥v≥200 正线		±2
250＞v≥300 正线		±2
250≥v≥200 道岔		±2
250＞v≥300 道岔	岔区	+1，-1
	尖轨尖	+1，-1

3. 轨距变化率不得大于1/1500；外观达标。

4. 绝缘轨距块(轨距挡板)与轨底间的空隙不超过1 mm。

5. 作业后轨道几何尺寸应满足《高速铁路有砟轨道维修规则》作业验收标准。

(二)作业方法

1. 准备工作

(1)工、机具：扣件松紧工具、轨距尺、弦线、改道工具、撬棍、照明工具等。

(2)数据分析：分析波形图，结合轨距、轨向确定改左股还是右股。

2. 改道作业

(1)线路改道

线路改道作业如图6—2—3所示。

图6—2—3　线路改道作业

①检查划撬：对作业地点前后各 100 m 的线路一枕一查，对检查出轨距不良地段用弦线复核，直线以轨向较好的一股为基准股，曲线结合正矢确定基准股，根据轨距确定整治方案。

②拆卸扣件：使用改道工具拆卸扣件、轨距块，一次连续拆卸扣件不得超过 6 根轨枕，将拆卸下来的扣件及轨距块放在轨枕面上，同步对窜动的胶垫进行更换、整正。

③调整轨距：先利用弦线对基准股进行改道，再利用轨距尺结合轨距改正另外一股。使用专用撬棍拨动钢轨，放入合适的轨距块，将轨距调整到位，严禁敲击钢轨；同步安装扣件。

(2)道岔改道

CZ 系列道岔普通垫板区域通过旋转偏心绝缘套(偏心 4 mm)来实现钢轨左右位置、轨距 -4 ~ +4 mm 的调整，滑床板区域通过采用滑床板端头的挡肩(成对)组合移动滑床板(其上孔为长圆孔)进行调距，可实现轨距 -4 ~ +4 mm 的调距量。

客专系列道岔普通垫板区域通过轨距块和缓冲调距块来实现钢轨左右位置、轨距 -4 ~ +2 mm 的调整，滑床板及护轨垫板区域通过采用缓冲调距块进行调距，可实现轨距 -4 ~ +2 mm 的调距量。

CN 系列道岔通过调整片和椭圆衬套来实现钢轨左右位置、轨距调整，钢轨左右位置调整量为 -6 ~ +6 mm，偏心距为 0 ~ 12 mm，以 1 mm 为 1 级的调整。

3. 复核轨距：对作业地点的轨距复核，确保轨距容许误差符合标准，轨距变化率不得大于 1/1500。

4. 回收旧料：对作业后更换下的废旧材料进行回收。

5. 作业回检：作业后对作业地点前后各 50 m 范围进行回检，并填写作业日志。

(三)注意事项

1. 调整轨距块时，应同时更换损坏的大小胶垫、整正窜动的胶垫。

2. 每天出工前，应根据调查备有一定数量的不同号码轨距块，以便在改道中调整和更换。

四、捣固作业

(一)振动镐捣固

1. 技术要求

捣固时在距离钢轨边缘 20 ~ 30 mm 处下镐，镐头与轨枕面成 45° ~ 70°角，插入枕底 20 ~ 50 mm 左右；捣固时轨枕每个侧面不少于 4 个镐窝，总宽度不少于 450 mm，捣固后枕底道砟要密实。

捣固时间，在起道量在 20 mm 以下，一般为 40 s，每面捣三个镐位；起道量在 20 ~ 40 mm 时，一般为 55 s，每面排四个镐位；轨底应适当延长捣固时间。

2. 作业方法

(1)准备工作

①工、机具：扒砟器、扣件复紧工具、震动镐、照明工具等。

②检查机械，试机保证机具状态良好，检查工机具备品是否齐全。

③捣固前复紧扣件、扒道床、起道。

(2)捣固作业

捣固作业如图6—2—4所示。

图6—2—4　捣固作业

①按顺序排镐:先捣标准股外侧轨枕头,再捣非标准股外侧轨枕头,最后捣道心。为加强轨底,先将镐头放在轨底处捣固,以后再向两边移动进行捣固,最后再向轨底中间方向捣固。

②捣固操作:捣固时两脚站在被捣固轨枕前或后的两根相邻轨枕上,成80°~85°度角,前脚距钢轨约400 mm,并与之平行,后脚尖向着钢轨,身体垂直,两手紧握手把。捣固时,首先使镐与轨枕垂线成45°角,以后逐渐增大,到结束时为80°角。在捣固中,还必须将镐沿中心线向四周摆动和左右倾斜约20°,这样可使镐头进入道床,提高捣固质量,如图6—2—5所示。距离钢轨边缘20~30 mm处下镐,使镐头与轨枕面成45°~70°角,将镐头冲击道砟插向枕底,待插入枕底20~50 mm左右时拨出,换位重复捣固,捣固重点部位时,轨枕底和钢轨两侧,每个侧面不少于4个镐窝,使用2台捣固机对捣八面镐,保证枕底石砟密实。

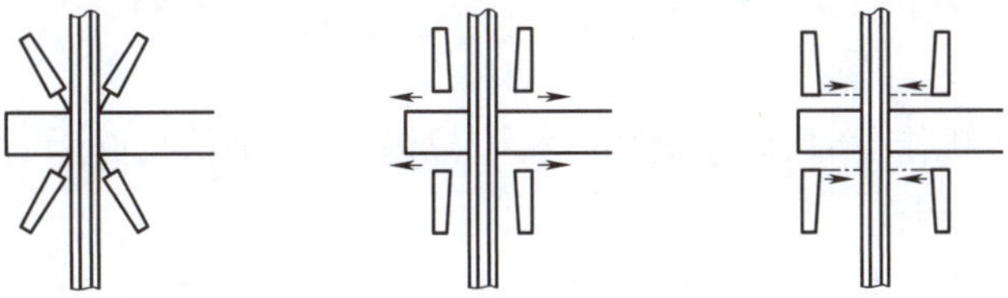

(a)　(b)　(c)

图6—2—5　捣固位置示意

③质量回检、恢复道床;回填枕盒石砟均匀饱满,恢复外观,记名修。

④安全下道:在作业结束时,提镐下道,放置在限界以外。

3. 注意事项

(1)捣固时必须做到四一致:下镐位置一致,都捣固同一位置的镐位;下镐角度一致,镐板与地平面成40°~45°角;下镐动作一致,最好由一人用口笛指挥,统一动作;捣固时间一致,一起下镐,一起转移。

(2)操作时,尽量利用机器本身重量,操作者额外的压力并不会对捣固性能有所改善;当提起镐时,要释放手柄上的油门,让机器减速。

（二）小型液压捣固机捣固

1. 技术要求

（1）夹实次数和轻重应根据线路条件和起道量决定。本着“小腰轻、大腰实、接头加强”的原则，混凝土轨枕线路按“3—2—1”夹实，即钢轨接头夹 3 次，小腰与轻捣符号处夹 1 次，其余夹 2 次。

（2）接头和重捣处应先夹持两次，然后张开镐头提升后再下插夹一次。

（3）捣固后线路设备质量达到作业验收标准。

2. 作业方法

（1）准备工作

①工、机具：小型液压捣固机、起道器、轨距尺、弦线、扒（上）砟工具、照明工具等。

②小型液压捣固机如图 6—2—6 所示，上道前要检查捣固机的技术状态是否良好，紧固件是否坚固，配件是否齐全，手压泵是否有效。使用氮气瓶每三天检查一次，压力小于 30kg 应补气或更换。

图 6—2—6　小型液压捣固机

③使用液压捣固机作业时，启动前要先检查拉绳质量，确认良好后，再进行“一绕、二试、三拉”，用力不宜过猛，以防碰伤。

④检查传动三角带张紧程度，如有松弛必须进行调整；检查油箱储油是否充足；向导柱和各部油孔应加注润滑油。

⑤检查下道架是否良好，根据道床高低调好活动腿，以防止捣固机下道后内外倾斜。

⑥提前做好线路测量、数据标注、扒道床、架好起道器、镐窝位置提前加砟等准备工作。

（2）捣固作业

①根据测量数据，将线路起道到位。

②液压捣固机两台一组，两名操作手紧密配合，按作业负责人的要求进行捣固。两机同时捣固一根轨枕时，应动作一致，一起下插、一起夹实、一起张开，以提高捣固质量和效率，保证左右两股钢轨水平。

③捣固结束，将捣固机上的油垢尘土擦拭干净。捣固机安置在下道架上捣固杆张开，即

夹实油缸的活塞杆全部伸入油缸，升降油缸降至行程的最低点。

④回检下道：捣固完成后，按照作业验收标准对捣固作业质量进行回检验收；作业结束后，吊装液压捣固机，做到工完料净。

3. 注意事项

(1)捣固下插时，不能一次猛插到底，边下插边做张合动作；下插不能过浅或过深，过浅夹实易损坏镐板，过深夹实易破坏枕底基础；一般当镐头顶面比轨枕底面低 20 ~ 30 mm 时，开始夹实较宜。

(2)捣固时，注意夹轨钳、镐头勿碰联结零件、导接线等，以免影响安全和作业质量。

(3)作业中如发现发动机、油泵、轴承、液压油超过额定温度、机械发出异响或出现异状，应立即停止工作并下道；查出原因修好后，再上道作业，严禁机械带病操作。

第三节　道 床 作 业

捣固作业完成后，应整理道床，包括回填道床并夯实，以增强线路的稳定性。

(一)技术要求

1. 整理后，道床应饱满、均匀，回填后应夯实，坡脚整齐，无杂草。

2. 道床断面尺寸应满足表 6—3—1 的要求。

表 6—3—1　道床断面尺寸

速度等级(km/h)	砟肩宽度(m)	厚度(mm)	边坡	砟肩堆高(mm)	道床顶面位置(mm)		
					轨枕中部	轨底处	道岔区
200 ~ 250(不含)	不小于 0.5	350	1:1.75	150	与轨枕顶面平齐	轨枕承轨面以下 30 ~ 40	岔枕顶面以下 30 ~ 40
250 ~ 300				100		轨枕承轨面以下 40 ~ 50	岔枕顶面以下 40 ~ 50

(二)作业方法

1. 准备工作

(1)工、机具：拉砟器、石砟叉、抬筐、平板车、照明工具。

(2)作业前做好工作量调查，安排好劳动力、工具。

2. 整理作业

整理作业如图 6—3—1 所示。

(1)均匀道砟，使前后道床断面均匀，将扒出的道砟回填。

(2)整理道心道床，轨枕中部石砟面与轨枕顶面平齐；整理后轨枕面、扣件上、轨底面、轨面均不得有石砟。

(3)整平钢轨外侧枕木盒、整齐砟肩堆高并加以夯拍，使砟肩目视整齐。

图 6—3—1　整理作业

(4)整理两线间、道床边坡，把散落在路肩上的道砟收集到边坡上并夯拍道床，使坡脚目视整齐，并不得将泥土和杂草带入道床。

(5)质量回检：对外观整理情况进行全面检查，重点确认轨面、轨底面、扣件及轨枕面道砟清除情况，对个别未达标的外观进行重新整理，并填写作业日志。

(三)注意事项

道床整理作业后应及时清除轨枕、钢轨、扣件上的道砟。

第四节　扣件系统作业

一、垫板作业

垫板作业主要适用于经常保养和临时补修，进行轨下垫板更换或采用调高垫板调整高低、水平。

(一)技术要求

1. 调高垫板通过在轨下垫板和轨枕之间放入调高垫板进行调整，调高垫板不得放在轨下垫板上，放入调高垫板的总厚度不得大于 10 mm，数量不得超过 2 块。

2. 垫板位置正确，无偏斜、无窜动。

3. 扣件安装齐全、扭矩(扣压力)符合要求。扣件扭矩(扣压力)：弹条Ⅳ型扣件扣压力不应小于 9 kN(夹板位置弹条除外)，弹条Ⅴ型扣件 W2 型弹条为 130 ~ 170 N · m，X3 型弹条为 80 ~ 110 N · m，FC 型扣件扣压力不应小于 9 kN(小阻力弹条不应小于 3 kN)。

4. 作业后轨道几何尺寸应达到《高速铁路有砟轨道线路维修规则》规定的作业验收标准。

(二)作业方法

1. 准备工作

(1)选择基准股，曲线一般以下股为准，直线地段以高低较好的一股为基准股。

(2)测量基准股垫高量，找出坑洼起讫点，用轨道测量仪器测出每根轨枕的钢轨低洼值，并估计轨枕空吊板量值。实际垫高量 = 轨枕空吊板量 + 测量低洼值。

2. 垫板作业

一般由 5 ~ 6 人按流水作业方法进行，先垫基准股，后垫对面股；决定对面股的垫高量，一般采用两种方法：一种方法是标准股垫好后，用轨距尺测量对面股的水平误差，加上空吊板量，即为对面股的垫高量；另一种方法是先测量标准股的垫高量，然后测量水平，根据基准股的垫高量与对面股的水平差，决定对面股的垫高量，即对面股垫高量 = 基准股垫高量 + 对面股空吊板量 ± 对面股的水平差(水平加时用“ + ”号，减时用“ − ”号)。

(1)起道更换垫板

松开扣件，用起道机抬起钢轨，用小铁铲铲松胶垫，将垫板垫在胶垫下；如发现胶垫板坏时，应予更换。起道时，起道机要放平，做到轻起慢落。

(2)整正胶垫

按计算垫高量垫入垫板。垫入垫板一般不得超过两层、总厚度不超过 10 mm，其高度可以 1 mm、2 mm、5 mm、8 mm 等不同厚度的垫板组合。

(3)松起道机,落下钢轨。

(4)测量轨距,整理扣件,复紧扣件。

(5)作业回检:对作业地段的高低、水平、轨距情况按照作业验收标准进行回检。

(三)注意事项

1. 收工前,应对当天垫板作业的扣件全面复紧一遍。

2. 使用垫板调整高低、水平时应注意:

(1)已稳定的混凝土枕线路可垫;

(2)高低、水平小于 10 mm 可以垫,超过不垫;

(3)中波高低病害可以垫,长漫洼和下沉地段不垫。

3. 垫板作业要做到“三结合”:一结合更换和整正胶垫,二结合改正轨距,三结合拧紧扣件扭力矩。

4. 弹条Ⅳ型扣件、FC 型扣件禁止垫片作业,应通过起道进行高低调整。

5. 当轨距小时,应先紧里口扣件,反之则先紧外口扣件。

二、扣件整修与涂油作业

为了保持扣件作用良好,便于安装和拆卸,扣件螺栓应根据锈蚀、损伤的变化规律,有计划地对轨枕扣件进行整修与涂油工作。

(一)扣件整修

1. 技术要求

(1)扣件扭矩应保持在规定的扭矩范围内。

(2)作业后轨道几何尺寸应达到作业验收标准。

2. 扣件整修

(1)准备工作

扣件调查:零部件损坏、预埋套管损坏、有螺栓弹条(弹条Ⅴ型)中肢前端离缝超过 1 mm、无螺栓弹条(弹条Ⅳ型、FC 型)不能保持应有的扣压力、橡胶垫板压溃或变形(两侧压宽合计:厚度为 10 mm 的橡胶垫板超过 20 mm)丧失作用、轨距挡板严重磨损、钢轨与轨距挡板、轨距挡板与承轨槽挡肩离缝超过 1 mm。

(2)整修作业

①作业负责人应根据作业范围,认真做好工作量调查,对需要调整的扣件及轨距应划好符号,并安排计划进行综合整治。

②在整正扣件时,根据轨距需要整正对面股扣件。轨距小时,采用加大内侧扣板号码和相应减小外侧号码;轨距大时,采用减小内侧扣板号码和相应加大外侧扣板号码。

③在整修轨距挡板、弹条扣件作业中,如遇轨下胶垫缺损、歪斜或挤坏窜出,应同时进行更换或整正。

④完工前,对作业地段的扣件须认真检查并复紧一遍。

3. 注意事项

(1)扣件应经常保持齐全,位置正确,作用良好。

(2)整修轨枕扣件时应同步进行扣件涂油工作。

(3)在整正扣件作业中,直线选择方向较好的一股为标准股,曲线以上股为标准股。

(二)扣件涂油

扣件涂油应按流水作业方法进行,并应选用铁路专用防腐油脂进行。

1. 技术要求

(1)螺栓及扣件无锈蚀,螺纹须保持油润状态。

(2)扣件扭矩应保持在规定扭矩范围内。

(3)轨距挡板作用良好,与钢轨、承轨槽挡肩离缝在规定范围内。

(4)作业后轨道几何尺寸应达到作业验收标准。

2. 作业方法

(1)松卸扣件:按"隔二卸一"的方法进行流水作业,即由四名或三名作业人员顺序前进。松卸扣件时依次取下各部件,放置在轨枕面上。

(2)清扫除锈:用钢丝刷清除螺栓和丝扣的积锈污垢,用小扁铲清除承轨台面的油泥和积土。

(3)涂油:螺杆和丝扣要均匀涂抹油脂,油脂应全面覆盖螺杆和丝扣。

(4)安装扣件:先依次正确安装轨距挡板、弹条、垫圈等部件,然后按照规定扭矩拧紧。

(5)作业回检,按照作业验收标准检查轨距、水平。

3. 注意事项

(1)螺栓涂油后2~4天,应全面复紧一遍扣件。

(2)作业中如发现扣板严重磨损、胶垫损坏及弹条折断时,应在涂油作业的同时进行更换。

(3)弹条V型扣件套管涂油应使用专用防护油脂,在注入预埋套管中或在螺旋道钉螺纹部分均匀涂抹油脂,涂油后紧固弹条时应使用扭矩扳手检查。

第七章　道岔及钢轨伸缩调节器养护

道岔和钢轨伸缩调节器(以下简称调节器)是线路的薄弱环节。道岔的结构比较复杂,零部件多,受冲击力大,易于变形、磨耗,造成病害。做好道岔及调节器的养护维修,预防病害的发生,经常保持其状态良好,十分重要。

第一节　无砟道岔精调

一、无砟道岔平面调整

在天窗时间内调整轨向、支距、轨距及轨距变化率。

(一)技术要求

1. 调整原则:"先轨向、后轨距",先调整基准轨(外直股)的轨向,通过轨距调整另外一股钢轨。

2. 作业后轨距允许偏差 ±1 mm;水平 2 mm;10m 范围内轨向、高低不大于 2 mm;轨距变化率不大于 1/1500。

3. 扣件齐全,安装正确,作用良好,扭力矩符合标准。

4. 由于调整轨距、轨向引起的其他作业项目必须达到整修标准。

(二)作业方法

1. 作业准备

(1)工、机具及材料

检查工、机具的安全及操作性能,禁止工、机具等带病上道作业,并校对量具。作业工、机具及材料有数显式轨距尺、扭力矩扳手、丁字扳手、电动扳手、撬棍、轨距、轨向调整器、小撬棍、弦线、石笔、轨温计、塞尺、照明灯具、GSM-R 手持机、调整件等。

(2)测量轨温

到达作业地点后首先测量轨温,严格执行"三测"制度,确认是否符合作业轨温条件,做到不超温作业。

(3)核对数据

用数显式轨距尺测出现场方案中需要调整区段的每根枕未动道前的轨距、水平,根据轨道检查仪检测资料做出的作业方案,在基准轨轨底上标注调整量。要求用弦线对方向进行检测,要求弦线绷紧,一枕一测,读数要求准确并将数据标注在钢轨上,以便核对确认。

(4)确定调整件型号及数量

根据作业方案中的调整量和现场实际轨距块、缓冲调距块型号,确定新轨距块、缓冲调距块的数量。

① 客专线系列道岔扣件轨距、轨向调整轨距块、缓冲调距块设置见表 7—1—1 和表 7—1—2。

②CN 系列道岔调节锥体的规格为:偏心距 0 ~ 12 mm,以 1 mm 为 1 级。

③CZ 系列无砟道岔使用 W300-1 型扣件,绝缘轨距块与调整片相配合实现轨距调整。轨距调整片配置见表 7—1—3。

表 7—1—1 轨距块和缓冲调距块配置

单股钢轨左右位置调整量(mm)	钢轨内侧			钢轨外侧		
	缓冲调距块		轨距块	轨距块	缓冲调距块	
	外 侧	内 侧			内 侧	外 侧
0	6	9	10	11	6	9
+1	6	9	11	10	6	9
+2	6	9	12	9	6	9
-1	6	9	9	12	6	9
-2	9	6	11	10	9	6
-3	9	6	10	11	9	6
-4	9	6	9	12	9	6

表 7—1—2 滑床板和护轨垫板处缓冲调距块配置

单股钢轨左右位置调整量(mm)	钢轨内侧		钢轨外侧	
	缓冲调距块		缓冲调距块	
	外 侧	内 侧	内 侧	外 侧
0	6	9	6	9
+1	5	10	5	10
+2	4	11	4	11
-1	7	8	7	8
-2	8	7	8	7
-3	9	6	9	6
-4	10	5	10	5

表 7—1—3 轨距调整片配置

单股钢轨左右位置调整量(mm)	非工作边调整片	工作边调整片
-4	GS+4	GS-3
-3	GS+3	GS-2
-2	GS+2	GS-1
-1	GS+1	GS0
0	GS0	GS+1
+1	GS-1	GS+2
+2	GS-2	GS+3
+3	GS-3	GS+4
+4	GS-4	GS+5

2. 调整作业

(1)根据需要在每根需调整扣件的轨枕分发所需更换的轨距块、缓冲调距块。

(2)调整作业

① 根据需要松开T型螺栓或垫板螺栓,连续松开数量按照《高速铁路无砟轨道线路维修规则》第5.6.3条执行。在松开垫板螺栓时注意保护预埋套管、螺栓,防止杂物污染。

② 更换或调整轨距块、缓冲调距块。

客专线系列道岔轨距、轨向调整通过调换轨距块和缓冲调距块进行实现,钢轨左右位置调整量为 -4 ~ +2 mm。上齐并拧紧T型螺栓或垫板螺栓,其中T型螺栓扭矩为120 ~ 150 N·m,且弹条前部与轨距块的间隙不得大于0.5 mm;垫板螺栓扭力矩满足300 ~ 350 N·m。

CN系列道岔轨距、轨向调整通过调换通过更换不同规格的偏心调整锥套(Ek)进行实现,钢轨左右位置调整量为 -6 ~ +6 mm,扭矩为215 ~275 N·m。

CZ系列无砟道岔使用W300-1型扣件,轨距、轨向调整通过绝缘轨距块与不同型号的调整片相配合进行实现,单股轨距调整量为 -4 ~ +4 mm,扭矩为300 N·m。

(3)整理抽换出来的轨距块、缓冲调距块,分类整理,循环使用。

(4)调整对面股钢轨,用轨距尺重新测量轨距,复查确认对面股的调整量,并划撬。作业方法同上。

3. 回检确认

作业负责人对调整方案进行现场实际核对、确认,如果核对调整量与现场实际状态一致或趋势相同方可动道;再根据作业方案中的调整量,对作业区段划撬,在轨面上标注轨距、轨向调整值和方向;如不相符,需要负责人对方案或现场数据进行分析,找出问题所在;不能找出原因的,需请示上级部门或重新安排测量,严禁作业负责人擅自动道。

(三)注意事项

1. 上道前要清理所有带上线路的工具、材料规格数量,每件工、机具必须在醒目位置粘贴反光标志,并进行编号,对照工、机具材料登记表进行确认。

2. 原则上不得在线路两侧的电缆槽盖板上行走,防止踩空或盖板不稳造成人员伤亡。

3. 作业后必须进行回检,包括几何尺寸、扣件扭力矩,以及工机具、材料是否有遗漏等,尤其是更换下道的零部件要清理干净,回检由作业负责人亲自完成,并在派工单上签认。撤出封闭栅栏外,通知驻所(站)联络员作业完毕并销销记销记。

4. 在尖轨、可动心等工电结合部进行作业时必须通知电务部门到场配合,在电务部门未到时不得作业;作业后,必须在电务部门进行调试确认道岔正常后方可撤离现场。

5. 作业负责人根据具体情况,制订有针对性安全预想和卡控措施。

二、无砟道岔高低、水平和扭曲作业

在天窗时间内调整道岔小高低、水平、扭曲,改正道岔超限或接近超限的水平及变化率,消除离缝及位置不正确的扣件,保证道岔平顺,减少道岔晃车。

(一)技术要求

1. 调整原则:“先高低、后水平”,先调整基准轨的高低,再通过水平调整另外一股钢轨。

2. 作业后轨距允许偏差 ±1 mm；水平 2 mm；10 m 范围内轨向、高低不大于 2 mm；轨距变化率不大于 1/1 500。

3. 扣件齐全，安装正确，作用良好，扭力矩符合标准。

4. 由于调整高程引起的其他作业项目必须达到整修标准。

（二）作业方法

1. 作业准备

（1）点名分工

作业负责人组织职工列队点名，给出书面作业派工单，明确作业地点、作业内容、作业时间、人员分工、作业标准等，所有作业人员均应按规定使用劳动保护用品，带齐照明灯具。

（2）工、机具及材料

检查工、机具的安全、操作性能，禁止工、机具等带病上道作业，并校对量具。作业工、机具及材料有：数显式轨距尺、扭力矩扳手、丁字扳手、电动扳手、撬棍、小撬棍、弦线、石笔、轨温计、塞尺、照明灯具、GSM-R 手持机、调整件等。

（3）设置防护

现场设置现场防护员，负责与驻所（站）联络员联系。防护设好后方可作业。

（4）布灯

夜间作业必须配备足够的照明设备，作业前在病害地点前后布置照明灯具。

（5）测量轨温

到达作业地点后首先测量轨温，严格执行"三测"制度，确认是否符合作业轨温条件，做到不超温作业。

（6）核对数据

用数显式轨距尺测出现场方案中需要调整区段的每根枕未动道前的轨距、水平，根据作业方案，在基准轨轨底上标注调整量。要求用弦线对高低进行检测，要求弦线绷紧，一枕一测，读数要求准确并将数据标注在钢轨上，以便核对确认。

（7）确认调整件型号及数量

根据作业方案中的调整量和现场实际调高垫板型号，确定新调高垫板的数量。

2. 调整作业

（1）根据需要在每个需调整扣件的轨枕上分发所需更换的调高垫板。

（2）调整作业。

① 松开岔枕螺栓，连续松开数量按照《高速铁路无砟轨道线路维修规则》第 5.6.3 条执行。在松开螺栓时注意保护预埋套管、螺栓，防止杂物污染。

② 起道：根据调整量值可适当起道，起道时注意放平起道机，位置适宜，起道机严禁放在焊缝处起道。

③ 清扫承轨台上的污染物。

a. 客专线系列道岔调整：高程调整通过在弹性铁垫板下更换、增减不同规格的调高垫板实现，高低调整量为 −4 ~ +26 mm。客专线系列道岔扣件高低调整调高垫板设置见表 7—1—4。

表 7—1—4　客专线系列无砟道岔调高垫板配置(单位:mm)

调高范围(mm)	10 mm 调高垫板数量	8 mm 调高垫板数量	5 mm 调高垫板数量	2 mm 调高垫板数量	1 mm 调高垫板数量	岔枕螺栓型号
-4	—	—	—	—	—	A 型
-3	—	—	—	—	1	A 型
-2	—	—	—	1	—	A 型
-1	—	—	—	1	1	A 型
0	—	—	—	2	—	A 型
+1	—	—	1	—	—	A 型
+2	—	—	1	—	1	A 型
+3	—	—	1	1	—	A 型
+4	—	1	—	—	—	A 型
+5	—	1	—	—	1	A 型
+6	1	—	—	—	—	A 型
+7	1	—	—	—	1	A 型
+8	1	—	—	1	—	A 型
+9	1	—	—	1	1	A 型
+10	1	—	—	2	—	A 型
+11	1	—	1	—	—	A 型
+12	1	—	1	—	1	A 型
+13	1	—	1	1	—	A 型
+14	1	1	—	—	—	A 型
+15	1	1	—	—	1	A 型
+16	2	—	—	—	—	B 型
+17	2	—	—	—	1	B 型
+18	2	—	—	1	—	B 型
+19	2	—	—	1	1	B 型
+20	2	—	—	2	—	B 型
+21	2	—	1	—	—	B 型
+22	2	—	1	—	1	B 型
+23	2	—	1	1	—	B 型
+24	2	1	—	—	—	B 型
+25	2	1	—	—	1	B 型
+26	3	—	—	—	—	B 型

(a)更换调高垫板。

(b)根据高低调整需要,选用 A、B 型规格的螺栓。

(c)拧紧螺栓:高程调整后立即拧紧岔枕螺栓,扭矩要达到 300～350 N·m,并检查扣件情况。

b. CN 系列道岔调整:高程调整通过在弹性铁垫板下更换、增减不同规格的调高垫片

(Upf)实现，高低调整量为 −4 ~ +26 mm。CN 系列道岔扣件高低调整调高垫板设置见表 7—1—5。

表 7—1—5　CN 系列道岔无砟道岔调高垫板配置

调高范围（mm）	10 mm 调高垫板数量	6 mm 调高垫板数量	3 mm 调高垫板数量	2 mm 调高垫板数量	岔枕螺栓长（mm）
−4	—	—	—	1	235
−3	—	—	1	—	235
−2	—	—	—	2	235
−1	—	—	1	1	235
0	—	1	—	—	235
+1	—	—	1	2	235
+2	—	1	—	1	235
+3	—	1	1	—	235
+4	—	1	—	2	235
+5	—	1	1	1	235
+6	1	—	—	1	235
+7	1	—	1	—	235
+8	1	—	—	2	235
+9	1	—	1	1	235
+10	1	1	—	—	235
+11	1	—	1	2	235
+12	1	1	—	1	235
+13	1	1	1	—	235
+14	2	—	—	—	235
+15	1	1	1	1	235
+16	2	—	—	1	235
+17	2	—	1	—	235
+18	2	—	—	2	235
+19	2	—	1	1	235
+20	2	1	—	—	235
+21	2	—	1	2	235
+22	2	1	—	1	235
+23	2	1	1	—	235
+24	3	—	—	—	235
+25	2	1	1	1	235
+26	3	—	—	1	235

(a)更换调高垫板。

(b)根据高低调整需要，选用不同长度规格的螺栓。

(c)拧紧螺栓:高程调整后立即拧紧岔枕螺栓,扭矩要达到 300 N·m,并检查扣件情况。

c. CZ 系列道岔调整:高程调整通过在弹性垫层下更换、增减不同规格的调高垫板实现,高低调整量为 -4 ~ +22 mm。当调节到一定高度时,需要更换不同高度的岔枕螺栓。CZ 系列无砟道岔调高垫板配置见表 7—1—6。

表 7—1—6 CZ 系列无砟道岔调高垫板配置

调高范围(mm)	中间垫层 Zwp386/210/4	调高垫板 10	调高垫板 6	调高垫板 3	调高垫板 2	岔枕螺栓
-4	—	—	—	—	—	Ss36-230
-2	—	—	—	—	1	Ss36-230
-1	—	—	—	1	—	Ss36-230
0	1	—	—	—	—	Ss36-230
+1	—	—	—	1	1	Ss36-230
+2	1	—	—	—	1	Ss36-230
+3	1	—	—	1	—	Ss36-230
+4	1	—	—	—	2	Ss36-230
+5	1	—	—	1	1	Ss36-240
+6	1	—	1	—	—	Ss36-240
+7	1	—	—	1	2	Ss36-240
+8	1	—	1	—	1	Ss36-240
+9	1	—	1	1	—	Ss36-240
+10	1	1	—	—	—	Ss36-240
+11	1	—	1	1	1	Ss36-240
+12	1	—	2	—	—	Ss36-250
+13	1	1	—	1	—	Ss36-250
+14	1	1	—	—	2	Ss36-250
+15	1	1	—	1	1	Ss36-250
+16	1	1	1	—	—	Ss36-250
+17	1	—	2	1	1	Ss36-250
+18	1	—	3	—	—	Ss36-250
+19	1	1	1	1	—	Ss36-250
+20	1	2	—	—	—	Ss36-250
+21	1	1	1	1	1	Ss36-250
+22	1	2	—	—	1	Ss36-250

(3)整理抽换出来的调高垫板,分类整理,循环使用。

(4)调整对股钢轨,用轨距尺重新测量水平,复查确认对股的调整量,并划撬。作业方法同上。

3. 回检确认

作业负责人对调整方案进行现场实际核对、确认,核对调整量与现场实际状态一致或趋势相同方可动道，再根据作业方案中的调整量，对作业区段划撬，在轨面上标注高程调整值和方向；如不相符，需要负责人对方案或现场数据进行分析，找出问题所在；不能找出原因的，需请示上级部门或重新安排测量，严禁作业负责人擅自动道。

（三）注意事项

1. 上道前要清点所有带上线路的工具、材料规格数量，每件工、机具必须在醒目位置粘贴反光标志并进行编号，对照工、机具材料登记表进行确认。

2. 原则上不得在线路两侧的电缆槽盖板上行走，防止踩空或盖板不稳造成人员伤亡。

3. 作业后必须进行回检，包括几何尺寸、扣件扭力矩，以及工、机具材料是否有遗漏等，尤其是更换下道的零部件要清理干净。回检由作业负责人亲自完成并在派工单上签认。撤出封闭栅栏外，通知驻所（站）联络员作业完毕并销记。

4. 在尖轨、可动心等工电结合部进行作业时必须通知电务部门到场配合，在电务部门未到时不得作业，作业后，必须在电务部门进行调试确认道岔正常后方可撤离现场。

5. 作业负责人根据具体情况，制订有针对性安全预想和卡控措施。

第二节　有砟道岔作业

有砟道岔作业主要有道岔大机作业和人工作业两部分。道岔大机作业主要包含道岔大机打磨、道岔大机捣固作业，人工作业主要包括道岔起道、拨道、改道、捣固等作业项目。

一、有砟道岔大机作业

有砟道岔大机作业主要为钢轨大机打磨及道岔大机捣固（图7—2—1）。钢轨大机打磨作业内容见第九章第二节。

图7—2—1　道岔大机捣固作业

道岔大机捣固技术要求、作业方法与线路大机精确作业基本要求相同，重点应注意以下事项：

1. 道岔捣固须做好与线路捣固的衔接，起车顺坡率应与收车顺坡率相同，且不大于$1/(10v_{max})$。

2. 道岔维修捣固宜采用无障碍捣固,并做好道岔夹直线、岔区及适当距离外延线路的同步捣固。

3. 联动道岔施工应在垂直天窗点内施工。

4. 应预留足够天窗时间给电务部门调试道岔,工务、电务部门同步做好道岔的工电联合整治工作。

5. 组织足够的劳力,及时回填道砟,保持道床饱满稳定。

二、有砟道岔人工作业

有砟道岔人工作业主要包括道岔起道、拨道、改道、捣固等作业项目,其基本作业技术要求、注意事项与线路起道、拨道、改道、捣固作业相同。

(一)道岔起道

单开道岔以直向外股为标准股,宜从尖轨前接头开始向后起,如图 7—2—2 所示。

1. 看水平时,轨距尺应放在尖轨前接头、尖轨尖端、基本轨跟端、辙叉前接头、导曲线中间。

2. 对一股过车多、另一股过车少的道岔,起完道后,对过车少的一股一般采用轻捣,以列车通过后水平合适为准,宁低勿高。

图 7—2—2　道岔起道

(二)道岔拨道

1. 标注数据

作业负责人每隔 5 根轨枕在直基本股钢轨面上注明拨道器放置位置,将测量数据标注在轨枕面上。用"→×"或"←×"进行标记("×"为拨道量)。目视复核拨道起止位置及拨道量。确定方案无误的情况下再进行作业。

2. 扒道床

对需要拨道的地点用捣镐对拨道方向一侧的轨枕头石砟挖松至轨枕底,必要时扒开轨枕头石砟。根据标记方向,扒好拨道器放置位置,油缸与轨枕面夹角为 45°。

3. 架设测量仪器

按照复核数据在直基本股上确定好的拨量为零位置,架设好测量仪器,确保数据准确。

4. 安置拨道器

按拨道方向前一后二，三台拨道器成“△”形摆放，后两台拨道器相隔 1 孔；长岔枕地段成“一”字形摆放，油缸与轨面夹角不大于 45°。

5. 拨道作业

按照油缸与轨枕面 45°角放置拨道器，使用激光弦线控制拨动量进行拨道。三台拨道器同时用力，方向一致，到位后，后两台先卸压，再将前面一台卸压。

6. 作业复核

拨道作业完毕后用测量仪器全面复核轨向，是否达到作业验收标准，对没有拨到位的地点进行个别调整，使其达到作业验收标准。

7. 夯拍道床

作业达到验收标准后，按标准全面恢复道床，并将拨后离缝一侧的轨枕头石砟全面夯实，确保拨道质量。

8. 作业回检

作业后对作业地点前后各 50 m 范围进行回检，方向不大于 2 mm，道岔转辙机位置及密贴检查器和尖轨底部、尖轨与基本轨之间不能有道砟及其他杂物。外观符合标准，用油漆做好记名修，并做好记录。

第三节 道岔结构病害整治

道岔构造比线路复杂，为使道岔经常处于完好状态，必须按照“预防为主、防治结合、严检慎修”的原则，通过细致调查，认真分析，找出各种病害及其产生的原因，然后对症下药，采取措施进行整治。

一、尖轨降低值不符合要求

（一）原因分析

尖轨降低值是影响列车直向过岔平稳性关键技术参数，在制造、铺设以及运营中会出现偏差，造成线路晃车现象，如图 7—3—1 所示。

图 7—3—1 尖轨降低值测量

（二）整治措施

1. 尖轨相对于基本轨的降低值超过 1 mm 且影响行车稳定时，可通过更换不同厚度基本轨轨下橡胶垫板或打磨方式，来调整尖轨相对于基本轨的降低值。

2. 降低值调整量大于 1 mm、小于 2 mm 时，设置两级过渡。

3. 降低值调整量大于或等于 2 mm，更换尖轨与基本轨组件。

二、尖轨（心轨）与基本轨（翼轨）竖切不密贴

（一）原因分析

1. 尖轨、心轨前靠后不靠的原因

（1）尖轨心轨顶铁过长或顶得过死。

（2）基本轨、尖轨、长心轨有硬弯。

（3）曲基本轨第一弯折点位置靠尖轨尖端太近。

（4）尖轨、心轨尖端方向不良或轨距偏小，造成尖轨、心轨第一动程不够。

2. 尖轨、心轨后靠前不靠的原因

（1）基本轨、尖轨有硬弯。

（2）转辙部位第二、三动作杆的框架尺寸过小。

（3）尖轨与基本轨动作杆处靠中间不靠。

（4）直尖轨有向内侧的硬弯。

（5）两基本轨中间框架尺寸过大。

（6）第一动作杆与第二动作杆之间方向不良。

（7）基本轨在动作杆处框架尺寸过小。

3. 心轨与翼轨两头都不靠的原因

电务密贴调整不良，原则上只要心轨用撬棍撬密贴后不反弹，电务就能调密贴。

（二）整治措施

1. 开展工电联调工作，消除道岔转换力不足及转换卡阻问题。

2. 调整顶铁与尖轨的插片，改善密贴情况，校正连接杆和转辙电机的距离。

3. 对道岔辊轮系统及时开展工电联调工作，保持辊轮工作状态良好。

4. 改正道岔的方向，减少方向对密贴的影响。改道时，宜将顶铁部分拆除（与尖轨、心轨离缝 2 ~ 3 mm），减少顶铁对密贴的影响。

5. 尖轨尖端、可动心轨以及一动、二动、三动不密贴改框架尺寸、轨距后由电务部门调整密贴。

6. 整修过长或过短的顶铁，规范顶铁垫插片作业。尖轨、心轨部分的顶铁离缝，有时是一种表面现象，不能看到离缝就用插片去垫。如果发现顶铁插片已经用了很多但还是离缝，应全面检查前后各部分框架是否有偏差，辙叉部分是否方向不良，从结构上整治顶铁离缝。原则上应由电务先调整密贴，再根据实际情况垫顶铁插片。

7. 校正基本轨弯折点的位置与弯折量，使之符合设计要求。

8. 整修基本轨或尖轨硬弯、长短心轨或翼轨硬弯。

9. 整治尖轨、可动心轨爬行（加强各种螺栓的扭矩与扣件压力，减少温度应力对密贴的影响）。

密贴检测如图 7—3—2 所示。

图 7—3—2　密贴检测

三、尖轨、心轨与滑床板离缝

(一)原因分析

尖轨、心轨与滑床板的离缝是造成道岔上动态水平、扭曲的重要原因之一。形成尖轨、心轨与滑床板的离缝原因有:

1. 埋入式岔枕在浇筑前的精调时,岔枕没有调平,表现在曲基本轨和辙叉部位曲下股轨底低。

2. 尖轨辊轮安装不到位,造成尖轨轨底卡在辊轮上,抬高了尖轨。

3. 尖轨拱腰:由于尖轨吊装、运输或存放不规范,造成尖轨上拱。

(二)整治措施

1. 通过在岔枕与滑床板之间垫调高垫片的方法将滑床板垫高,消除离缝。

2. 按规定调整辊轮的位置,滑床板表面与尖轨轨底空隙为 0 mm,具体标准按“1—2—3”原则进行,即保证密贴尖轨轨底与相邻的辊轮间用塞尺在 45°角时有至少 1 mm 空隙,内侧辊轮的高度比滑床台高 2 mm,外侧辊轮的高度比滑床台高 3 mm。

3. 对尖轨拱腰造成与滑床板间隙超过 2 mm 的尖轨进行修理或更换。

离缝检查如图 7—3—3 所示。

图 7—3—3　离缝检查

四、道岔焊接接头平直度不良

（一）原因分析

造成焊接接头质量不高的原因有对轨不良，日常钢轨修理打磨不到位等。

焊接接头平直度检测如图 7—3—4 所示。

图 7—3—4　焊接接头平直度检测

（二）整治措施

1. 打磨钢轨接头，保证钢轨平直度达到标准要求。采用仿形打磨机进行精细打磨，将其轨顶面、轨头内侧工作面、轨底面平直度要求控制在标准以内，以改善轮、轨接触关系，减少钢轨焊接接头不平顺对列车的影响。

2. 按照 60N 廓形要求打磨钢轨接头廓形，使其与前后钢轨廓形保持一致。

五、零部件缺损、磨耗

（一）原因分析

道岔零部件缺损、磨耗的主要原因是：道岔爬行、捣固不良、轨道几何状态差，以及对零部件缺乏经常的涂油和养护，从而增加列车对道岔的冲击振动。

（二）整治措施

1. 加强日常巡查及周期性检查工作。对松动、缺少的联结零件及时复紧、补充，保持道岔各联结零件齐全、作用良好。

2. 及时更换修理磨损扣件。充分发挥各种零部件的作用，在养护中做到“紧、密、靠”，及时更换、修理磨耗损坏的零部件。

六、道岔爬行

爬行是病害中的“祸首”，它可以引起一系列病害，也是工务道岔设备维修需要重点防治的项目。

（一）原因分析

产生爬行的主要原因是扣件的扣压力不足、道床纵向阻力不足，以及长大坡道列车动力作用的影响。

(二)整治措施

1. 保持道床饱满,有足够的砟肩宽度和道床厚度,并夯实道床,以加强轨枕与道床间的阻力。

2. 及时拧紧扣件和螺栓等联结零件。

3. 无缝道岔的设计锁定轨温应与两端区间无缝线路设计锁定轨温一致,且应满足跨区间无缝线路允许温降和允许温升要求,对不符合要求的进行应力调整。

4. 正线道岔除胶接绝缘接头外,其他接头应全部焊接。

5. 对桥上及隧道口附近无缝道岔检查和锁定,防止碎弯和爬行。

6. 无缝道岔尖轨尖端伸缩位移、可动心轨尖轨伸缩位移应满足表7—3—1的要求,超过允许值应分析原因,并及时调整。

表7—3—1　尖轨相对于基本轨、可动心轨相对于翼轨允许伸缩位移(mm)

道岔类型	尖轨允许伸缩位移	心轨允许伸缩位移	备　注	
			锁闭机构	尖轨跟端结构
客专线系列	±40	±20	多机多点钩型外锁	限位器、间隔铁或无传力部件
CZ系列	+45	±30	第一牵引点拐肘外锁	无传力部件
CN系列	±40	±20	多机多点自调式外锁	限位器

第四节　工电联合整治

一、总体原则

联合整治道岔是减少道岔和转换故障、保障运输安全和秩序的一项重要措施,要严格按照《工电联合整治道岔项目及要求》进行道岔联合整治,并做好验收和考核,使道岔及转换设备处于良好状态。

二、工电结合部

工电结合部具体部位见表7—4—1。

表7—4—1　工电结合部具体部位

设备名称	具体部位	图片说明
高速道岔	岔枕上用于道岔安装装置的螺栓孔	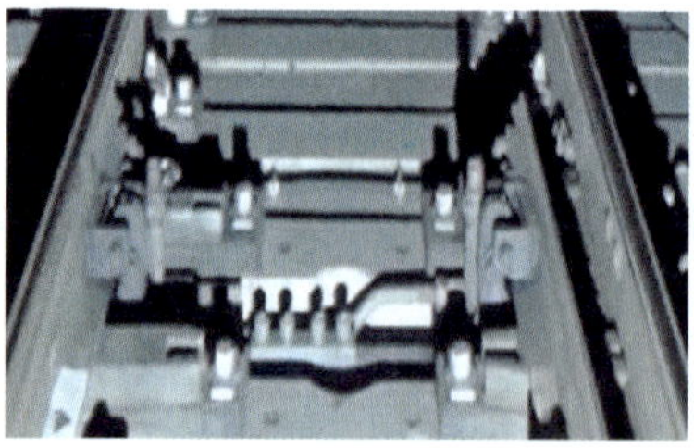

<table>
<tr><th>设备名称</th><th>具 体 部 位</th><th>图 片 说 明</th></tr>
<tr><td rowspan="5">高速道岔</td><td>弹性基板、滑床板</td><td></td></tr>
<tr><td>心轨一动和二动拉板及其与心轨的连接螺栓</td><td></td></tr>
<tr><td>转辙机、锁闭装置</td><td>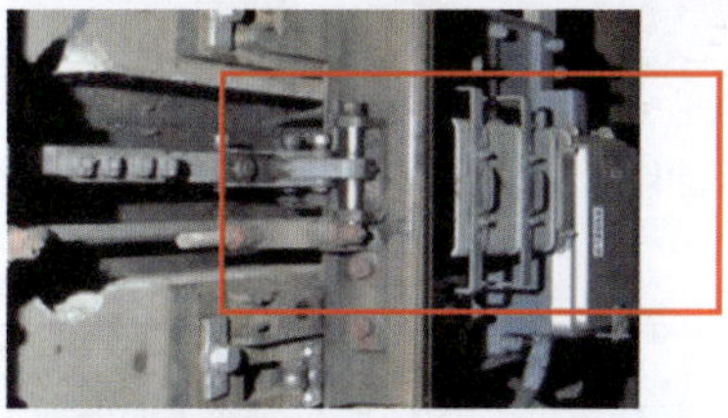</td></tr>
<tr><td>密贴检查器、导管装置(含固定螺栓)</td><td>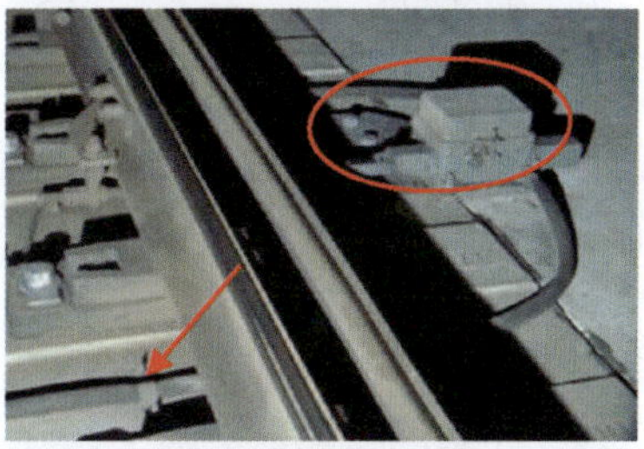</td></tr>
<tr><td>可动心轨道岔的锁闭杆、锁闭杆绝缘垫套管及锁闭杆与钢轨的连接螺栓;心轨一、二动拉板安装外锁闭块的方孔及安装电务转辙机托盘的螺栓孔</td><td>
</td></tr>
</table>

设备名称	具体部位	图片说明
高速道岔	道岔防跳轮、辊轮系统设备	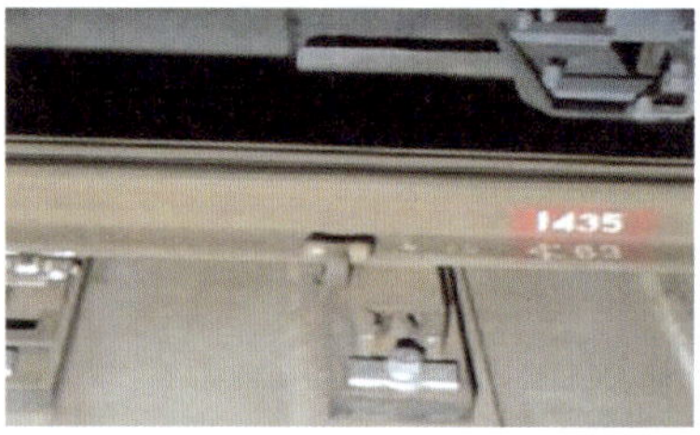 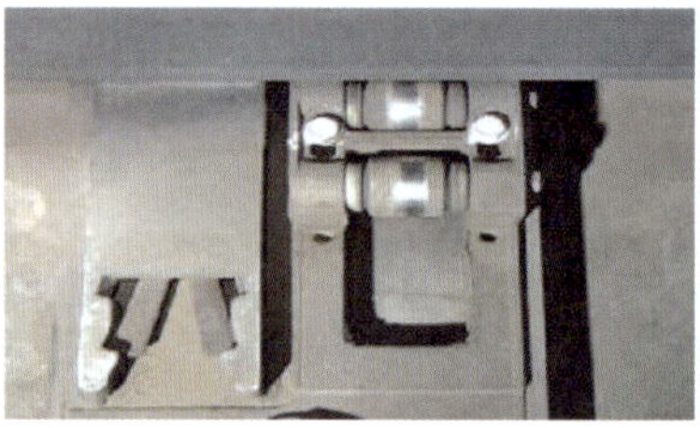

三、整治项目及要求

1. CN 系列道岔工电联合整治项目及要求见表 7—4—2。

表 7—4—2　CN 系列道岔工电联合整治项目及要求

类　型	项　　目	整　治　要　求
几何尺寸	轨道几何尺寸	不超过验收标准
	斥离尖轨非工作边与基本轨工作边的最小距离	不小于 63 mm
钢　轨	基本轨上锁闭框安装孔位	两基本轨锁闭框安装孔相错量不大于 10 mm
	两尖轨相对位置	道岔两尖轨尖端相错量≤20 mm
	尖轨与基本轨、可动心轨与翼轨肥边	肥边≤1 mm
	尖轨（可动心轨）与基本轨（翼轨）密贴	尖轨第一牵引点前与基本轨、心轨第一牵引点前与翼轨的间隙<0.5 mm，其余部位间隙<1 mm
	尖（心）轨与滑床板（台）	尖（心）轨与滑床板（台）间隙<1 mm
	绝缘接头	采用胶接绝缘接头
		绝缘接头轨端肥边≤2 mm
		绝缘电阻值>20 Ω
配　件	轨　撑	轨撑齐全，作用良好，与钢轨离缝<1 mm
	顶　铁	顶铁齐全，作用良好；正线道岔：0<与尖轨或心轨轨腰间隙≤0.5 mm，其他道岔：0<与尖轨或心轨轨腰间隙≤1 mm，且间隙均匀
	各类螺栓	螺栓齐全、作用良好，扭矩符合要求
	辊　轮	斥离状态下，0.7 mm≤尖轨轨底与滑床板间隙<2 mm
	扣　件	扣件齐全、扭矩达标、作用良好，无碰绝缘夹板等造成短路现象

续上表

类　型	项　　目	整 治 要 求
配　件	铁垫板	钢轨轨底与铁垫板档肩的间隙不大于 1 mm
	滑床台板	滑床台板作用良好、平直,无断裂、脱落或磨耗超过 3 mm 现象;转辙器滑床台无油污、辙叉滑床台可涂固体润滑剂
	胶　垫	转辙部位胶垫窜动或歪斜≤10 mm
岔　枕	有砟道岔岔枕	尖轨牵引点岔枕间距:620 mm + 20 mm;心轨牵引点岔枕间距:670 mm + 20 mm
		转辙设备前后岔枕设有防移位措施,无失效,空吊≤2 mm
外锁闭和安装装置	安装位置	拉连敢成一条直线并垂直于直基本轨,各部件安装偏移量≤10 mm;辙叉区域拉连杆成一直线并垂直于辙叉角分线
		转辙机外壳边缘与基本轨直线距离偏差 <5 mm
	外锁闭装置	尖、心轨各牵引点定、反位锁闭量偏差不大于 2 mm
		尖轨、心轨的密贴段范围内,各牵引点中心线处尖轨与基本轨、心轨与翼轨间有 4 mm 及以上间隙时,锁闭机构不得锁闭及接通道岔表示
		密贴检查器拉杆处尖轨与基本轨间有 5 mm 及以上间隙时,不能接通表示
		转换过程中,辊轮与锁闭杆、锁闭杆与锁闭框无卡磨;尖轨销接支架灵活,无卡阻
		锁闭辊轮弹性良好,锁闭机构磨耗不超限
		转换部件与轨枕或滑床板间隙 >10 mm
杆　件	杆　件	各表示杆垂直于基本轨,偏差≤10 mm
		各部绝缘良好,无单边短路
		各连接杆的连接销与销孔磨耗间隙 <1 mm,表示杆销孔间隙 <0. 5 mm
其他设备	转辙机	过车状态下,转辙机内表示缺口变化小于 2 mm,并不撞击缺口
		转辙机摩擦力(溢流压力)符合标准
		转辙机动作杆、连接杆、锁闭杆成一直线,偏差≤5 mm
	作业平台	硬面化不影响线路排水

2. CZ 系列道岔工电联合整治项目及要求见表 7—4—3。

表 7—4—3　CZ 系列道岔工电联合整治项目及要求

类　型	项　　目	整 治 要 求
几何尺寸	轨道几何尺寸	不超过验收标准
	斥离尖轨非工作边与基本轨工作边的最小距离	不小于 63 mm
钢　轨	查照间隔	符合标准
	尖轨与基本轨、可动心轨与翼轨肥边	肥边≤1 mm
	尖轨(可动心轨)与基本轨(翼轨)密贴	尖轨第一牵引点前与基本轨、心轨第一牵引点前与翼轨的间隙 <0. 5 mm,其余部位间隙 <1 mm

续上表

类　型	项　　目	整　治　要　求
钢　轨	尖(心)轨与滑床台	尖(心)轨与滑床板(台)间隙<1 mm
	绝缘接头	采用胶接绝缘接头
		绝缘接头轨端肥边≤2 mm
		绝缘电阻值>20 Ω
配　件	轨　撑	轨撑齐全,作用良好,与钢轨离缝≤2 mm
	顶　铁	顶铁齐全,作用良好;正线道岔:0<与尖轨或心轨轨腰间隙≤0.5 mm,其他道岔:0<与尖轨或心轨轨腰间隙≤1 mm,且间隙均匀
	各类螺栓	螺栓齐全、作用良好,扭矩符合要求
	辊　轮	斥离状态下,0.7 mm≤尖轨轨底与滑床板间隙<2 mm
	扣　件	扣件齐全、扭矩达标、作用良好,无碰绝缘夹板等造成短路现象
	铁垫板	钢轨轨底与铁垫板档肩的间隙不大于1 mm
	滑床台板	滑床台板作用良好、平直,无断裂、脱落或磨耗超过3 mm现象;转辙器滑床台无油污、辙叉滑床台可涂固体润滑剂
	胶　垫	转辙部位胶垫窜动或歪斜≤10 mm
岔　枕	有砟道岔岔枕	间距误差≤20 mm
		无失效、无空吊(≤2 mm)
外锁闭和安装装置	安装位置	基础托板安装与岔枕垂直、平顺,道岔各部件安装偏移量≤10 mm
		转辙机外壳边缘与基本轨直线距离偏差<5 mm
		基础托板、导管装置、固定螺栓磨耗和锈蚀不超标
	外锁闭装置	尖轨、心轨锁闭检查器处、各连接杆中心处开口值符合标准,两侧偏差不大于1 mm
		尖、心轨锁闭检查器处定反位锁闭量偏差不超标(≤2 mm)
		锁闭检查器、密贴检查器处尖轨与基本轨之间有5 mm间隙可接通道岔表示,6 mm间隙不得接通道岔表示
		可动部分在道岔转换过程中动作平衡、灵活,无别劲卡阻
		转换部件与岔枕、滑床台板及石砟面的间隙>10 mm
杆　件	杆　件	各连接杆和连杆连接平顺,绝缘良好,无单边短路,绝缘电阻值>20 Ω
		各部螺栓不松动;丝扣余量>5 mm;开口销齐全,作用良好
		各连接销与销孔间的磨耗旷量≤1 mm
		尖轨处于中间动程位置(转辙机处于中间动程)时,各弯杆传力杆(拐肘长臂)和平衡梁(一字拐)与直基本轨垂直
其他设备	转辙机	正常转换道岔时,转辙机内部电机组无异常声音,操纵时动作平稳
		转辙机安装螺栓无锈蚀
	作业平台	硬面化不影响线路排水

3. GW 型外锁闭装置工电联合整治项目及要求见表7—4—4。

表7—4—4　GW 型外锁闭装置工电联合整治项目及要求

类　型	项　　目	整　治　要　求
几何尺寸	轨道几何尺寸	不超过验收标准
	斥离尖轨非工作边与基本轨工作边的最小距离	不小于63 mm
钢　轨	基本轨上锁闭框安装孔位	两基本轨锁闭框安装孔相错量不大于10 mm
	两尖轨相对位置	道岔两尖轨尖端相错量≤20 mm
	查照间隔	符合标准
	尖轨与基本轨、可动心轨与翼轨肥边	肥边≤1 mm
	尖轨（可动心轨）与基本轨（翼轨）密贴	尖轨第一牵引点前与基本轨、心轨第一牵引点前与翼轨的间隙<0.5 mm,其余部位间隙<1 mm
	尖（心）轨与滑床台	尖（心）轨与滑床板（台）间隙<1 mm
	绝缘接头	120 km/h 以上区段应采用胶接绝缘接头
		绝缘接头轨端肥边≤2 mm
		绝缘电阻值>20 Ω
配　件	轨　撑	轨撑齐全,作用良好,与钢轨离缝≤2 mm
	顶　铁	顶铁齐全,作用良好;正线道岔:0<与尖轨或心轨轨腰间隙≤0.5 mm,其他道岔:0<与尖轨或心轨轨腰间隙≤1 mm,且间隙均匀
	各类螺栓	螺栓齐全、作用良好,扭矩符合要求
	辊　轮	密贴状态下,1 mm≤尖轨轨底与辊轮间隙<2 mm;斥离状态下,1 mm≤尖轨轨底与滑床板间隙<3 mm,转换过程中辊轮与尖轨轨底接触
	扣　件	扣件齐全、扭矩达标、作用良好,无碰绝缘夹板等造成短路现象
	轨距挡板	牵引点处轨距挡板与承轨槽档肩密贴,钢轨与轨距挡板间隙不大于1 mm
	滑床台板	滑床台板作用良好、平直,无断裂、脱落或磨耗超过3 mm现象;转辙器滑床台无油污、辙叉滑床台可涂固体润滑剂
	胶　垫	转辙部位胶垫窜动或歪斜≤10 mm
岔　枕	有砟道岔岔枕	间距误差≤20 mm
		转辙设备前后岔枕设有防移位措施,无失效、无空吊（≤2 mm）
外锁闭和安装装置	安装位置	基础托板安装与岔枕垂直、平顺,道岔各部件安装偏移量≤10 mm
		转辙机外壳边缘与基本轨直线距离偏差<5 mm
	外锁闭装置	尖轨、心轨各牵引点动程和锁闭量不超标,尖轨各牵引点开口值符合标准,两侧偏差不大于3 mm;心轨第一牵引点处开口值符合标准,偏差不大于2 mm
		尖轨、心轨各牵引点定反位锁闭量偏差不超标,且偏差位于同侧
		尖轨牵引点间有10 mm及以上间隙时（直向通过速度大于160 km/h道岔,密贴检查器处有5 mm间隙）不应接通表示

续上表

类 型	项 目	整 治 要 求
外锁闭和安装装置	外锁闭装置	设表示杆的牵引点处密贴尖轨与基本轨、心轨与翼轨间有4 mm及以上水平间隙时，不应锁闭或接通道岔表示
		转换过程中，锁块与锁闭杆或限位器无卡磨；尖轨连接轴销与锁勾间灵活、无卡阻
		转换部件与钢岔枕或滑床台板的间隙>10 mm
杆 件	杆 件	各表示杆与砼枕平行偏差≤10 mm，长表示杆托架作用良好
		锁闭、连接、表示杆，其水平方向两端高低偏差<5 mm(以基本轨工作面为基准)，各连接杆连接平顺，无别卡现象
		各部绝缘良好、无单边短路
		各连接销与销孔间的磨耗旷量<1 mm，表示杆销孔间隙<0.5 mm
其他设备	转辙机	各部转辙机表示缺口符合标准
		液压转辙机主、副机同步良好
		转辙机摩擦力(溢流压力)符合标准
		转辙机动作杆、连接杆、锁闭杆成一直线，偏差≤5 mm
	作业平台	硬面化不影响线路排水

4. 内锁闭道岔工电联合整治项目及要求见表7—4—5。

表7—4—5 内锁闭道岔工电联合整治项目及要求

类 型	项 目	整 治 要 求
几何尺寸	轨道几何尺寸	不超过验收标准
	尖轨、心轨动程	符合标准
	斥离尖轨非工作边与基本轨工作边的最小距离	不小于63 mm
钢 轨	基本轨上角钢安装孔位	两基本轨角钢安装孔相错量不影响角钢安装状态
	尖轨、基本轨肥边	肥边≤1 mm
	尖轨与基本轨密贴	尖轨尖端至第一牵引点处离缝<1 mm，其他离缝≤2 mm
	尖轨与滑床台密贴	尖轨轨底与滑床台密靠，不得有连续空吊
	尖轨反弹力	活接头尖轨跟部固定装置作用良好，不得使尖轨产生弹性
		手摇无过大反弹力、转辙机解锁时尖轨无明显反弹
配 件	轨 撑	轨撑齐全，作用良好，与钢轨离缝≤2 mm
	顶 铁	顶铁齐全，作用良好；正线道岔：0<与尖轨或心轨轨腰间隙≤0.5 mm，其他道岔：0<与尖轨或心轨轨腰间隙≤1 mm，且间隙均匀
	各类螺栓	螺栓齐全、作用良好，扭矩符合要求
	扣件	扣件齐全、扭矩达标、作用良好
	滑床台板	滑床台板作用良好、平直，无断裂、脱落，磨耗≤3 mm
	胶垫、垫板、弹条	胶垫窜动或歪斜≤10 mm，铁垫板、胶垫、弹条齐全良好
	连接销	销子与孔旷动，合计磨耗≤1 mm

续上表

类 型	项 目	整 治 要 求
岔 枕	岔 枕	防爬设备齐全,作用良好;木枕复交道岔采取联排锁定加固措施
		无失效、无空吊(≤2 mm)
绝缘接头	绝缘接头轨缝	6 mm < 绝缘接头轨缝≤18 mm,减少轨缝变化量
		绝缘接头采用高强度绝缘件和紧固件,螺栓紧固良好
		绝缘接头轨端肥边≤2 mm
	绝缘接头轨缝	绝缘无破损,绝缘电阻值 > 20 Ω
转换装置	密贴调整	尖轨第一牵引点处 2 mm 锁闭、4 mm 不锁闭
	开口销、销子	轨撑横穿螺栓、开口销齐全
		销子与孔径合计磨耗不大于 1 mm,表示拉杆销孔间隙不大于 0.5 mm
	各种连接杆	工务各连接杆安装应平直、撑紧
		电务各杆件安装应平直、无碰卡,活动部位无别劲,密贴调整杆空动距离 > 5 mm,动作杆、密贴调整杆应成一条直线,偏差 < 5 mm
		接头铁螺栓不缺少、不松动
		杆件调整丝扣余量不小于 10 mm,调整活动部位油润
	安装装置	安装应方正,偏差 < 10 mm
		角钢与轨底间隙 > 5 mm,角钢长边距枕木不小于 10 mm
		消除角形铁上端与基本轨轨头下颚,下端与基本轨底上面、小垫板与基本轨下端的缝隙
		安装装置绝缘良好、无破损
		安装弯板变形 < 10 mm,无锈蚀
其他设备	转辙机	动作电流:ZD6 单开道岔不大于 1.4A,复交道岔不大于 1.8A
		故障电流、拉力、溢流压力符合标准
	作业平台	硬面化不影响线路排水

5. CTS 2型道岔工电联合整治项目及要求见表 7—4—6。

表 7—4—6　CTS 2型道岔工电联合整治道岔项目及要求

类 型	项 目	整 治 要 求
几何尺寸	轨道几何尺寸	不超过验收标准
	斥离尖轨非工作边与基本轨工作边的最小距离	不小于 63 mm
钢 轨	爬 行	尖轨爬行≤20 mm
	查照间隔	符合要求
	尖轨、基本轨肥边	肥边≤1 mm
	尖轨与基本轨密贴	尖轨尖端至第一牵引点处离缝 < 0.5 mm,其他离缝≤1 mm
	尖轨与滑床台	各牵引点四块滑床板离缝≤1 mm,其他处≤2 mm,且无连续空吊
	基本轨横移	基本轨横移≤1 mm

续上表

类　型	项　　目	整　治　要　求
钢　轨	接头无错牙	轨面或作用边错牙≤1 mm
	绝缘接头	绝缘接头轨端肥边≤2 mm
		绝缘无破损，绝缘电阻值＞20 Ω
配　件	轨　撑	轨撑齐全，作用良好，与钢轨轨头下颚或垫板档肩离缝≤2 mm
	顶　铁	顶铁齐全，作用良好；0＜与尖轨间隙≤1 mm，且间隙均匀
	各类螺栓	螺栓齐全、作用良好，扭矩符合要求
	扣　件	扣件齐全、扭矩达标、作用良好，无碰绝缘夹板等造成短路现象
	滑床板	滑床台板作用良好、平直，无断裂、脱落，磨耗≤3 mm
	胶　垫	转辙部位胶垫窜动或歪斜≤10 mm
	其他配件	齐全、作用良好
钢岔枕（转辙机）	钢枕（转辙机）	钢枕（锁闭单元）的中心距两边基本轨的距离75.25 mm
		钢岔枕起伏不超过4 mm
		无失效、无空吊（≤2 mm）
		钢枕单元绝缘板固定良好，无窜出
		钢枕单元内部、外部清洁，排水孔通畅
	转辙机滑床板	转辙机滑床板齿板与钢枕齿板啮合平整
		转辙机自润塑料滑床板的厚度及高度符合标准
	道岔安装螺丝	安装螺丝紧固，无松动，备帽、开口销齐全
动程及尖轨开程	转辙机动程及尖轨开程的检查与调整	测量第一牵引点为：160 mm－5 mm，第二牵引点为：80 mm－5 mm，一点牵引的开程152 mm＋5 mm
道岔密贴	道岔密贴状态	第一牵引点2 mm锁闭，4 mm不锁闭，第二牵引点3 mm锁闭，6 mm不锁闭
		密贴力测试符合标准
作业平台	硬面化平台	硬面化不影响线路排水

第五节　道岔部件更换作业

一、可动心轨辙叉更换

（一）技术要求

1. 电务钻孔、牵引点孔中心线、联结零件安装位置及扭力矩符合设计图纸要求。

2. 各部位安装后降低值、密贴、几何尺寸应符合《高速铁路有砟轨道线路维修规则》《高速铁路无砟轨道线路维修规则》规定。

3. 辙叉更换后轨面平直度、廓形应符合高速铁路钢轨打磨验收标准。

（二）作业方法

1. 准备工作

（1）工、机具：发电机，各类扳手，20 t起道机、起拨道器、改道器，撬棍，打磨工机具，轨距尺、钢卷、尺游标卡尺、塞尺、电子平直尺等，轨距调整片，钢轨切割机、钻眼机，铝热焊焊接工、机具一套等。

(2)现场调查确定配轨方案并标定精确定位控制线；提前进行轨件吊装演练并在天窗点内将轨料运输到更换地点。

(3)复紧道岔前后扣件，电务部门拆除连接杆件和融雪装置等。

2. 更换作业

(1)封锁：接触网停电后连接接地线，松开辙叉处岔枕螺栓，同时切割辙叉两端及前后钢轨(旧叉心拆除采用整体拆下方式，切割时前后焊缝保留在辙叉上)，旧辙叉两端切割完成、岔枕螺栓松开后由吊机把旧辙叉吊运至两线间短枕木头上临时存放；同步电务对道岔转辙机、道岔杆件、密贴检查器等设备进行拆除。

(2)轨道车将新辙叉从平板车上吊运至安装位；当新辙叉就位后，前后有位移时，采用下垫滚轮对新辙叉进行精确就位。

(3)由焊接组对辙叉及前后钢轨焊头进行焊接。

(4)轨道车回收完旧料进行加固后返回。

(5)电务安装转辙机、道岔杆件、密贴检查器等设备后进行道岔调试，工务对焊接接头进行跟踪探伤。

(6)工务、电务、供电三专业对各自设备进行回检；对施工现场进行全部检查确保现场无遗留人员、工机具、材料后撤离现场，开通线路。

(7)当日进行确认车动态添乘及后续列车的添乘，如无特殊情况按施工计划进行逐级提速。

(8)次日天窗点内，工务、电务部门对施工地段进行全面检查、测量并进行精调作业。

(三)注意事项

1. 轨件对位必须准确。

2. 定位线、切割线标记要清晰准确。

3. 所有螺栓孔必须倒棱，新旧轨连接部位应打磨平顺。

4. 施工过程中应保护好原扣件，原调高垫板、扣件等不可缺失、放错，扭力矩达标。

5. 应视气温情况在焊接过程中采取保温措施。

二、尖轨基本轨更换

(一)技术要求

1. 电务钻孔、牵引点孔中心线、联结零件安装位置及扭力矩符合设计图纸要求。

2. 各部位安装后降低值、密贴值、几何尺寸应符合《高速铁路有砟轨道线路维修规则》《高速铁路无砟轨道线路维修规则》规定。

3. 尖轨基本轨更换后轨面平直度、廓形应符合高速铁路钢轨打磨标准。

(二)作业方法

1. 准备工作

(1)工、机具：发电机，各类扳手，齿条压机、起拨道器，翻轨器、撬棍，打磨工机具，轨距尺、钢卷、尺游标卡尺、塞尺等测量工具，顶铁调整片，钢轨切割机，铝热焊接工、机具一套等。

(2)将新轨用轨道车吊装、运输到更换地点，现场调查更换轨件的长度、切割位置，校核待换轨件。

2. 更换作业

尖轨更换作业准备如图7—5—1所示。

图7—5—1　尖轨更换作业准备

(1)封锁命令下达后，电务部门将尖轨扳动到换轨侧。

(2)工务部门松卸扣件，按照标识及类型分类存放；电务部门拆除连接杆件。

(3)尖轨(基本轨)定位、做好标记。

(4)旧轨切割、拨出承轨槽；回收旧轨件。

(5)新轨落槽、定位，并提前对新轨跟端打磨除锈。

(6)工务进行联结零件安装复紧、铝热焊接并打磨，电务恢复连接杆件。

(7)工电联整，进行电务调试、密贴及几何尺寸整治。

(8)对几何尺寸、密贴性能等进行回检复核，进行钢轨探伤。

(9)添乘确认车检查，对后续列车提速条件进行确认。

(三)注意事项

1. 轨件定位、对位必须准确。

2. 定位线、切割线标记要清晰准确。

3. 所有螺栓孔必须倒棱，新旧轨连接部位应打磨平顺。

4. 应视气温情况在焊接过程中采取保温措施。

第六节　调节器养护

调节器养护作业与有砟道岔大机(人工)养护、结构病害整治、部件更换等作业项目的基本作业技术要求、作业方法、注意事项相同。单向调节器如图7—6—1所示，双向调节器如图7—6—2所示。

一、技术要求

1. 调节器尖轨或基本轨伤损时，宜同时更换尖轨和基本轨。如待换上的尖轨与原基本

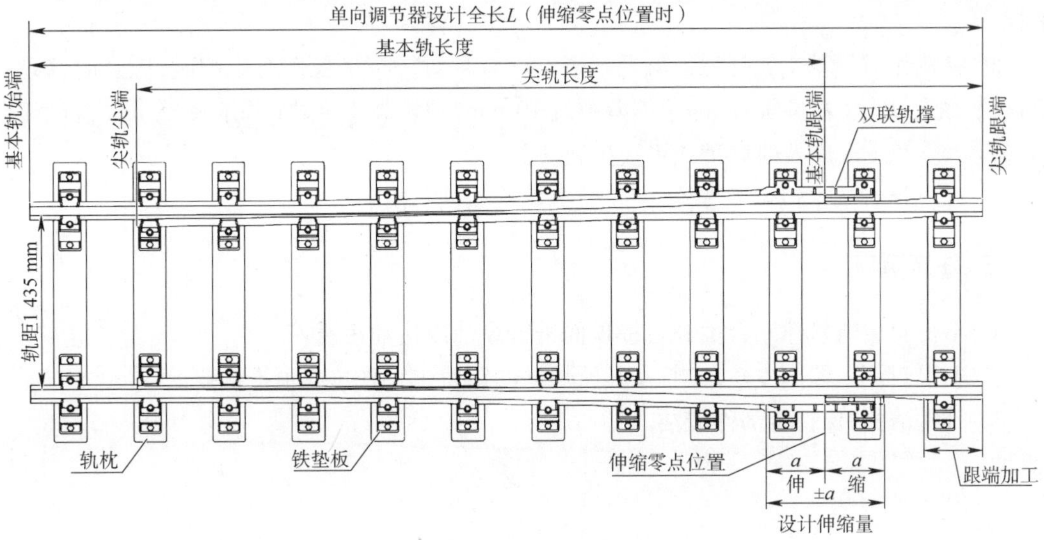

图 7—6—1　单向调节器示意

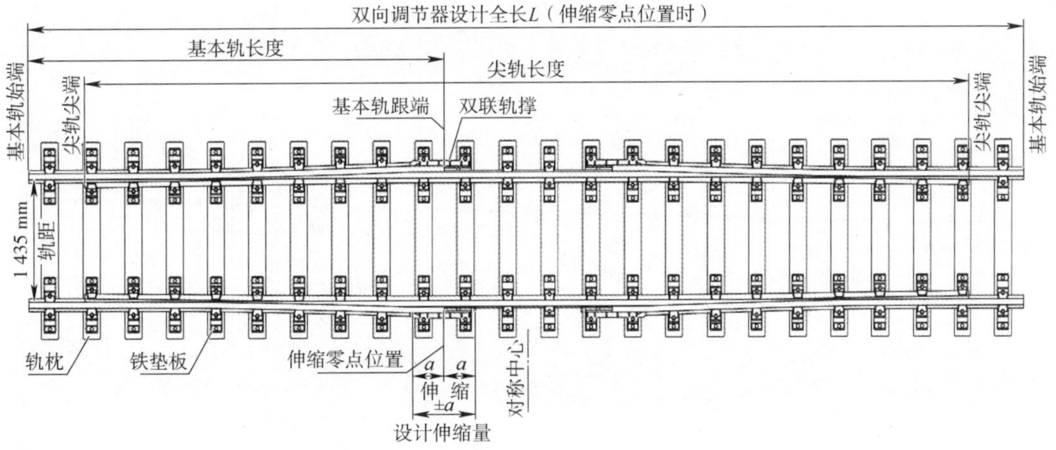

图 7—6—2　双向调节器示意

轨或原尖轨与待换上的基本轨降低值满足要求，可单独更换尖轨或基本轨，否则应同时更换尖轨和基本轨。

2. 调节器降低值、密贴、几何尺寸应符合《高速铁路有砟轨道线路维修规则》《高速铁路无砟轨道线路维修规则》规定。

3. 调节器应保持尖轨锁定、基本轨可伸缩状态，防止尖轨爬行或基本轨异常伸缩。

4. 调节器所有螺栓扭矩应达到设计要求。

二、养护作业方法

1. 定期观测并分析基本轨伸缩量、焊缝位置与气温关系，发现伸缩故障应及时消除。

2. 尖轨或基本轨顶面出现肥边现象应及时打磨。

3. 尖轨或基本轨轨头出现擦伤应及时修理或更换。

4. 尖轨轨顶相对于基本轨轨顶无降低段的尖轨顶面低于基本轨顶面时，应及时修理或更换。

5. 尖轨相对于基本轨降低值偏差超过 1 mm，且对行车平稳性有影响时，应及时修理或更换；护轨与尖轨（基本轨）间净距偏差超过 10 mm、护轨高于尖轨（基本轨）5 mm 或低于尖轨（基本轨）25 mm 应及时修理或更换护轨。

6. 每半年对基本轨轨撑螺栓、尖轨轨撑螺栓涂油一次。

三、注意事项

1. 不得对尖轨轨撑贴合面和台板顶面进行涂油或使油污浸入。
2. 不得对调节器基本轨、尖轨及其所焊联的钢轨进行张拉或顶推作业。
3. 日常清扫，保持各部件清洁。

第八章　无缝线路作业

我国高速铁路与普速铁路相比，一次性铺设的跨区间无缝线路具有在无砟轨道、长大桥上、大号码道岔、高架站上铺设等特点，因此，对无缝线路养护维修也提出了更高的要求。

第一节　基 本 要 求

1. 无缝线路地段应根据季节特点、锁定轨温和线路状态，合理安排全年维修计划。高温季节不应安排影响线路稳定的作业，如必须进行时，应有计划地先放散后作业，并适时重新做好放散和锁定线路工作。

2. 无缝线路维修宜以单元轨节为单位安排作业。

3. 无缝线路作业必须掌握实际锁定轨温，根据作业轨温条件进行作业，应严格执行"作业前、作业中、作业后测量轨温"制度。有砟轨道并注意做好以下各项工作：

(1)在维修地段按需要备足道砟；

(2)起道前应先拨正线路方向；

(3)起、拨道器不得安放在铝热焊缝处；

(4)扒开的道床应及时回填、夯实。

4. 无缝线路作业必须遵守下列作业轨温条件：

(1)无砟轨道无缝线路作业轨温条件见表8—1—1，有砟轨道无缝线路作业轨温条件见表8—1—2和表8—1—3。

表8—1—1　无砟轨道无缝线路作业轨温条件

作业项目	线路平面条件	最多连续松开扣件个数(按实际锁定轨温计算)				
		−10℃及以下	−10℃ ~0℃	0℃ ~ +10℃	+10℃ ~ +20℃	+20℃以上
改道、垫板作业	$R<2000$	9	40	15	9	禁止
	$R\geqslant2000$ 或直线	15	40	20	9	禁止
更换扣件或涂油	—	隔一松一、流水作业				禁止

表8—1—2　有砟轨道无缝线路作业轨温条件(一)

线路平面	作业轨温范围(按实际锁定轨温计算)		
	连续扒开道床不超过25 m，起道高度不超过30 mm，拨道量不超过10 mm	连续扒开道床不超过50 m，起道高度不超过40 mm，拨道量不超过20 mm	扒道床、起道、拨道与普通线路相同
直线及 $R\geqslant2\ 000$ m曲线	+20℃ 实际锁定轨温以下不限制	+15℃ −20℃	±10℃

续上表

线路平面	作业轨温范围(按实际锁定轨温计算)		
	连续扒开道床不超过 25 m,起道高度不超过 30 mm,拨道量不超过 10 mm	连续扒开道床不超过 50 m,起道高度不超过 40 mm,拨道量不超过 20 mm	扒道床、起道、拨道与普通线路相同
800 m≤R<2 000 m 曲线	+15℃ -20℃	+10℃ -15℃	±5℃

表 8—1—3　有砟轨道无缝线路作业轨温条件(二)

序号	作业项目	按实际锁定轨温计算				
		-20℃以下	-20℃ ~ -10℃	±10℃以内	+10℃ ~ +20℃	+20℃以上
1	改道	与普通线路同	与普通线路同	与普通线路同	与普通线路同	禁止
2	更换扣件或涂油	隔二松一,流水作业	隔二松一,流水作业	隔二松一,流水作业	隔二松一,流水作业	禁止
3	方正轨枕	当日连续方动不超过 2 根	隔二方一,方后捣固,恢复道床逐根进行(配合起道除外)	与普通线路同	隔二方一,方后捣固,恢复道床逐根进行(配合起道除外)	禁止
4	更换轨枕	当日不连续更换	当日连续更换不超过 2 根(配合起道除外)	与普通线路同	当日连续更换不超过 2 根(配合起道除外)	禁止
5	更换钢轨	禁止	禁止	与普通线路同	禁止	禁止
6	更换道岔联结件	禁止	禁止	与普通线路同	禁止	禁止
7	不破底清筛道床	逐孔倒筛夯实	逐孔倒筛夯实	逐孔倒筛夯实	逐孔倒筛夯实	禁止
8	处理翻浆冒泥(不超过 5 孔)	与普通线路同	与普通线路同	与普通线路同	禁止	禁止

(2)当轨温在实际锁定轨温减 30℃以下时,伸缩区禁止作业。

(3)无缝道岔尖轨及其前方 25 m 范围内,作业轨温范围应为实际锁定轨温 ±10℃。

(4)线路上的钢轨硬弯应在轨温较高季节矫直,矫直时轨温应高于 25℃。

5. 无缝线路作业后应及时清理现场,紧固扣件弹条到规定扭矩,并组织全面回检,根据线路状态确定开通条件。

第二节　钢轨铝热焊接

我国铁路钢轨焊接主要采用闪光焊接、铝热焊接、气压焊接三种方式。工厂焊接采用固定式闪光焊接,现场焊接主要采用移动式闪光焊接、数控气压焊接,铝热焊接一般用于道岔内钢轨焊接及道岔与相邻两端钢轨的焊联,以及用于断轨后钢轨的焊接修复。

一、铝热焊接工艺流程

焊接工艺流程如图 8—2—1 所示。

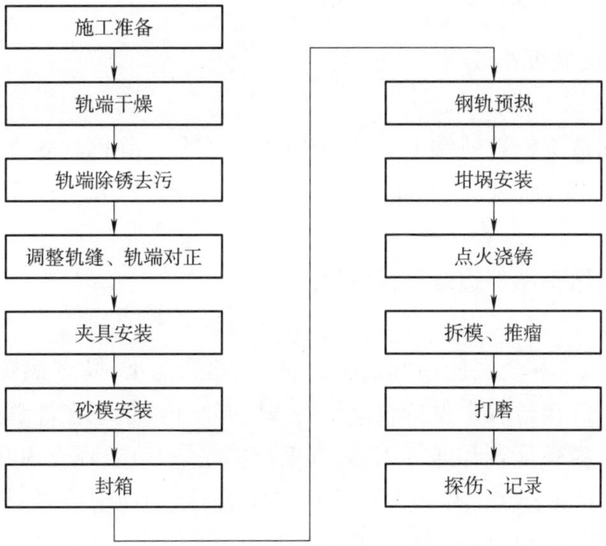

图 8—2—1　铝热焊接工艺流程

二、铝热焊接作业

(一)技术要求

1. 用于铝热焊接的新制钢轨应符合 TB/T 3276 的规定。

2. 用于钢轨铝热焊接的材料应符合 TB/T 3322 的规定

3. 焊接作业人员应持有铁路主管部门认可的技术机构颁发的岗位培训合格证书。

4. 铝热焊接工艺应按供应商提供的工艺手册执行。

5. 质量要求应符合 TB/T 1632 的规定。

6. 铝热焊焊接后应及时进行探伤检查。

(二)作业方法

1. 准备工作

(1)材料机具准备。

(2)检查施工机具且试用,保证焊接前设备的完好率 100% 。用肥皂水检测氧气瓶、燃气瓶及其他系统,如有漏气情况则不能使用。

(3)检查钢轨平直度和表面状态。

(4)检查并确认焊接位置。联合接头位置不得设置在不同轨道结构过渡段或不同线下基础过渡段范围、桥墩上、钢桁梁伸缩纵梁上,并要求距桥台边墙或桥墩不小于 2 m。铝热焊焊缝距枕边不得小于 100 mm。

(5)测量轨温。焊接作业轨温应不低于 5℃,且应避免大风和雨雪等不良天气。必须在不良天气进行焊轨作业时,应采取相应措施,使焊接前轨温高于 5℃;推凸后应采用石棉或其他材料覆盖直至轨温降至 300℃以下。

(6)焊接钢轨两侧 50 m 范围内必须严格按规定上紧扣件,确保焊接时轨缝间隙不发生移动。

2. 焊接作业

(1)锯轨轨端端面斜度小于等于 1 mm。

(2)轨端干燥、除锈去污。

①采用预热枪对待焊钢轨轨端 1 m 范围内烘烤,充分去除钢轨表面水分及油污。

②对待焊钢轨端部、轨头、轨腰和轨底的锈污进行打磨清洁,范围不少于 50 mm,特别要重视轨底的清洁。

③打磨完成后对轨头端部边缘进行倒角。

(3)对轨。

①轨缝调整:在轨头和轨底的两侧进行测量,以轨底为准,轨缝满足焊剂供应商提供的工艺手册中的要求。焊接过程中保持轨缝不变,从对轨开始禁止在焊缝两端各 50 m 范围内松紧扣件、起拨线路、拉轨撞轨和通行车辆,直至焊接完毕,轨温降至 300℃以下为止。

②尖点对正:将 1 m 直尺的中点与焊缝中点重合,用钢楔子或者对轨架进行高度调节,使尖点值符合焊剂供应商提供的工艺手册中的要求。

③水平对直:用 1 m 直尺分别紧贴钢轨的轨头、轨腰,用钢板尺紧贴轨底脚,一般情况下三处均密贴方为水平对正。顶面:将 1 m 钢直尺的中央放于焊缝中心,使钢直尺两端均匀翘起 1.8 ~2.3 mm 的尖点;作用面:以 1 m 直尺同时测量两轨平顺度,相错不大于 0.3 mm。

④对轨一般先调高低,后调水平。

(4)预热枪调整。

①将夹具安装于钢轨上,首先调整预热枪与轨面平行,再调整预热枪高度。预热枪头到轨面的高度应符合焊剂供应商提供的工艺手册中的要求。

②点火观察火焰是否正常,对存在堵塞的火孔进行疏通。

(5)砂模安装。

①检查砂模。砂模应无受潮、无裂纹、无变形,各组件完整,状态良好。有裂纹或受潮的砂模不得使用。

②整修砂模,使砂模与钢轨结合部位密贴。对浇铸孔略作修整,防止高温时砂粒脱落。

③安装底模。底模一定要对中,且左右对称,并且与轨底紧贴。

④安装侧模。安装侧模时宜倾斜 45°。浇铸孔要左右对称,确保两侧轨底受热均衡。砂模与钢轨垂直,两片砂模应对齐,不得错开。在砂模与轨顶面间放入白卡纸。

⑤拧紧夹具。拧紧夹具应由一人完成,均匀夹紧。

⑥试放分流塞。使分流塞在砂模中高低松紧合适。

(6)封箱。

封箱是铝热焊的关键步骤之一,在操作的时候应该特别留意,如果封箱不严密,会发生漏钢水的问题,封箱完成后,焊接负责人应该检查封箱是否达到要求,以确保焊接质量。

①在封箱时要盖上砂型盖,防止砂粒落入砂型中形成夹渣。

②封箱分两步进行,首先对各缝隙关键部位压紧封砂,然后整体封箱并用捣实棒捣实捣紧。

③在封箱过程中,两侧模板之间的砂要高于砂型模板,防止钢水从两侧流出。

④封箱先从轨底开始,从下往上按顺序进行。

(7)预热过程的控制。

①工作压力控制。调压时，首先将氧气打开，而后开启并调节燃气压力与流量。氧气和燃气的工作压力应符合焊剂供应商提供的工艺手册中的要求。

②预热火焰的调节。先稍开氧气阀门，再打开燃气阀门，然后点火逐渐交替打开两个阀门，直至氧气阀门完全打开为止，再通过调节燃气阀门来调节火焰大小，使火焰为中性焰火焰的长度保持在 15 ~20 mm。

③预热。快速将预热枪头调至轨缝中央，保持垂直，并开始计时。预热过程中，应密切关注轨端颜色变化过程，预热完成时轨腰的温度为 950℃ ~1 000℃，其颜色为鲜红色。预热参数参考焊剂供应商提供的工艺手册。

④预热完成提出预热枪时，应保持枪头朝上，先关燃气，再关氧气。

⑤预热前，应对灰渣盘进行烘烤，去除水分。

(8)焊剂准备。从焊剂包装中取出焊剂，混合均匀后(反复倾倒三次以上)，将焊剂旋转倒入坩埚中，并使其顶部形成锥形，插入高温火柴，盖上坩埚盖。坩埚不应直接放置在道床上，以避免底部脏污在浇铸时掉入焊缝。

(9)浇铸。预热完成后，立即放入分流塞并将坩埚安置在砂模侧模板顶部定位槽内，用高温火柴点燃焊剂，并计时。焊剂反应时间、平静时间应满足焊剂供应商提供的工艺手册中的要求。

注意：焊剂反应及浇铸过程中，操作者应该距离坩埚 3 m 以上的距离，确保人身安全。反应完成后，如果钢水不能漏下来，应让钢水在坩埚中冷却 20 min 后方能移动坩埚。

(10)拆模。浇铸完成后，按照焊剂供应商提供的工艺手册中的时间要求，逐步移去坩埚、灰渣盘，坩埚应放在安全的地方，灰渣应倒入坩埚中，保持环境干净；再拆除侧模、底模。

注意事项：

①在拆模过程中要小心，不要将砂模一起脱下，造成钢水流出。

②拆模后，将轨面清理干净，防止推瘤时残渣拉伤轨面。

(11)推瘤。按照焊剂供应商提供的工艺手册中的时间要求进行推瘤、打掉浇铸棒。推瘤后，先用撬棍扳弯浇铸棒，以便于热打磨的进行。

①推瘤时机：推瘤过早会因为焊头硬度不够而拉伤轨面，推瘤过迟会给推瘤带来困难。

②打掉浇铸棒时，要注意敲打方向，应沿钢轨纵向敲打。

(12)粗打磨。

①推瘤完成后，进行粗打磨。

②打磨焊头使其廓形与两侧钢轨相同。

(13)精打磨。

①在轨温降至常温后进行精打磨。

②打磨后，焊接接头平直度及表面质量要求符合 TB/T 1632 的要求。

(14)探伤检查：按照 TB/T 1632 要求对焊缝进行探伤检查。

3. 注意事项

(1)燃气瓶、氧气瓶等不应放置在焊接和切割火焰的下风方向，禁止倒放；燃气瓶距离火焰的距离不得小于 10 m，与氧气瓶间的距离不得小于 5 m。

(2)加热器发生回火、放炮时,应先立即关闭氧气,后关燃气、熄灭火焰,防止出现严重事故。

(3)焊接过程对所有气管严禁压、踩,保证气体畅通。

(4)搬运及作业时,各工序严格按操作规程进行操作,以防止发生人身伤害。

(5)焊轨作业时,应配置好必须的劳动防护用品(工作服、眼镜、长皮手套等),配备干粉灭火器。

(6)施工点附近不应有挥发性气体、易燃易爆物。

(7)气管不要靠近已燃加热器太近,以防爆炸。

(8)加热后钢轨,严禁身体各部位触碰,以防烫伤。

(9)打磨前应检查端磨机是否漏电,运转是否良好,如有异常应立即联系维修电工进行维修,严禁私拉乱接,避免发生人身事故。

(10)打磨后的钢轨端面严禁再次污染,如有污染要重新打磨。

(11)点火焊接前所需工具摆放齐整,位置合适,禁止闲杂人员进入作业范围内。

(12)焊接前卸下的零部件要及时恢复。

(13)检查焊好的接头,做好原始记录并建立焊缝档案。

(14)将轨道恢复正常,并进一步清理焊接现场。

第三节　无缝线路应力放散

一、基本要求

1. 应力放散作业前,应制订施工计划及安全措施,组织人力,备齐料具,做好施工准备。

2. 应力放散作业要求:

(1)无缝线路放散可根据具体条件采用滚筒法或拉伸器滚筒法。

(2)应力放散时,每隔 100 m 左右设一位移观测点,及时排除影响放散的障碍,锁定轨温应准确。

(3)应力放散后,应按实际锁定轨温及时修改有关技术资料和位移观测标记。

3. 无缝道岔应在设计锁定轨温范围内铺设和锁定,不宜进行应力放散。

二、应力放散

(一)技术要求

1. 满足锁定轨温作业条件。

2. 锁定轨温要求:无缝线路相邻单元轨节之间的锁定轨温之差不应大于 5℃,同一区间内单元轨节的最高与最低锁定轨温之差不应大于 10℃;左右股钢轨锁定轨温之差不应大于 3℃。

3. 单元轨节左右股焊接接头相错量不应大于 100 mm。

4. 作业后线路几何尺寸符合验收标准。

(二)作业方法

1. 作业准备

(1)材料、工机具

竖向支撑滚轮、侧向支撑滚轮、钢轨顶起装置、锯轨机、打磨机、探伤仪、拉轨器、保护器、铝热焊工具、内燃扳手、扭矩扳手、紧固轨枕螺栓的套筒扳手、活口扳手、轨温计、轨距尺、石笔和照明设备等。

(2)校对检查

由施工负责人对材料、工机具进行校对,检查机具、照明设备是否安全可靠,调查工作量,确定施工地点。

(3)设置防护

按规定设置现场防护员,驻所(站)联络员,在作业地点前后 20 m 处各设置移动停车信号牌(灯),设好防护设后方可作业。

(4)施工计划复核

应力放散作业前,需要先复核放散长度、施工计划、施工步骤、备用钢轨、工地状况和人员组织。重点确认以下事项:

①各种工作流程的每部分工作计划,包括施工顺序;

②道岔的位置(绝缘接头的位置);

③放散长度,始终点及应力放散的方向;

④自由端(锁定焊)。

(5)现场准备

①完成相关测量工作,移除阻碍需要移动钢轨的障碍物,检查需要永久保护的设施,拆开连接钢轨的电缆等,保护电缆不被损坏。

②运输、分配应力放散和铝热焊接所需的原材料、机器和设备。

③测量轨温,如果轨温高于锁定轨温,等轨温降至锁定轨温及以下时再施工。

④如果轨温低于锁定轨温则需要准备拉伸器。

⑤标记设置位移观测点,并进行编号,同时记录轨温。观测点最好标记在轨枕边,以便于观测。

⑥每隔 10 ~ 15 m 放置一个滚筒。

⑦确定固定区的扣件完全锁紧。

⑧自由端锯轨,锯轨的长度根据计算确定。

(6)施工程序

线路应力放散、锁定是在合适的轨温条件下,重新松开扣件、支起钢轨、垫上滚筒,使钢轨自由伸缩状态或自由伸缩后再强制拉伸,放散温度力,使其达到设计锁定轨温时的“零”应力状态后将线路锁定。当轨温在设计锁定轨温范围内时采用滚筒放散法;当轨温在锁定轨温范围以下时采用拉伸器滚筒法。

①滚筒法工艺流程

施工准备→拆扣件→垫滚筒→撞轨→测轨温→达到放散要求后拆滚筒→上扣件(隔一上二)→上完所有扣件→做位移观测标记。

②拉伸器滚筒法工艺流程

施工准备→拆扣件→垫滚筒→安装撞轨器→安装拉伸器预拉伸→撞击使钢轨处于自由

伸缩状态→设临时位移观测点标记→测轨温、计算各点拉伸量→拉伸并用撞轨器撞击、观测各点位移量→各点位移达到放散要求后拆滚筒→上扣件(隔一上二)→上完所有扣件→做位移观测标记。

(7)施工作业流程

无缝线路应力放散及锁定作业流程如图 8—3—1 所示。

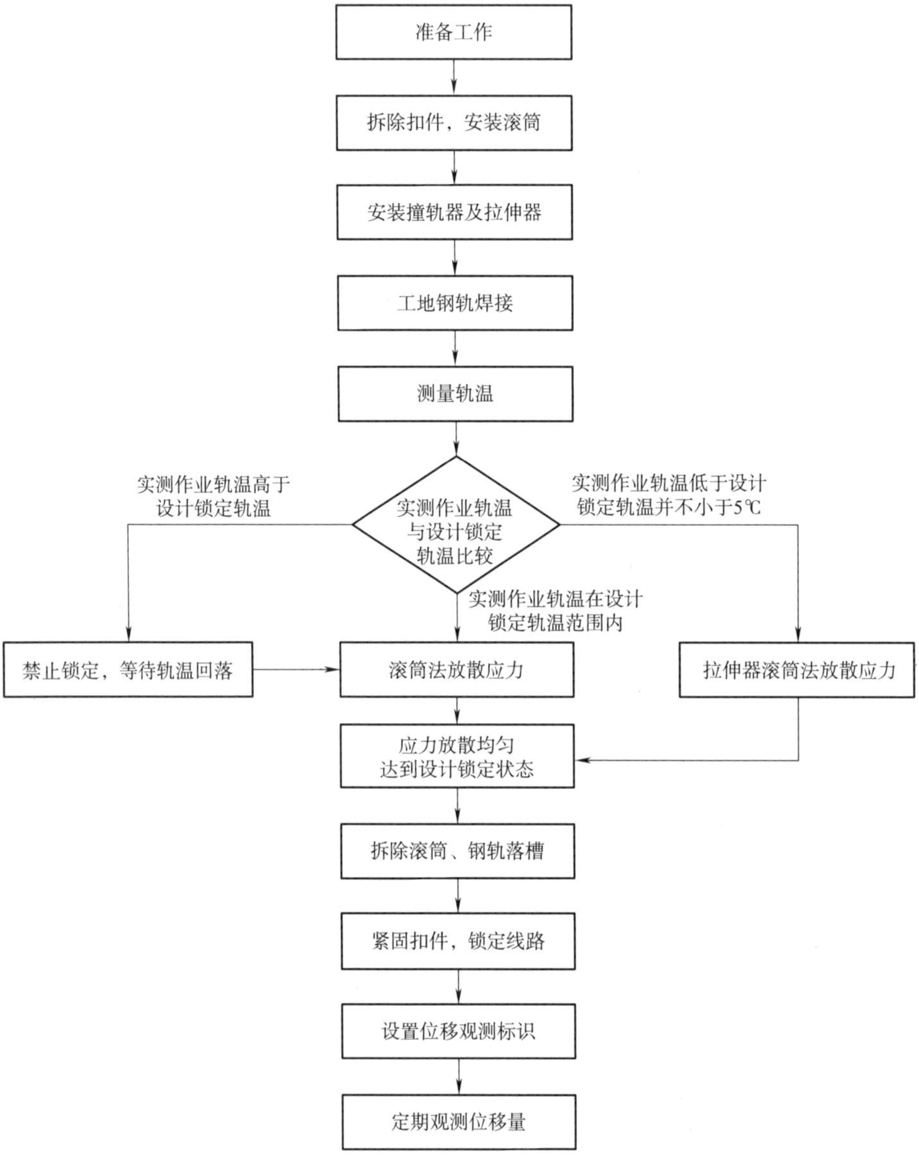

图 8—3—1　无缝线路应力放散锁定施工作业流程

2. 应力放散

(1)滚筒法施工步骤

①依次从自由端沿钢轨往固定端方向松开扣件。

②根据松开扣件的顺序和方向,使用起道机或者千斤顶提升钢轨后安装竖向支撑滚筒,

滚筒安装完毕后移除起道机或者千斤顶。

③对于曲线地段，每隔 3 个竖向支撑滚筒需安装 1 个侧向支撑滚筒。

④确认扣件松卸完毕后，采用撞轨器进行撞轨作业，当撞轨出现反弹且各点位移变化基本均匀时，则视为钢轨达到零应力状态。在撞轨过程中，读取并记录各位移观测点，若位移有异常情况应查明原因并进行处理。

⑤停止撞轨后，应快速拆除撞轨器和滚筒，使单元轨落槽，记录钢轨落槽时的轨温，即为锁定轨温。

⑥拧紧扣件、锁定线路。迅速将无缝线路终端 100 m 范围内的扣件全部拧紧，当轨温变化较快时，可采用隔一紧二作业方式进行拧紧。其他位置先按隔五上一安装扣件拧紧，完成后再补齐所有扣件。

⑦线路锁定后，应立即在对应位移观测桩的钢轨上做好永久性“零”位移标记，按规定开始观测并记录钢轨位移情况。

(2)拉伸器滚筒法施工步骤

①首先按滚筒法①~④步进行作业。

②重新标记各临时观测点钢轨和轨枕(轨道板)的零位移位置。

③按式(8—3—1)计算钢轨各临时位移观测点的拉伸量。

$$\Delta L = \alpha \cdot L \cdot \Delta t \qquad (8—3—1)$$

式中 ΔL——各临时位移观测点的钢轨计算拉伸量(mm)；

α——钢轨的线膨胀系数，其值为 0.011 8 mm/(m·℃)；

Δt——锁定轨温与作业轨温之差(℃)；

L——各位移观测点至轨节固始端的距离(m)。

④利用拉伸器进行钢轨拉伸，同时进行撞轨，观测各临时观测点拉伸位移量，当各临时观测点位移量达到计划位移量标记时，则视为钢轨达到“零”应力放散均匀状态，此时停止拉伸和撞轨。

⑤钢轨拉伸器保压，快速拆除滚筒，使单元轨落槽，迅速将无缝线路终端 100 m 范围内的扣件全部拧紧，当轨温变化较快时，可采用隔一紧二作业方式进行拧紧。其他位置先按隔五上一安装扣件拧紧线路，完成后再补齐所有扣件。测量各临时观测点的实际位移量，各观测点实际位移量与计划位移量相差一般不大于 1 mm。

$$锁定轨温\ T = \Delta L/(\alpha \cdot L) + T_{ZY}$$

式中 ΔL——单元轨节实际拉伸量(mm)；

α——钢轨的线膨胀系数，其值为 0.011 8 mm/(m·℃)；

L——单元轨节长度(m)；

T_{ZY}——拉伸到位时的轨温(℃)。

⑥线路锁定后，应立即在对应位移观测桩的钢轨上做好永久性“零”位移标记，按规定开始观测并记录钢轨位移情况。

(三)注意事项

1. 线路应力放散前应掌握当地轨温变化情况，根据轨温变化规律，合理选定施工时间及计划锁定轨温，单元轨节锁定前应按设计要求设置好位移观测桩。

2. 作业轨温不得高于设计锁定轨温。曲线上内股钢轨的锁定轨温不高于外股的锁定轨温。

3. 铝热焊完成后，焊头温度降至300℃以下才可以拆除拉伸器。

4. 临时观测点要标记在稳固的地方。

5. 垫滚筒时为防止钢轨倾斜或滑落，应在钢轨两侧用两台压机同时抬升钢轨，落轨时严禁压机突然卸载。

6. 撞轨时要注意用力均匀，避免撞块飞出伤人。

7. 锯轨人员必须穿戴好防护用品方可作业，锯轨机正前方严禁站人。

8. 锁定焊完成后，要进行焊缝探伤检查，如发现有伤损，应采取相应的处理措施，进行加固或切除重焊，直至符合规定要求。

第九章 钢轨修理

为预防和整治钢轨病害,改善轮轨匹配关系,延长钢轨使用寿命,应做好钢轨修理工作。打磨是钢轨病害预防和修理的有效手段。通过打磨可修复或减轻轨面伤损,预防接触疲劳、波磨等病害的产生。高速铁路钢轨打磨分为预打磨、预防性打磨和修理性打磨。

预打磨是对铺设上道后新钢轨的打磨,目的是去除脱碳层,消除钢轨生产、焊接、运输和施工过程中产生的表面缺陷,优化轨头廓形,改善焊接接头平顺性。

预防性打磨是对钢轨进行的周期性打磨,目的是修复轨头廓形,预防滚动接触疲劳、波浪(波纹)磨耗等病害的产生。

修理性打磨是对已产生病害钢轨的打磨,目的是修正轨头廓形,消除滚动接触疲劳裂纹、波浪(波纹)磨耗及擦伤等病害。

第一节 技术要求

高速铁路钢轨打磨应符合以下技术要求。

1. 钢轨及道岔打磨应根据打磨前钢轨状态,在满足目标廓形、保持打磨深度和消除病害的前提下使打磨切削量最小。铺设上道的新钢轨的预打磨应在轨道精调完成后进行。

2. 已开通运营的高速铁路,预防性打磨周期按通过总重和运行状态确定,原则上每30 ~ 50 Mt 通过总重进行一次钢轨预防性打磨,一般不宜超过 2 年。

3. 对重复出现动车组抖车、构架横向加速度报警且光带不良,或出现超过表 9—1—1 规定的钢轨伤损地段,应及时进行修理性打磨。当钢轨顶面连续或多处擦伤深度不大于 0. 5 mm 时使用打磨车打磨,深度大于 0. 5 mm 时使用打磨车打磨或铣磨车铣磨。

钢轨打磨尽量在钢轨出现裂纹的早期进行,以更有效地保护钢轨。应每半年对道岔及钢轨状态进行专项检查评定,当钢轨病害达到表 9—1—1 病害整治限度时,应对钢轨肥边、擦伤、鱼鳞纹、光带不良等病害及时进行人工修理。

表 9—1—1 钢轨病害整治限度

钢轨病害	限度		测量方法
	200 ~ 250 km/h	250(不含) ~ 350 km/h	
光带不良	光带宽度成段超过 40 mm 或连续出现周期性宽窄变化		车载或人工钢板尺检测光带宽度;弦线等测量光带变化
轨顶面擦伤	深度大于 0. 5 mm	深度大于 0. 35 mm	直尺、深度尺测量
表面局部微细疲劳裂纹(鱼鳞纹)	肉眼可见	肉眼可见	目 视

续上表

钢 轨 病 害	限　　度		测量方法
	200～250 km/h	250(不含)～350 km/h	
波形磨耗	钢轨表面有周期性波磨且平均谷深超过 0.04 mm(车载检测)或最大谷深达到 0.08 mm(手工检测),波长不大于 300 mm	钢轨表面有周期性波磨且平均谷深超过 0.04 mm(车载检测)或最大谷深达到 0.08 mm(手工检测),波长不大于 300 mm	测试精度 0.01 mm 及以上,且测试长度不小于采样窗长度

4. 道岔打磨区域应与两端线路的钢轨打磨区域相衔接,重叠打磨区域不得小于 10 m。

5. 铺设标准 60 kg/m 钢轨(以下简称 60 钢轨)且允许运行除动车组以外客车的区段,以及铺设 60 N 钢轨的区段,钢轨打磨的目标廓形为 60 N 廓形,如图 9—1—1 所示。铺设标准 60 kg/m 钢轨且仅运行动车组的区段,钢轨打磨的目标廓形为设计廓形,如图 9—1—2 所示。

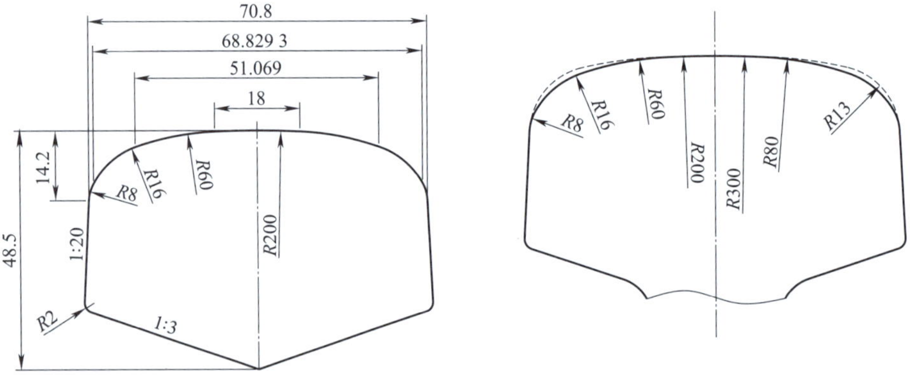

(a) 60N廓形钢轨轨头尺寸

(b) 60N廓形钢轨与60钢轨轨头廓形对比
(内线为60N廓形钢轨、外线为60钢轨)

图 9—1—1　60 N 廓形钢轨轨头尺寸及其与 60 钢轨轨头尺寸对比(单位:mm)

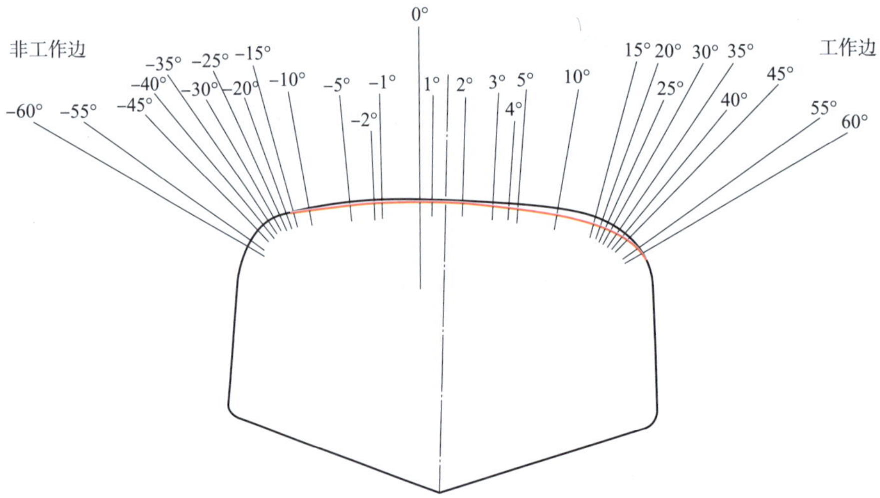

图 9—1—2　60 钢轨打磨设计廓形

P60 钢轨按设计廓形预打磨的打磨量参考值见表 9—1—2。

表 9—1—2　P60 钢轨按设计廓形预打磨的打磨量参考值(mm)

打磨角度	打　磨　量
-10°	0. 15 ~ 0. 25
-5°	0. 30 ~ 0. 40
-2°	0. 25 ~ 0. 35
-1°	0. 20 ~ 0. 30
0°	0. 20 ~ 0. 30
1°	0. 20 ~ 0. 30
2°	0. 25 ~ 0. 35
3°	0. 40 ~ 0. 50
4°	0. 50 ~ 0. 60
5°	0. 55 ~ 0. 65
10°	0. 65 ~ 0. 75
15°	0. 75 ~ 0. 85
20°	0. 75 ~ 0. 85
25°	0. 75 ~ 0. 85
30°	0. 65 ~ 0. 75
35°	0. 55 ~ 0. 65
40°	0. 40 ~ 0. 50
45°	0. 35 ~ 0. 45
55°	0. 30 ~ 0. 40
60°	0. 30 ~ 0. 40

半径小于 2 800 m 的曲线地段应采用 60 N 廓形或根据钢轨伤损特点单独进行打磨廓形设计。

钢轨修理性打磨应先消除病害,再修正轨头廓形。

钢轨应严格按目标廓形打磨,同一线路的钢轨打磨目标廓形应一致。

6. 钢轨打磨深度应符合以下要求。

(1)预打磨:轨顶中心区域(-1° ~ +3°,图 9—1—2,下同)最小打磨深度不小于 0. 2 mm。其中道岔打磨以保证轨头廓形为主,打磨深度可适当减少。

(2)预防性打磨:轨顶中心区域不小于 0. 1 mm。

(3)修理性打磨深度按以下原则确定。

①光带修形后轨头达到目标廓形。

②波磨钢轨打磨后符合波磨打磨验收标准。

③擦伤钢轨打磨后轨面硬度不高于邻近母材轨面硬度 50HB。

④钢轨鱼鳞纹应消除。

7. 打磨面粗糙度应不大于 10 μm。

8. 打磨平面最大宽度应符合以下要求。

(1)轨顶纵向中心线两侧 10 mm 区域为 10 mm,10 ~ 25 mm 区域为 7 mm,其余打磨区域为 5 mm。

(2)沿钢轨纵向 100 mm 范围内,打磨平面宽度最大变化量不应大于打磨平面最大宽度的 25% 。

9. 打磨后轮轨接触光带:直线和曲线下股钢轨应基本居中,宽度为 20 ~ 30 mm;曲线上股钢轨应偏向内侧。

10. 钢轨打磨后应无肥边、无疲劳裂纹、无连续发蓝带。

第二节　大型养路机械钢轨修理作业

一、技术要求

1. 钢轨预打磨遍数:采用 96 磨头打磨车时原则上不超过 3 遍;采用 48 磨头打磨车时原则上不超过 6 遍。预防性打磨和修理性打磨遍数应根据需要确定。

2. 打磨车砂轮起落点位置应准确,误差不得超过 500 mm。

3. 大机打磨受限区域。

(1)尖轨区域:尖轨非工作边距基本轨工作边 100 mm 处与尖轨尖端之间,如图 9—2—1 所示。

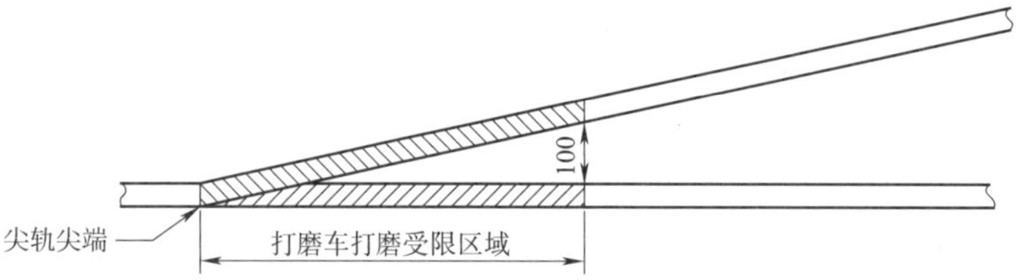

图 9—2—1　打磨车在尖轨打磨受限区域(单位:mm)

(2)心轨区域:长短心轨非工作边间距 100 mm 处与可动心轨尖端前 50 mm 处之间,如图 9—2—2 所示。

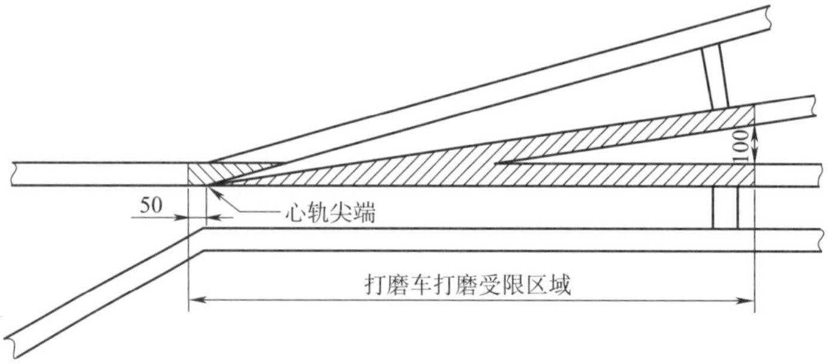

图 9—2—2　打磨车在可动心轨打磨受限区域(单位:mm)

上述区域的钢轨内侧(如图 9—2—2 所示 0°以上区域)可由打磨车打磨;钢轨外侧可采用小型打磨机打磨。

打磨车打磨尖轨、可动心轨顶面宽度小于 20 mm 区域时应控制打磨角度和打磨量，以防止打伤尖轨、可动心轨。

4. 打磨车对轨距角区域应采用角度不大于 45°通打 2～3 遍（包括尖轨、可动心轨）。

5. 当受限区域的尖轨或可动心轨出现疲劳裂纹时应采用小型打磨机处理，且应沿线路纵向进行打磨，保证圆角光滑过渡。

6. 当受限区域因磨耗导致基本轨高于尖轨或翼轨高于可动心轨、并出现光带异常时，应按目标廓形采用小型打磨机打磨。

7. 小型打磨机打磨时不得灼伤钢轨。

二、作业方法

（一）准备工作

1. 线路几何尺寸、形位和轨下基础等应符合相关技术标准要求。

2. 工务段应提前对打磨地段进行调查，对影响打磨作业的工务设备应先采取措施进行处理，并通知其他相关设备管理单位拆除影响打磨作业的设备。

3. 工务段应向工务机械段进行技术交底，提供相关技术资料、钢轨病害以及动态检测资料等。

4. 工务机械段应会同工务段进行现场调查，并根据目标廓形、技术标准和现场调查情况制订打磨车打磨技术方案。道岔打磨技术方案还应考虑道岔直股和侧股钢轨的垂磨量。

5. 工务机械段应预先进行打磨车打磨参数调整试验，确认打磨廓形达到要求后方可进行正式打磨。

6. 工务段应对焊接接头轨头踏面平直度进行检查。当焊接接头平直度超出 +0.5 mm/m 时，应采用仿形打磨机对焊接接头进行局部打磨，打磨后平直度应控制在 +0.1～0.3 mm/m 范围内。钢轨焊接接头严禁使用手砂轮打磨。

7. 工务段应清除作业地段线路两侧的可燃物，落实防火措施；工务机械段应对打磨车防火帘全面检查、修复，确保防火帘齐全有效。

（二）修理作业

1. 作业前准备

（1）二、五号位负责 1 号作业车端防溜枕、红牌及铁鞋的拆除，防溜设备拆除；四、六号位负责 5 号作业车端防溜枕、红牌及铁鞋的拆除。

（2）七号位负责检查并启动辅助发动机。

（3）一号位负责 3 号动力车 Ⅰ、Ⅱ位走行发动机的启动。

（4）各作业号位分别检查确认打磨车电器间各开关、保险、断路器位置是否正常（一、二号位负责 1 号车，五、九号位负责 2 号车，八、十号位负责 3 号车，六、七号位负责 4 号车，三、四号位负责 5 号车）。

（5）一号位负责确认打磨主操作显示屏及整车网络系统的工作是否正常。

（6）一、三号位检查主控制车所有操作面板上的仪表、开关、按钮、旋钮、指示灯、操纵杆、手柄是否处于正常状态或正确位置；仪表和指示灯及其他方面有故障报警，要及时查明原因并恢复。

(7)二、四号位负责检查被作业车打磨主操作显示屏和廓形显示屏的工作是否正常。

(8)运行至作业地点:车长按照当日施工计划,指挥本车按照《大型养路机械运行驾驶作业指导书》的要求操作车辆到达计划作业起始地点,与其他作业车解体运行至本车作业地点。放车时应确保作业车停在直线地段。

(9)一、三号位按封锁命令进入封锁区间,到达作业地段,将走行控制杆回到中位,油门推杆回到略高于怠速位,大闸略施 200 ~ 340 kPa 制动压力,扭开弹簧制动开关。

(10)十号位下车确认打磨开始里程且无障碍物。

2. 放车

(1)其他号位放车时,一、三号位分别负责 1、5 号车一侧防护工作,并与驻站防护员联系。

(2)二、五、六、四号位分别负责打开 1、2、4、5 作业车蓄电瓶开关及空压机开关。

(3)在车长指挥下,二号位点击各作业车发动机启动图标,启动发动机。

(4)十号位确认一、三号位准备到位后,通知各号位下车放打磨小车,并且同时负责邻线一侧号位人身安全防护。

(5)在车长指挥下,二号位负责 1、2 号车,四号位负责 4、5 号车邻线一侧打磨小车安全链及电机安全销的解锁;五号位负责 1 号车,九号位负责 2 号车,七号位负责 4 号车,六号位负责 5 号车非邻线一侧打磨小车安全链及电机安全销的解锁,分别放下对应的打磨小车,各号位同时确认打磨电机都在提升位,且打磨小车轮对全部落于轨面上,上车后及时向车长回复放车完毕。

(6)放车时,八号位确认廓形仪状况正常,在非邻线一侧携带廓形仪下车。

(7)车长巡查确认打磨小车轮对全部放到位后通知二号位激活进给油缸及偏转油缸,并确认油缸正常(显示为黄色)。

(8)二号位按前期线路调查数据输入打磨模式。

(9)一号位根据要求设定作业速度,启动集尘系统,将作业走行马达齿轮箱挡位挂至作业工况,并按下动力车发动机作业转速(1 600 r/min)按钮。

3. 作业

(1)一号位听车长指示,将作业装置工况点亮显示图标为黄色,得到二号位所有打磨设置到位的确认后,根据现场实际情况灵活打开主控制车和被控制车的喷水系统,空压机系统,扭开弹簧制动开关(弹簧制动压力表显示为 6 bar),大闸移至充风位鸣笛一长声,将走行控制杆向前或向后推到底,启动车辆。

(2)待作业速度达到 3 km/h 左右时,二号位启动打磨电机。

(3)待作业速度达到 12 km/h 左右时,一号位同时按下左、右侧开始按钮,开始打磨。

(4)一、二、三、四号位作业过程中监视打磨电机的下降过程和打磨功率条工作状况是否正常;监视发动机各参数在显示栏内显示是否正常;监视和监听故障诊断显示面板是否有报警显示和报警声。

(5)一、二号位或三、四号位作为作业前进方向操作号位时,监控好前端线路上是否存在超限障碍物,一旦发现通知一号位采取措施(正常截止或按下紧急提升按钮),并报告车长。

(6)一、三号位监控邻线来车情况,本方向来车接近前,鸣笛。

(7)一、二、三、四号作业过程中观察工作装置是否正常,如异常,按下紧急提升按钮,并报告车长。

(8)作业过程中,一、二号位或三、四号位作为作业后方观察尾部钢轨轨面有无异常;道心、枕木头有无漏油漏水迹象,是否有着火点等其他异常情况,一旦发现异常立即通知一号位采取措施(正常截止或按下紧急提升按钮),并报告车长。

(9)作业过程中,五号位(负责1、2、3号车)、六号位(负责4、5号车)每30 min要巡查作业车发动机间、电器间和3号动力车发动机、辅助发电机组运转是否正常、液压系统是否漏油、是否存在火灾迹象,发现异常时,立即采取措施并通知车长。

(10)到达作业终点,由一号位操作同时按下左、右侧开始/结束按钮,结束打磨。

(11)作业中出现异常,需紧急提升打磨电机,当车下没有监视人时,由一号位和三号位共同确认车外有无火星和轨面有无擦痕,二号位监视面板上打磨电机是否全部提升,三个号位确认无误后方可停车;如有异常不得停车,继续滑行并及时通知车下监视人员赶到作业地点确认车下实际情况;如人员不能及时赶到,必须要求滑行时间必须超过电机停转时间(打磨电机完全停转需要4 min),以不同走行速度计算滑行距离,确保打磨安全。

(12)特殊情况下(一号车操作按钮或是屏幕出现异常),三、四号位替代一、二号位操作进行打磨作业。

(13)作业中,七、八、九号位用廓型仪检查打磨后钢轨质量情况、确认道心有无漏水漏油,及时向车长汇报,做好线路验收记录。严格按照钢轨及道岔打磨质量验收标准验收,重点验收收车地段的轨面情况并向施工负责人汇报。不合格时,如需返工,施工负责人、车长与七、八、九号位一同参与制订返工打磨方案。在靠近岔区或是障碍物及接近封锁范围地段,须进行定向打磨完成。

4. 收车

(1)到达作业结束地点,一号位按照系统设定瞄准杆距离或三号位通知按下截止开关结束打磨。

(2)二号位待整车通过作业区段后关闭打磨电机。

(3)待后方人员(正向时为三、四号位,反向时为一、二号位)确认尾部无火花、轨面无擦痕后,车长通知一号位实施制动停车,将走行发动机转速降至怠速。

(4)车辆停稳后,一号位将Ⅰ、Ⅱ位走行发动机转速降至怠速。

(5)车长确认作业车停在直线后(必须停在直线上收车),指示二号位点击控制面板上收车图标,将一、二、四、五号作业小车收起,并确认小车钩指示灯变亮。不亮的通知相应号位处理。

(6)一、三号位分别负责1、5号车来车方向防护工作,并与驻站防护员联系。

(7)在确认邻线防护到位后,车长统一指挥,由五、七、八、六号位负责插上1、2、4、5号车打磨小车非邻线一侧打磨电机安全销及小车安全绳。同时二号位负责1、2号车,四号位负责4、5号车插上邻线一侧打磨电机安全销及小车安全绳。各号位同时检查和确认打磨电机在提升位、磨石状况正常,上车后及时向车长回复收车完毕。

(8)得到车长通知后，二号位在操控面板上关闭1、2、4、5号作业车发动机。

(9)二、五、六、四号位分别负责关闭1、2、4、5号作业车发动机蓄电瓶开关及空压机开关。

(10)二、五、九号位负责1、2号车，四、六、七号位负责4、5号作业车积碳清除。

(11)车长积极联系工务负责人安排人员清除轨面铁粉并将敲下的积碳清除到防护栏以外。

(12)八号位携带廓形仪从非邻线一侧上车，并将廓形仪放到指定位置。

(13)得到车长通知一号位将作业走行马达齿轮箱挡位脱开转到运行工况。

(14)运行至连挂地点(确认作业人员上车)。

三、注意事项

1. 钢轨打磨必须在天窗点内进行，并严格执行打磨作业前、作业中、作业后的各项作业要求。

2. 作业中要求：

(1)雨雪天气不宜进行打磨作业。

(2)打磨车作业速度应根据打磨性质和打磨车特性确定。多遍打磨时，应逐遍降低打磨功率或提高打磨速度，确保打磨后表面粗糙度达标。

(3)打磨作业过程中应及时检查钢轨廓形、切削量、磨面宽度等技术指标，根据钢轨实测廓形与目标廓形的差异及时调整打磨程序和作业方案，确保实现目标廓形和打磨质量。

(4)工务机械段负责钢轨打磨车的消防工作，工务段负责作业地段的消防工作。

3. 作业后要求：

(1)工务机械段应及时清除打磨车的打磨碎屑；工务段应及时清理道岔滑床板、钢轨顶面及无砟轨道上的打磨碎屑。

(2)相关设备管理单位应及时恢复施工中拆除的设备。道岔打磨作业完成后，应进行道岔振动试验。

第三节　小型养路机械钢轨修理作业

一、修理设备

在日常钢轨打磨修理中，由于打磨修理部位不同，所使用的打磨设备也不同，使用以下打磨设备可实现对整个岔区的轨面及作用边进行打磨修理。

(一)钢轨道岔仿形打磨机

钢轨道岔仿形打磨机主要用于辙叉翼轨、心轨轨面及作用边的打磨，打磨效果较好。能够进行从垂直方向起90°的范围内进行打磨，一个连续的打磨操作可以完成钢轨顶和轨侧(包括规定边缘)的打磨；可精确控制直径为150 mm×72 mm的磨石；砂轮调节范围：65 mm，5 mm绞盘转动，如图9—3—1所示。

图 9—3—1　钢轨道岔仿形打磨机

（二）平面打磨机

平面打磨机主要用于岔区轨面的打磨。工具手柄组装有三种调整；可以进行 ±30°角度调整；直径为 150 mm 杯形磨石；适用（可选）鱼尾带槽石和砂轮如图 9—3—2 所示。

图 9—3—2　平面打磨机

（三）道岔打磨机

道岔打磨机主要用于钢轨肥边的打磨。打磨头有三种调整方式；直径为 254 mm 磨石可以进行 ±30°的角度调节，倾斜度不受预设高度的影响；垂直方向两侧分别可倾斜 30°角；水平方向移动距离为 385 mm，即轨道内 240 mm，轨道外 145 mm；垂直方向移动距离为 185 mm，即走行面以上 110 mm，走行面以下 75 mm；砂轮自钢轨中心线可变化 ±30°角定位，如图 9—3—3 所示。

图 9—3—3　道岔打磨机

二、小型养路机械钢轨修理作业

小型养路机械钢轨修理作业主要包括焊缝打磨、低塌绝缘接头打磨、钢轨肥边打磨、钢轨鱼鳞纹打磨、钢轨擦伤打磨、辙叉鱼鳞纹肥边病害打磨、尖轨打磨、可动心辙叉打磨、大机打磨受限区人工打磨处理、直轨器矫直硬弯作业等。

(一)焊缝打磨

焊缝打磨如图 9—3—4 所示。

图 9—3—4　焊缝打磨示意

1. 技术要求

打磨精度、焊缝外观应满足钢轨打磨作业验收要求。

2. 焊缝打磨

(1)准备工作

作业机具材料:道岔打磨机、钢轨道岔仿形打磨机、3 kW 发电机、倒棱器及砂轮片、角向磨光机及砂轮片、专用心轨卡尺、专用轨距尺、1 m 直尺、塞尺、石笔、油漆、毛刷和棉纱劳动保护用品(口罩、眼镜、护腿等)。

(2)焊缝打磨作业

①用 1 m 直尺测量,认真调查好工作量,确定打磨部位及打磨量,在轨腰上做好记录。

②检查、调整机械状态,穿戴好劳动保护用品。

③两人抬机上道,一人负责打磨机的推动,掌握打磨机的平衡,控制打磨量,使打磨机均匀往复运动,按钢轨顶面外侧、中部、内侧步骤进行打磨,打磨倾斜角度应与轨底坡相一致。另一人负责用 1 m 直尺和塞尺测量、控制打磨量,打磨至与相邻轨面吻合后停止轨面打磨。

④打磨马鞍形接头高低差时,应先磨高的一端接头,后磨低的一端接头。

⑤打磨后用 1 m 直尺检查找细,超限处所返工打磨直至符合标准,抬机下道,撤除防护,办理销记。

3. 注意事项

(1)办理封锁施工手续,按规定设置防护。

(2)机械操作人员应按规定穿戴劳动保护用品,作业中不碰伤手脚。

(3)钢轨打磨时,其他人应远离打磨机前方。

(二)低塌绝缘接头打磨

低塌绝缘接头打磨如图 9—3—5 所示。

图 9—3—5　低塌绝缘接头打磨

1. 技术要求

打磨精度、外观应满足钢轨打磨作业验收要求。

2. 接头打磨

(1)作业准备

①作业机具材料:道岔打磨机、钢轨道岔仿形打磨机、3 kW 发电机、倒棱器及砂轮片、角向磨光机及砂轮片、专用心轨卡尺、专用轨距尺、1 m 直尺、塞尺、石笔、油漆、毛刷和棉纱劳动保护用品(口罩、眼镜、护腿等)。

②制订打磨方案:作业前用电子平直尺测量,对波形图进行分析,确定打磨部位及打磨量,在轨腰上做好标记。

(2)打磨作业

①起道捣固,将绝缘接头处的线路几何尺寸调整到位后,使用精磨机对低塌接头进行打磨顺接,作业过程中使用 1 m 直尺检测,两人抬机上道,一人负责打磨机的推动,掌握打磨机的平衡,控制打磨量,使打磨机均匀往复运动。另一人负责用 1 m 直尺和塞尺测量、控制打磨量,打磨至与相邻轨面吻合后停止轨面打磨。

②轨面仿形打磨、肥边消除后,对轨端肥边用倒棱器对绝缘接头沿 45°角进行倒棱。

③打磨后用 1 m 直尺检查找细,使用廓形尺测量钢轨廓形,对打磨地段廓形进行修理,确保前后廓形一致,超限处所返工打磨直至符合标准,抬机下道,撤除防护,办理销记。

3. 注意事项

打磨地段钢轨应保持与区间钢轨相同的廓形。

(三)钢轨肥边打磨

钢轨肥边打磨如图 9—3—6 所示。

(a)

(b)

图 9—3—6　钢轨肥边打磨示意

1. 技术要求

打磨精度、外观应满足钢轨打磨作业验收要求。

2. 肥边打磨

（1）准备工作

①作业机具材料：道岔打磨机、钢轨道岔仿形打磨机、3 kW 发电机、倒棱器及砂轮片、角向磨光机及砂轮片、专用心轨卡尺、专用轨距尺、1 m 直尺、塞尺、石笔、油漆、毛刷和棉纱劳动保护用品（口罩、眼镜、护腿等）。

②调查划撬，用游标卡尺测量钢轨内侧肥边，按照钢轨肥边病害整治限度标准，调查钢轨内侧肥边，确定打磨长度、厚度。

（2）肥边打磨

①一人操纵打磨机一人配合。将打磨砂轮片调整到与被打磨面的角度一致，逐步调整进给量进行试打磨，进给量调整到位后推拉打磨机在轨面上平稳的前后往返运动进行肥边打磨，对打磨方向要适当加力，另一人检查打磨情况。打磨时接触要轻，走行要稳，用力要均匀，不可在同一段停留造成钢轨局部灼伤。

②仿形打磨：肥边除掉后，将砂轮片从 15°～45°之间变换打磨角度，对钢轨侧面和顶面形成的顶角呈弧线形仿形打磨。

③找细打磨：用游标卡尺检查轨头肥边，用 1 m 直尺检查轨头内侧不平直度，用轨距尺检查轨距及轨距变化率后，对存在问题的地点进行精细打磨。

3. 注意事项

（1）办理封锁施工手续，按规定设置防护。

（2）机械操作人员应按规定穿戴劳动保护用品，作业中不碰伤手脚。

（3）钢轨打磨时，其他人员应远离打磨机前方。

（四）钢轨鱼鳞纹打磨

钢轨鱼鳞纹打磨如图 9—3—7 所示。

图 9—3—7　钢轨鱼鳞纹打磨示意

1. 技术要求

打磨精度、外观应满足钢轨打磨作业验收要求。

2. 鱼鳞纹打磨

(1)准备工作

作业机具材料:道岔打磨机、钢轨道岔仿形打磨机、3 kW 发电机、倒棱器及砂轮片、角向磨光机及砂轮片、专用心轨卡尺、专用轨距尺、1 m 直尺、塞尺、石笔、油漆、毛刷和棉纱劳动保护用品(口罩、眼镜、护腿等)。

(2)打磨作业

①目视检查,使用钢板尺测量鱼鳞纹长度。

②确定打磨范围及整治方案。

③使用道岔打磨机进行作用边修理,打磨角度为 0°~28°。

④使用平磨机进行顶面修理,打磨角度为 -12°~30°,两台打磨机打磨角度要对接。

⑤使用廓形尺复核钢轨廓形,对打磨地段廓形进行修理。

3. 注意事项

(1)打磨后,要对打磨地段的钢轨硬度进行测量。

(2)机械操作人员应按规定穿戴劳动保护用品,作业中不碰伤手脚。

(3)钢轨打磨时,其他人员应远离打磨机前方。

(五)钢轨擦伤打磨

钢轨擦伤打磨前后对比如图 9—3—8 所示。

(a) 打磨前　　(b) 打磨后

图 9—3—8　钢轨擦伤打磨前后对比

1. 技术要求

打磨精度、外观应满足钢轨打磨作业验收要求。

2. 擦伤打磨

(1)准备工作

作业机具材料:道岔打磨机、钢轨道岔仿形打磨机、3 kW 发电机、倒棱器及砂轮片、角向磨光机及砂轮片、专用心轨卡尺、专用轨距尺、1 m 直尺、塞尺、石笔、油漆、毛刷和棉纱劳动保护用品(口罩、眼镜、护腿等)。

(2)打磨作业

①使用钢板尺测量擦伤长度、深度。

②确定打磨范围及方案。

③使用精磨机由钢轨外侧向内侧按不同角度进行打磨,打磨长度按既定方案全覆盖。

④使用廓形尺复核钢轨廓形,对打磨地段廓形进行修理,确保前后廓形一致。

3. 注意事项

(1)打磨后,要对打磨地段的钢轨硬度进行测量。

(2)机械操作人员应按规定穿戴劳动保护用品,作业中不碰伤手脚。

(3)钢轨打磨时,其他人员应远离打磨机前方。

(六)辙叉鱼鳞纹、肥边病害打磨

使用道岔打磨机打磨辙叉鱼鳞纹如图 9—3—9 所示。

图 9—3—9　道岔打磨机打磨辙叉鱼鳞纹

1. 技术要求

打磨精度、外观应满足钢轨打磨作业验收要求。

2. 辙叉鱼鳞纹、肥边打磨

(1)准备工作

作业机具材料:道岔打磨机、钢轨道岔仿形打磨机、3 kW 发电机、倒棱器及砂轮片、角向磨光机及砂轮片、专用心轨卡尺、专用轨距尺、1 m 直尺、塞尺、石笔、油漆、毛刷和棉纱劳动保护用品(口罩、眼镜、护腿等)。

(2)打磨作业

①目视检查,使用钢板尺测量鱼鳞纹、飞边长度。

②确定打磨范围及整治方案。

③使用道岔打磨机进行作用边修理,打磨角度为 0°~30°,打磨机在心轨尖端收刀,在心轨尖端前 100 mm 处起刀继续打磨。

④使用平磨机进行顶面修理,打磨角度为 -2°~30°,两台打磨机打磨角度要对接。

3. 注意事项

(1)机械操作人员应按规定穿戴劳动保护用品,作业中不碰伤手脚。

(2)钢轨打磨时,其他人员应远离打磨机前方。

(七)尖轨打磨

尖轨打磨前后对比如图9—3—10所示。

(a) 打磨前　　(b) 打磨后

图9—3—10　尖轨打磨前后对比

1. 技术要求

打磨精度、外观应满足钢轨打磨作业验收要求。

2. 尖轨打磨

(1)准备工作

作业机具材料:道岔打磨机、钢轨道岔仿形打磨机、3 kW发电机、合金钢绝缘接头倒棱器及砂轮片、角向磨光机及砂轮片、专用心轨卡尺、专用轨距尺、1 m直尺、塞尺、石笔、油漆、毛刷和棉纱劳动保护用品(口罩、眼镜、护腿等)。

(2)打磨作业

①病害检查、分析:用10 m卷尺测量出降低值测量点并做好标记,用降低值尺分别测量降低值,用廓形仪测量基本轨的廓形,用钢板尺检查尖轨及基本轨肥边,同时将测量数据登记在一处一档内;将测量数据进行分析,确定打磨方案,并在钢轨或轨枕上标记出打磨范围。

②尖轨打磨工作边打磨:将尖轨操动至开口位,调整道岔打磨机砂轮片高度,打磨机角度调整到0°开始对尖轨进行逐角度打磨,角度从0°调整至30°,按每2°进行角度转换,打磨时走行要均匀平稳,打磨起止点前后要做好起收刀力度的转换,往复打磨遍数根据现场打磨量确定。

③尖轨非工作面肥边打磨:调整道岔打磨机砂轮片高度,打磨机角度调整到0°开始进行逐角度打磨,角度从0°开始至-10°,按每2°进行角度转换,打磨量要慎重,往复打磨遍数以消除尖轨非工作面的肥边确定(如肥边较小可用角向磨光机磨光片进行打磨)。

④尖基轨肥边打磨:调整道岔打磨机砂轮片高度,打磨机角度调整到-1°开始进行逐角度打磨,角度从-1°开始至18°,按每2°进行角度转换,打磨量要慎重,往复打磨遍数以消除

尖基轨刨切面的肥边确定(如肥边较小可用角向磨光机磨光片进行打磨)。

⑤尖轨尖端修理:利用角向磨光机砂轮片对尖轨尖端两米范围进行廓形修理,用 1 m 直尺测量控制尖轨顶面打磨平顺度。

⑥尖轨尖基轨顶面打磨:将道岔操动至闭合状态,结合尖轨降低值使用平面打磨机进行打磨,打磨量要慎重,角度从 30°开始至 0°进行逐角度打磨,往复打磨遍数以消除鱼鳞纹及轨面擦伤、轨面不平顺确定(具体遍数以现场情况为准)。

⑦尖轨抛光修理:尖基轨顶面打磨完成后,利用角向磨光机磨光片对尖轨工作面、顶面、非工作面进行刨光,消除打磨棱角、毛刺,外观美观。

⑧配合电务调试尖轨密贴,清扫打磨后铁屑。

3. 注意事项

(1)机械操作人员应按规定穿戴劳动保护用品,作业中不碰伤手脚。

(2)钢轨打磨时,其他人员应远离打磨机前方。

(八)可动心辙叉打磨

可动心辙叉打磨如图 9—3—11 所示。

图 9—3—11　可动心辙叉打磨示意

1. 技术要求

打磨精度、外观应满足钢轨打磨作业验收要求。

2. 可动心辙叉打磨

(1)准备工作

作业机具材料:道岔打磨机、钢轨道岔仿形打磨机、3 kW 发电机、倒棱器及砂轮片、角向磨光机及砂轮片、专用心轨卡尺、专用轨距尺、1 m 直尺、塞尺、石笔、油漆、毛刷和棉纱劳动保护用品(口罩、眼镜、护腿等)。

(2)打磨作业

①病害检查、分析:用 10 m 卷尺测量出降低值测量点并做好标记,用降低值尺分别测量降低值,用廓形仪测量基本轨的廓形,用钢板尺检查尖轨及基本轨肥边,同时将测量数据登记在一处一档内;将测量数据进行分析,确定打磨方案,并在钢轨或轨枕上标记出打磨范围。

②直股心轨肥边及鱼鳞纹打磨:将心轨操动至闭合状态,根据肥边及鱼鳞纹检查情况确定打磨方案,利用道岔打磨机对心轨进行打磨,道岔打磨机角度调整至 -1°开始进行逐步打磨,角度从 -1°至 30°,按每 1°进行角度转换,打磨量要慎重,往复打磨遍数根据心轨肥边及鱼鳞纹情况确定,如鱼鳞纹较深,需进行多次打磨。

③曲股心轨肥边及鱼鳞纹打磨:将心轨操动至闭合状态,根据肥边及鱼鳞纹检查情况确定打磨方案,利用道岔打磨机对心轨进行打磨,道岔打磨机角度调整至 -1°开始进行逐步打磨,角度从 -1°至 30°,按每 1°进行角度转换,打磨量要慎重,往复打磨遍数根据心轨肥边及鱼鳞纹情况确定,如鱼鳞纹较深,需进行多次打磨。

④翼轨顶面打磨:检查心轨降低值,根据现场情况降低值数据确定打磨范围及打磨量,对翼轨台阶从 3°至 0°开始进行逐角度全断面打磨,打磨角度按每 1°进行角度转换,在打磨

至翼轨与心轨密贴终点处时，打磨角度要根据现场情况随时转换，打磨量要慎重，在打磨至翼轨平顺后使用角向磨光进行打磨，消除翼轨台阶。

⑤心轨顶面打磨：检查心轨降低值，根据现场情况降低值数据确定打磨范围及打磨量，利用轨面打磨机从 -2°开始进行逐角度打磨，与道岔打磨机打磨角度进行衔接，打磨量要慎重。

⑥长、短心轨打磨：检查心轨降低值，使用轨面打磨机对长心轨进行打磨，打磨时长短心轨要分开、分段进行打磨，在长心轨顶面宽 73 mm 至辙叉后打磨角度从 10°至 -6°，打磨角度按每 1°进行角度转换，长心轨顶面宽 73 mm 至心轨尖端打磨时要与短心轨同时打磨，打磨机角度在 0°时，打磨至长短心轨密贴处时打磨机收刀，在短心轨尖端起刀进行打磨，打磨短心轨方法与长心轨相同，打磨量要慎重。

3. 注意事项

（1）办理封锁施工手续，按规定设置防护。

（2）机械操作人员应按规定穿戴劳动保护用品，作业中不碰伤手脚。

（3）钢轨打磨时，其他人员应远离打磨机前方。

（九）大机打磨受限区人工打磨处理

大机打磨受限区如图 9—2—12 所示。

图 9—3—12　大机打磨受限区

1. 技术要求

打磨精度、外观应满足钢轨打磨作业验收要求。

2. 人工打磨

（1）准备工作

①作业机具材料：道岔打磨机、钢轨道岔仿形打磨机、3 kW 发电机、倒棱器及砂轮片、角向磨光机及砂轮片、专用心轨卡尺、专用轨距尺、1 m 直尺、塞尺、石笔、油漆、毛刷和棉纱劳动保护用品（口罩、眼镜、护腿等）。

②打磨前调查：新廓形进行采点调查；受限区域钢轨廓形进行检查；检查尖轨、心轨降低值；制订最终打磨方案（直、曲股相同）。

（2）打磨作业

①基本轨衔接打磨

a 确定打磨范围：大机起、收车前后 1 m 范围内。

b. 打磨方案：使用平磨机从钢轨外侧向内侧按大机打磨后的印记进行逐角度顺接打磨。

c. 作业回检：使用廓形尺检查打磨地段钢轨廓形与大机打磨后的钢轨廓形是否一致。

d. 效果校验：在打磨起止点及中部钢轨顶面喷洒油漆，制作观察点，观察过车后光带是否匹配。

②尖轨衔接打磨

a. 确定打磨范围：大机起、收车前后 1 m 范围内。

b. 打磨方案：打磨尖轨平面时要将尖轨与基本轨密贴，使用平磨机从钢轨外侧向内侧按大机打磨后的印记进行逐角度顺接打磨。

c. 作业回检：使用廓形尺检查打磨地段钢轨廓形与大机打磨后的钢轨廓形是否一致。

d. 效果校验：在打磨起止点及中部钢轨顶面喷洒油漆，制作观察点，观察过车后光带是否匹配。

③心轨衔接打磨

a. 确定打磨范围：大机起、收车前后 1 m 范围内。

b. 打磨方案：打磨辙叉时要将心轨与翼轨密贴，打磨时心轨与翼轨要同时打磨，使用平磨机从钢轨外侧向内侧按大机打磨后的印记进行逐角度顺接打磨。

c. 作业回检：使用廓形尺检查打磨地段钢轨廓形与大机打磨后的钢轨廓形是否一致。

d. 效果校验：在打磨起止点及中部钢轨顶面喷洒油漆，制作观察点，观察过车后光带是否匹配。

3. 注意事项

(1)办理封锁施工手续，按规定设置防护。

(2)机械操作人员应按规定穿戴劳动保护用品，作业中不碰伤手脚。

(3)钢轨打磨时，其他人员应远离打磨机前方。

(十)直轨器矫直硬弯作业

线路上钢轨存在硬弯，造成轨距、方向不良，而不能用拨道、改道解决时，可采用直轨器进行矫直。钢轨矫直器如图 9—3—13 所示。

图 9—3—13　钢轨矫直器

鉴别钢轨是否存在硬弯，可采用“一看、二查、三对、四量”的方法。

“看”——鉴别钢轨硬弯的最基本方法。检查硬弯时，先站着骑在一股钢轨上看；发现有陡弯现象时,再细看。站立位置一般距硬弯顶点 10 ~ 15 m。看时,应背着灯光、沿着轨距线,由远到近、再由近到远,采取立、蹲、俯三种姿势,反复检查左右两股钢轨。先看硬弯凸出的顶点位置(轨枕上、轨枕中间),再看弯曲状态(平顺的、急骤的)。如一股钢轨弯急而短,另一股有同向弯曲,则弯急而短的一股为硬弯钢轨。

"查"——用拨道的方法查找硬弯。对弯曲平缓、长度较长的钢轨,难以区别时,可先行拨道,如拨道后又回复而出现的硬弯,即是钢轨硬弯。

"对"——根据检查记录簿对照弯曲处的轨距、方向变化情况,分析变化规律。如果变化频繁而又有规律性,便可确定是硬弯钢轨。

"量"——用 1 m 长直钢尺测量该处轨距线的矢度大小;如矢度大于 1 mm 以上时,一般都是硬弯钢轨。

硬弯钢轨按其形状不同的分类见表 9—3—1。

表 9—3—1　钢轨硬弯分类

分类名称	特　征
小硬弯	一般形状不正规,硬弯长度很短,约为 0.5 m
尖角硬弯	弯曲顶点处为一尖角形状,一般长度为 1 ~ 2 m
小硬弯群	多个小硬弯在一起,一般长度为 2 ~ 3 m
弧状硬弯	曲度平缓,长度一般在 1.5 ~ 2.5 m

1. 技术要求

(1)矫直后的钢轨,目视无方向不良,无不直;用 5 m 弦量,其误差不超过 2 mm。同时,轨距和方向不再有规律性的变形。

(2)矫直钢轨,如影响轨道的正常状态,应同时予以整修。

(3)钢轨矫直以后必须进行钢轨探伤。

2. 作业方法

(1)准备工作

①直轨前,应认真细致地调查硬弯状态,根据轨距线调查钢轨硬弯的起止点、长度和最大矢矩点,并在线路上标明调直的位置,用箭头标明调直的方向,并做好记录。

②调试直轨器,使其灵活好用,并备齐松卸扣件、改道工具、垫平弯轨器的垫木等料具。

(2)直轨作业

①确定矫直量:硬弯钢轨的矫直量,不能恰好等于硬弯的矢度,必须留有一定的回弹量。预留的回弹量一定要根据气温和钢轨材质情况而确定,一般调直量约为硬弯矢度的 1.5 ~ 2 倍。

②矫直时间:应在轨温较高季节矫直,矫直时轨温应高于 25℃。

③矫直钢轨:根据硬弯起止卸掉全部扣件。在矫直前,安装好直轨器,垫平放稳,防止钢轨扭曲。矫直后,应检查轨距、整理扣件,使其顶严、压实、靠紧。

3. 注意事项

(1)直轨前,注意前后有无焊缝,禁止在焊缝前后作业。

(2)直轨时,随时注意直轨器的完好状态,如有裂损,应立即停止作业。

第四节　钢轨修理作业验收

1. 新建铁路钢轨预打磨应逐步实行打磨质量第三方评估。

2. 钢轨预打磨质量验收情况应纳入新建铁路工程静态验收报告。

3. 打磨车每日打磨作业完成后，工务段应与工务机械段共同检查作业质量，检测重点项目，并办理签认手续。每打磨 50 ~100 km（含同一打磨方案的首日作业）或每打磨 5 ~10 组道岔应进行质量验收。

4. 钢轨及道岔打磨验收项目

（1）大型养路机械：打磨廓形、轮轨接触光带、打磨深度、打磨面粗糙度、发蓝带、打磨平面宽度、打磨砂轮起落部位的砂轮磨痕、波磨轨打磨前后谷深、滚动接触疲劳轨表面残留裂纹、擦伤轨表面硬度等。

（2）小型养路机械：打磨廓形、轮轨接触光带、发蓝带、波磨轨打磨前后谷深、滚动接触疲劳轨表面残留裂纹、擦伤轨表面硬度等。

5. 打磨廓形检测

（1）在打磨作业中应及时使用钢轨打磨廓形模板检查打磨廓形，并采用便携式廓形仪或车载廓形检测仪检测钢轨打磨廓形。采用便携式廓形仪检测时以左右股钢轨顶面作为定位基准。

（2）钢轨打磨廓形检测：车载检测时每 1 km 处理一次数据；手工检测时，每 50 ~ 100 km 随机选定直线和曲线各 100 m 检测左右股钢轨各 3 处。

（3）道岔打磨廓形测点位置：道岔内廓形测点为 3 个轨道截面共计 10 个测点，如图 9—4—1 所示。第一个截面位于距岔前 1 ~ 2 m 处（测点 MP1 和 MP2，第二个截面位于导曲线中部（测点 MP3、MP4、MP7 和 MP8），第三个截面位于距岔尾 1 ~ 2 m 处（测点 MP5、MP6、MP9 和 MP10）。

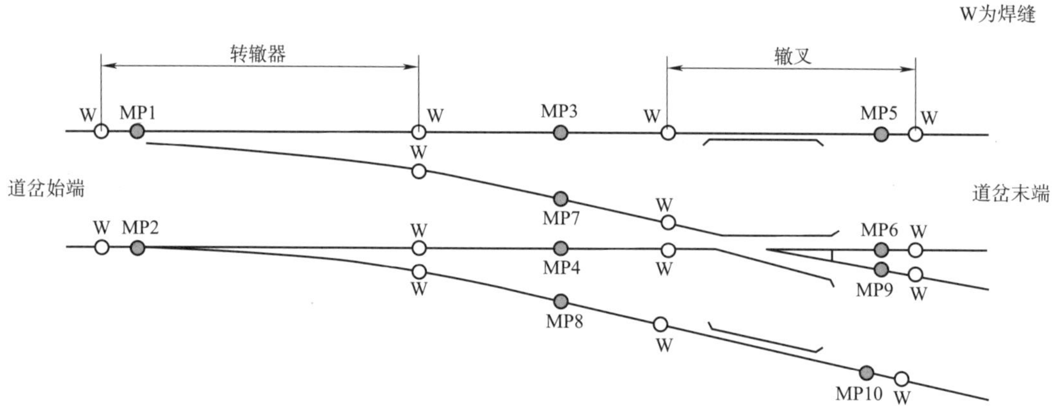

图 9—4—1　高速道岔钢轨打磨廓形、波磨及轮轨触光带测量点

岔区前后 100 m 内线路、站内正线、道岔间夹直线等地段应各设 1 个测点。

（4）廓形分析比对方法

在 Y/Z 坐标系内以轨顶切线为基准（实测廓形不旋转），实际廓形与目标廓形在轨顶最高点处上下对齐、在 Z-16 处左右对齐，如图 9—4—2 所示。

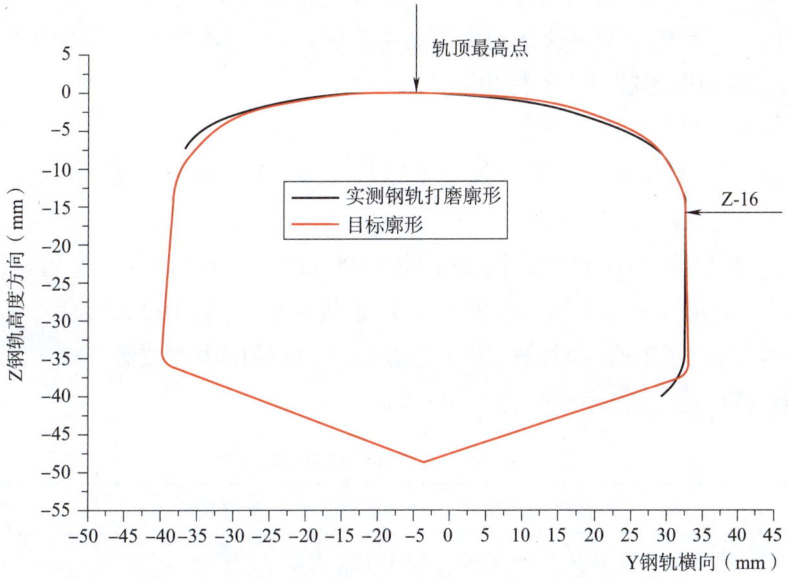

图 9—4—2　钢轨打磨廓形验收定位点示意（Y0 为轨顶中心）

（5）轨头廓形打磨偏差应满足表 9—4—1 和表 9—4—2 要求。

表 9—4—1　钢轨打磨轨头廓形验收标准（手工检测）

设计行车速度（km/h）	轨头横向 −25 mm ~ +25 mm 范围内（mm）	轨头横向 25 mm 至 32 mm 范围内（mm）
<200	±0.3	$^{+0.2}_{-0.6}$
⩾ 200	±0.2	$^{+0.2}_{-0.6}$

注：廓形验收范围为钢轨轨头横向 −25 ~ 32 mm。表中 +、− 分别表示所测廓形高于和低于目标廓形的量值，下表同。

表 9—4—2　钢轨打磨轨头廓形验收标准（车载检测）

设计行车速度（km/h）	验收标准（mm）	允许超限百分比		
		±0.2 mm	±0.3 mm	±0.5 mm
<200	±0.5	—	—	15%
⩾ 200	±0.3	10%	5%	0%

6. 轮轨接触光带检测

（1）在打磨作业后两周内，应采用车载式光带测量系统或钢板尺检测轮轨接触光带，同时检查焊缝前后的光带。

（2）轮轨接触光带未形成前，可在钢轨上喷漆，经 1 ~ 2 天过车后测量钢轨接触光带。

（3）轮轨接触光带测点应避开砂轮起落及焊缝区域。道岔内轮轨接触光带测点如图 9—4—1 所示；道岔区前后 100 m 线路、站内正线、道岔间夹直线等地段应各设 1 个测点。

7. 采用钢轨廓形仪或钢轨打磨深度测试仪测量同一处钢轨打磨前后的廓形或高度，以计算钢轨打磨深度。打磨深度测点与轮轨接触光带测点相同。

8. 采用便携式粗糙度检测仪检测打磨面粗糙度，同一批次生产的砂轮所打磨的区段至少测量 6 个点，各测点测量值均不得超限。

9. 采用钢板尺检测打磨面宽度。

10. 采用便携式数字波磨测量仪或电子平直度测量尺检测钢轨波磨；岔区以外线路可采用车载波磨检测仪检测钢轨波磨。

（1）钢轨波磨检测：目测打磨砂轮起落部位 100 m 左右范围内的打磨痕迹，如发现有明显的周期性砂轮磨痕，则应连续检测 10 ~ 30 m 范围内的波磨；在波磨地段，车载检测时每 1 km 处理一次数据，手工检测时随机连续检测 5 ~ 30 m 范围内的波磨。

（2）波磨钢轨打磨验收标准见表 9—4—3。

表 9—4—3　波磨钢轨打磨验收标准

项　目	验收标准				测量方法	说　明
波长（mm）	10 ~ 30	30 ~ 100	100 ~ 300	300 ~ 1 000		
采样窗长度（mm）	600	600	1 000	5 000		
谷深平均值（mm）	0.02	0.02	0.03	0.15	测试精度 0.01 mm 及以上，且测试长度不小于采样窗长度	打磨作业完成后 8 天内或在打磨后通过总重 0.3 Mt 之前测量
允许超限百分率	5 %	5 %	5 %	5 %	连续测量打磨波磨钢轨长度 100 m（车载检测）或 30 m（手工检测）	

11. 钢轨擦伤打磨后应采用里氏硬度计检测擦伤部位的轨面硬度。

12. 打磨验收应填写《钢轨打磨作业质量验收表》《道岔直股钢轨打磨作业质量验收表》或《道岔曲股钢轨打磨作业质量验收表》，详见表 9—4—4 ~ 表 9—4—7。

表 9—4—4　打磨作业质量检测设备和工具

序号	设备和工具	精　度	备　注
1	打磨廓形模板尺		用于指导调试打磨车的打磨程序；用于定性检查打磨廓形与目标廓形的符合程度
2	便携式钢轨廓形仪	0.05 mm	
3	钢轨波磨检测仪或电子平直尺	0.01 mm	测试长度不小于采样窗长度
4	钢轨打磨深度测试仪	0.01 mm	测试打磨深度
5	便携式粗糙度检测仪	示值误差：≤ ±15%	量程：0.05 ~ 10.0 μm
6	便携式里氏硬度计		测定擦伤打磨后的硬度，用于判定马氏体层是否去除

表 9—4—5　钢轨打磨作业质量验收表

<table>
<tr><td colspan="2">作业名称</td><td colspan="7"></td></tr>
<tr><td colspan="2">打磨作业单位</td><td></td><td>设备型号</td><td colspan="2"></td><td colspan="2">打磨遍数</td><td></td></tr>
<tr><td colspan="2">打磨类型</td><td></td><td>目标廓形</td><td colspan="2"></td><td colspan="2">打磨作业时间</td><td></td></tr>
<tr><td colspan="9">钢轨打磨验收内容</td></tr>
<tr><td>序号</td><td>检测项目</td><td colspan="2">检测位置</td><td colspan="4">检测结果(未注明单位为 mm)</td><td>备　　注</td></tr>
<tr><td rowspan="4">1</td><td rowspan="4">打磨廓形</td><td colspan="2" rowspan="2">轨头横向 -25 ~ +25 mm 范围内</td><td>直左</td><td></td><td>直右</td><td></td><td rowspan="4">曲线半径
另附检测廓形</td></tr>
<tr><td>曲左</td><td></td><td>曲右</td><td></td></tr>
<tr><td colspan="2" rowspan="2">轨头横向 25 ~ 32 mm 范围内</td><td>直左</td><td></td><td>直右</td><td></td></tr>
<tr><td>曲右</td><td></td><td>曲右</td><td></td></tr>
<tr><td rowspan="4">2</td><td rowspan="4">轮轨接触光带</td><td rowspan="2">宽度</td><td rowspan="2">钢轨顶面</td><td>直左</td><td></td><td>直右</td><td></td><td rowspan="4">测量时已打磨天</td></tr>
<tr><td>曲左</td><td></td><td>曲右</td><td></td></tr>
<tr><td rowspan="2">位置</td><td rowspan="2">与工作边的距离</td><td>直左</td><td></td><td>直右</td><td></td></tr>
<tr><td>曲右</td><td></td><td>曲右</td><td></td></tr>
<tr><td rowspan="2">3</td><td rowspan="2">打磨深度</td><td colspan="2" rowspan="2">钢轨顶面中心区域</td><td>直左</td><td></td><td>直右</td><td></td><td rowspan="2"></td></tr>
<tr><td>曲左</td><td></td><td>曲右</td><td></td></tr>
<tr><td>4</td><td>粗糙度</td><td colspan="2">打磨面(μm)</td><td colspan="4"></td><td>检测 6 个点</td></tr>
<tr><td rowspan="3">5</td><td rowspan="3">打磨平面宽度</td><td colspan="2">轨顶中心线两侧 10 mm 区域</td><td colspan="4"></td><td rowspan="3"></td></tr>
<tr><td colspan="2">轨顶中心线两侧 10 ~ 25 mm 区域</td><td colspan="4"></td></tr>
<tr><td colspan="2">轨顶中心线两侧 25 mm 以外打磨区域</td><td colspan="4"></td></tr>
<tr><td>6</td><td>连续发蓝带</td><td colspan="2">钢轨打磨区域</td><td colspan="4"></td><td>填写有或无</td></tr>
<tr><td rowspan="2">7</td><td rowspan="2">砂轮起落部位磨痕</td><td rowspan="2">钢轨顶面</td><td>谷深</td><td rowspan="2">打磨前</td><td></td><td rowspan="2">打磨后</td><td></td><td rowspan="2">有明显磨痕时，用电子平直度尺测量</td></tr>
<tr><td>波长</td><td></td><td></td></tr>
<tr><td rowspan="2">8</td><td rowspan="2">波磨轨打磨</td><td rowspan="2">打磨面</td><td>谷深</td><td rowspan="2">打磨前</td><td></td><td rowspan="2">打磨后</td><td></td><td rowspan="2">打磨波磨轨时填写</td></tr>
<tr><td>波长</td><td></td><td></td></tr>
<tr><td rowspan="2">9</td><td rowspan="2">钢轨表面残留裂纹</td><td rowspan="2">打磨面</td><td>位置</td><td rowspan="2">打磨前</td><td></td><td rowspan="2">打磨后</td><td></td><td rowspan="2">打磨鱼鳞纹轨时填写</td></tr>
<tr><td>深度</td><td></td><td></td></tr>
<tr><td rowspan="3">10</td><td rowspan="3">擦伤轨擦伤位置硬度</td><td colspan="2" rowspan="3">打磨面(HB)</td><td colspan="2">打磨前</td><td colspan="2">打磨后</td><td rowspan="3">打磨擦伤轨时填写</td></tr>
<tr><td>母材</td><td></td><td>母材</td><td></td></tr>
<tr><td>擦伤部位</td><td></td><td>擦伤部位</td><td></td></tr>
<tr><td colspan="4">验收范围：</td><td colspan="5">实测地点：</td></tr>
<tr><td colspan="9">综合评价：

验收负责人：
检测负责人：
日期：</td></tr>
</table>

注：每个检测位置填写一张表。

表 9—4—6　道岔直股钢轨打磨作业质量验收表

<table>
<tr><td colspan="2">作业名称</td><td colspan="7"></td></tr>
<tr><td colspan="2">打磨作业单位</td><td></td><td>设备型号</td><td colspan="2"></td><td colspan="2">打磨遍数</td><td></td></tr>
<tr><td colspan="2">打磨类型</td><td></td><td>目标廓形</td><td colspan="2"></td><td colspan="2">打磨作业时间</td><td></td></tr>
<tr><td colspan="9">钢轨打磨验收内容</td></tr>
<tr><td>序号</td><td>检测项目</td><td colspan="2">检测位置</td><td colspan="4">检测结果（未注明单位为 mm）</td><td>备　　注</td></tr>
<tr><td rowspan="6">1</td><td rowspan="6">打磨廓形</td><td colspan="2" rowspan="3">轨头横向 −25 ~ +25 mm 范围内</td><td>MP1</td><td></td><td>MP2</td><td></td><td rowspan="6">包括岔区前后 100 m 测点、岔间夹直线；检测廓形另附</td></tr>
<tr><td>MP3</td><td></td><td>MP4</td><td></td></tr>
<tr><td>MP5</td><td></td><td>MP6</td><td></td></tr>
<tr><td colspan="2" rowspan="3">轨头横向 25 ~ 32 mm 范围内</td><td>MP1</td><td></td><td>MP2</td><td></td></tr>
<tr><td>MP3</td><td></td><td>MP4</td><td></td></tr>
<tr><td>MP5</td><td></td><td>MP6</td><td></td></tr>
<tr><td rowspan="6">2</td><td rowspan="6">轮轨接触光带</td><td rowspan="3">宽度</td><td rowspan="3">钢轨顶面</td><td>MP1</td><td></td><td>MP2</td><td></td><td rowspan="6">测量时已打磨天</td></tr>
<tr><td>MP3</td><td></td><td>MP4</td><td></td></tr>
<tr><td>MP5</td><td></td><td>MP6</td><td></td></tr>
<tr><td rowspan="3">位置</td><td rowspan="3">与工作边的距离</td><td>MP1</td><td></td><td>MP2</td><td></td></tr>
<tr><td>MP3</td><td></td><td>MP4</td><td></td></tr>
<tr><td>MP5</td><td></td><td>MP6</td><td></td></tr>
<tr><td rowspan="3">3</td><td rowspan="3">打磨深度</td><td colspan="2" rowspan="3">钢轨顶面中心区域</td><td>MP1</td><td></td><td>MP2</td><td></td><td rowspan="3"></td></tr>
<tr><td>MP3</td><td></td><td>MP4</td><td></td></tr>
<tr><td>MP5</td><td></td><td>MP6</td><td></td></tr>
<tr><td>4</td><td>粗糙度</td><td colspan="2">打磨面（μm）</td><td colspan="4"></td><td>检测 6 个点</td></tr>
<tr><td rowspan="3">5</td><td rowspan="3">打磨平面宽度</td><td colspan="2">轨顶中心线两侧 10 mm 区域</td><td colspan="4"></td><td rowspan="3"></td></tr>
<tr><td colspan="2">轨顶中心线两侧 10 ~ 25 mm 区域</td><td colspan="4"></td></tr>
<tr><td colspan="2">轨顶中心线两侧 25 mm 以外打磨区域</td><td colspan="4"></td></tr>
<tr><td>6</td><td>连续发蓝带</td><td colspan="2">钢轨打磨区域</td><td colspan="4"></td><td>填写有或无</td></tr>
<tr><td rowspan="2">7</td><td rowspan="2">砂轮起落部位磨痕</td><td rowspan="2">钢轨顶面</td><td>谷深</td><td rowspan="2">打磨前</td><td></td><td rowspan="2">打磨后</td><td></td><td rowspan="2">有明显磨痕时，用电子平直度尺测量</td></tr>
<tr><td>波长</td><td></td><td></td></tr>
<tr><td rowspan="2">8</td><td rowspan="2">波磨轨打磨</td><td rowspan="2">打磨面</td><td>谷深</td><td rowspan="2">打磨前</td><td></td><td rowspan="2">打磨后</td><td></td><td rowspan="2">打磨波磨轨时填写</td></tr>
<tr><td>波长</td><td></td><td></td></tr>
<tr><td rowspan="2">9</td><td rowspan="2">钢轨表面残留裂纹</td><td rowspan="2">打磨面</td><td>位置</td><td rowspan="2">打磨前</td><td></td><td rowspan="2">打磨后</td><td></td><td rowspan="2">打磨鱼鳞纹轨时填写</td></tr>
<tr><td>深度</td><td></td><td></td></tr>
<tr><td rowspan="3">10</td><td rowspan="3">擦伤轨擦伤位置硬度</td><td colspan="2" rowspan="3">打磨面
（HB）</td><td colspan="2">打磨前</td><td colspan="2">打磨后</td><td rowspan="3">打磨擦伤轨时填写</td></tr>
<tr><td>母材</td><td></td><td>母材</td><td></td></tr>
<tr><td>擦伤部位</td><td></td><td>擦伤部位</td><td></td></tr>
<tr><td colspan="4">验收范围：</td><td colspan="5">实测道岔：</td></tr>
<tr><td colspan="9">综合评价：

验收负责人：
检测负责人：
日期：</td></tr>
</table>

注：每个检测位置填写一张表。

表 9—4—7　道岔曲股钢轨打磨作业质量验收表

作业名称								
打磨作业单位			设备型号			打磨遍数		
打磨类型			目标廓形			打磨作业时间		
钢轨打磨验收内容								
序号	检测项目	检测位置		检测结果(未注明单位为 mm)				备注
1	打磨廓形	轨头横向 −25 ~ +25 mm 范围内		MP7		MP8		检测廓形另附
				MP9		MP10		
		轨头横向 25 ~ 32 mm 范围内		MP7		MP8		
				MP9		MP10		
2	轮轨接触光带	宽度	钢轨顶面	MP7		MP8		测量时已打磨天
				MP9		MP10		
		位置	与工作边的距离	MP7		MP8		
				MP9		MP10		
3	打磨深度	钢轨顶面中心区域		MP7		MP8		
				MP9		MP10		
4	粗糙度	打磨面(μm)						检测 6 个点
5	打磨平面宽度	轨顶中心线两侧 10 mm 区域						
		轨顶中心线两侧 10 ~ 25 mm 区域						
		轨顶中心线两侧 25 mm 以外打磨区域						
6	连续发蓝带	钢轨打磨区域						填写有或无
7	砂轮起落部位磨痕	钢轨顶面	谷深	打磨前		打磨后		有明显磨痕时,用电子平直度尺测量
			波长					
8	波磨轨打磨	打磨面	谷深	打磨前		打磨后		打磨波磨轨时填写
			波长					
9	钢轨表面残留裂纹	打磨面	位置	打磨前		打磨后		打磨鱼鳞纹轨时填写
			深度					
10	擦伤轨擦伤位置硬度	打磨面 (HB)		打磨前		打磨后		打磨擦伤轨时填写
				母材		母材		
				擦伤部位		擦伤部位		
验收范围:				实测道岔:				
综合评价: 验收负责人: 检测负责人: 日期:								

注:每个检测位置填写一张表。

第十章　冻害整治

坚持“动态检查为主，动静态检查相结合，结构检查与几何尺寸检查并重”的原则确认、监控冻害；高度重视冻害数据积累、对比、分析，结合路基冻胀自动监测、动静态检测关系、外部环境因素等数据，科学分析冻害产生原因，改变被动整治思路；坚持注盐、疏通排水、封缝与工程整治相结合的方式预防和整治冻害。

第一节　冻害动静态检查与监测

一、动态检查

1. 动态检查手段主要有综合检测列车、确认车、巡检系统、车载式线路检查仪和人工添乘等。

2. 根据气候条件和历史数据的统计分析，确定冻害上涨、稳定及回落阶段，同时应结合线路速度等级等因素，在冻害上涨和回落阶段缩短综合检测列车的检测周期，冻害稳定阶段检测周期可在冻害上涨或回落阶段检测周期的基础上适当延长。

3. 添乘检查。冻害上涨和回落阶段，每日早、中、晚三个时段各添乘检查一遍。冻害稳定期，每日早、晚时段各添乘检查一遍。综合检测列车不能满足规定的检测周期要求时，还应加密人工添乘检查。

4. 发现明显晃车处所立即采取限速措施。

二、静态检查

1. 静态检查手段主要有轨距尺、弦线、轨道检查仪、轨道测量仪、电子水准仪等。

2. 冻胀期间，对综合检测列车首次检查发现超限数据逐处安排静态检查。对 7 mm 以下冻害，每月检查一遍，累计冻高达到 7 mm 及以上冻害，每半月检查一遍，无砟轨道冻害重点检查轨道结构离缝、裂缝及螺栓失效等病害。

3. 在冻害上涨及回落阶段，根据综合检测列车开行密度、波形图幅变化、气温急剧变化、近年来冻害的变化规律等实际情况，对过渡段、冻害重复处所、成段冻害处所、路基地段小桥涵两侧等重点位置加密检查。

4. 冻害作业整治后，应重点检查扣件、垫板状态。

三、冻胀自动监测

自动监测是在监测过程中完全不需要或仅需要很少的人工干预而自动进行并完成的。实现自动监测可以提高自动化水平和程度，减少人为干扰因素和人为差错，提高监测过程或设备的可靠性及运行效率。

冻害自动监测主要包括冻胀监测、冻深监测和水分监测三部分。冻胀变形自动监测用于铁路路基不同深度的冻胀与融沉变形发展过程监测；冻结深度监测用于现场测定路基冻深的发展变化；水分自动监测用于现场监测高速铁路路基在冻结过程中基床填料水分发展变化过程。

冻害自动监测装置如图 10—1—1 所示。

图 10—1—1　冻害自动监测装置

1. 建设期间应针对典型断面、特殊结构和病害地段，设置自动监测断面，间距不大于 50 km。运营后，应根据动态检测、水准观测结果划定的冻害地段增加相应监测断面。监测点宜设置在轨道结构下部、混凝土底座外缘、线间、路肩、坡角外原地面。轨道结构下部监测点宜在高速铁路建设期间进行设置。运营期间，如无其他要求，新增监测断面监测点宜只设 1 个监测点，宜设在混凝土底座外缘。

冻胀分层观测时，冻胀计锚固端宜设置在不同填料性质或路基结构的设计深度。在基床冻深影响范围内，温度传感器宜位于 10 ~ 15 cm，其下间距宜增加至 30 ~ 50 cm。水分传感器的垂直间距，根据不同层位进行设置，间距宜设为 30 ~ 50 cm。

2. 冻胀变形自动监测采用冻胀计监测路基变形；冻深自动监测在路基中不同深度设置温度传感器，通过采集路基中地温跟踪路基的冻结深度的发展变化；水分自动监测通过标定填料含水率和电信号之间的对应关系，监测路基中电信号的变化来反映路基中含水率的变化。

3. 自动监测数据通过 GPRS 无线网络将数据传输到服务器上。冻胀和冻深数据需要考虑采集系统和测杆的修正值。

4. 使用前，传感器和采集系统需要误差修订。传感器的使用寿命应不低于 5 年。在日平均温度达到 0℃之前 15 天进行数据采集，作为监测初值。采集传输频率宜为 1 次/天，入冬、春融期间或气象剧烈变化时期应增加监测频率，宜设为 1 次/h。

第二节　冻害档案管理

坚持对冻害数据长期积累，建立冻害档案，是科学预防与整治冻害的基础，是总结冻害发展变化规律的必要条件。

一、现场标记

周期性检查或作业后，应将冻高及冻害起终点进行临时标记。冻害稳定达到最大值时，进行永久标记。用白油漆在轨腰中间喷刷，在冻害起终点用箭头标注冻害头尾位置，在冻害最大高度处注明冻害最大高度及发生日期。现场标记如图 10—2—1 所示。

图 10—2—1　冻害标注示意

二、建立档案

1. 冻害汇总表

记录冻害发生的位置、气温、首次发现及处理时间、上一年冻害期冻害最大冻高及长度、相关线路基础资料等情况，见表 10—2—1。

表 10—2—1　冻害汇总表

序号	线名	行别	冻害详情								今年最大冻胀		上年最大冻胀		线路基础							
			起点	终点	温度(℃)	左股冻高(mm)	右股冻高(mm)	长度(mm)	首次发现日期	首次处理日期	冻高(mm)	长度(m)	冻高(mm)	长度(m)	路堑	路堤	涵洞	过渡段	伸缩缝	盲沟	道岔	桥梁

2. 冻害卡片

冻害应逐一建档立卡，积累原始数据，详细记录冻害在冻融循环中的变化过程。卡片内容应重点对动态检测峰值、静态检查冻高、气温、冻胀深度等进行记录，如图 10—2—2 所示。

冻害登记卡

线别	行别	位置		
		起	冻长	终
沈大高速	上	196.760	20.000	196.780

上年度最大冻高	
冻高(mm)	长度(m)
6	10

线路基础			
路堑	路堤	涵洞	过渡段
	√		

动态检测信息

检测日期	位置	左高低	右高低	日最低气温平均值(℃)	冻深
2013-11-28	196.755		0.8	-2	15
2013-12-6	196.755		0.96	-3	15
2013-12-14	196.755		2.01	-8	30
2013-12-20	196.755		3.24	-12	34.9
2013-12-24	196.755		4.55	-11	44
2013-12-28	196.755		2.79	-12	66
2013-12-31	196.755		2.49	-6	66
2014-1-3	196.755		2.7	-8	67
2014-1-6	196.755		3.37	-7	68
2014-1-9	196.755		2.69	-14	72.1
2014-1-11	196.755		3.2	-13	78.9

静态检查情况

检查日期	现场实测高低	相对冻高
2013-12-25	4	4
2014-1-4	1	5
2014-1-14	1	5
2014-1-24	1	5
2014-2-3	1	5
2014-2-13	1	5
2014-2-23	1	5
2014-3-5	1	5
2014-3-15	0	5
2014-3-25	0	5
2014-4-5	0	5

整治情况

作业时间	最大撤板量	最大垫板量	作业后现场实测高低
2013-12-25	3	0	0

最大冻高期综合检测列车波形

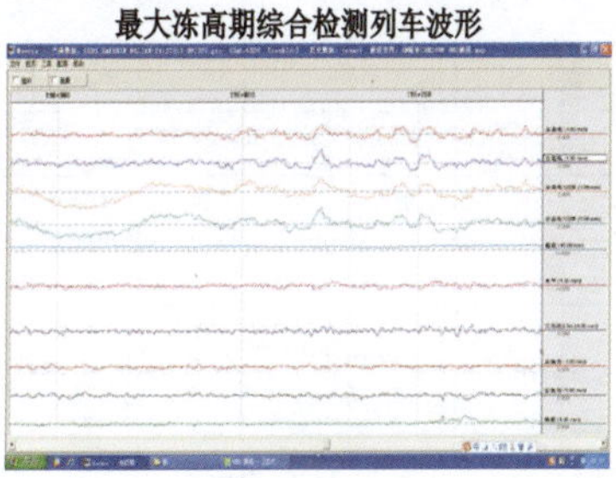

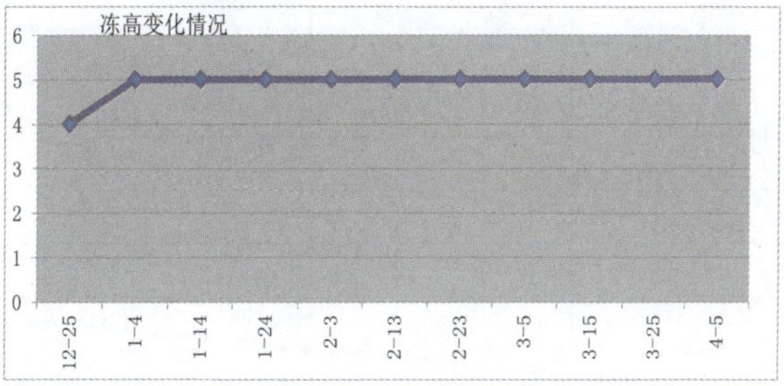

线路技术条件、路基型式与周边环境：
1.线路技术条件：该处位于**0‰**坡段，直线段。
2.周边环境：无设置渗水盲沟，该处位于盖州西站站内。

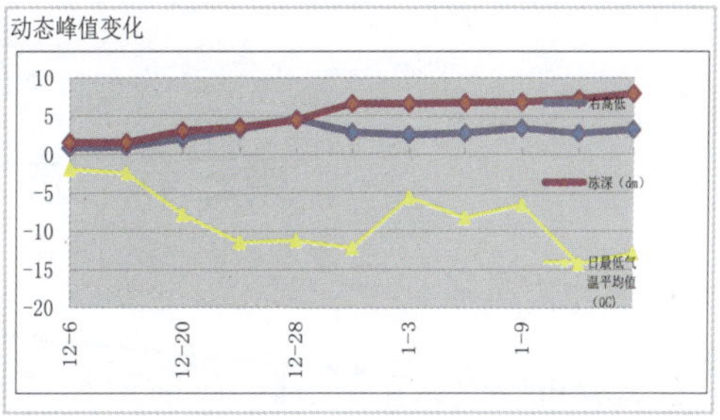

图 10—2—2　冻害登记卡

3. 冻害处所轨下调高垫板台账

对每处冻害应记录每个轨下垫板数量、厚度，作为冻害处理时作业方案设计的重要依据，见表 10—2—2。

表 10—2—2　冻害地段垫板量统计

<table>
<tr><td>××高速</td><td>起点</td><td>终点</td><td colspan="7">左　股</td><td colspan="7">右　股</td></tr>
<tr><td>位置</td><td></td><td></td><td rowspan="3">冻害发生前现有调整量</td><td colspan="4">作业时调整量(mm)</td><td rowspan="3">剩余可调整量</td><td rowspan="3">备注</td><td rowspan="3">冻害发生前现有调整量</td><td colspan="4">作业时调整量(mm)</td><td rowspan="3">剩余可调整量</td><td rowspan="3">备注</td></tr>
<tr><td>行别</td><td colspan="2"></td><td>××月××日××℃</td><td>××月××日××℃</td><td>××月××日××℃</td><td>××月××日××℃</td><td>××月××日××℃</td><td>××月××日××℃</td><td>××月××日××℃</td><td>××月××日××℃</td></tr>
<tr><td>里程</td><td>板号</td><td>承轨台</td><td>一次</td><td>二次</td><td>三次</td><td>四次</td><td>一次</td><td>二次</td><td>三次</td><td>四次</td></tr>
<tr><td></td><td rowspan="8"></td><td>1</td><td></td><td></td><td></td><td></td><td></td><td>0</td><td></td><td></td><td></td><td></td><td></td><td></td><td>0</td><td></td></tr>
<tr><td></td><td>2</td><td></td><td></td><td></td><td></td><td></td><td>0</td><td></td><td></td><td></td><td></td><td></td><td></td><td>0</td><td></td></tr>
<tr><td></td><td>3</td><td></td><td></td><td></td><td></td><td></td><td>0</td><td></td><td></td><td></td><td></td><td></td><td></td><td>0</td><td></td></tr>
<tr><td></td><td>4</td><td></td><td></td><td></td><td></td><td></td><td>0</td><td></td><td></td><td></td><td></td><td></td><td></td><td>0</td><td></td></tr>
<tr><td></td><td>5</td><td></td><td></td><td></td><td></td><td></td><td>0</td><td></td><td></td><td></td><td></td><td></td><td></td><td>0</td><td></td></tr>
<tr><td></td><td>6</td><td></td><td></td><td></td><td></td><td></td><td>0</td><td></td><td></td><td></td><td></td><td></td><td></td><td>0</td><td></td></tr>
<tr><td></td><td>7</td><td></td><td></td><td></td><td></td><td></td><td>0</td><td></td><td></td><td></td><td></td><td></td><td></td><td>0</td><td></td></tr>
<tr><td></td><td>8</td><td></td><td></td><td></td><td></td><td></td><td>0</td><td></td><td></td><td></td><td></td><td></td><td></td><td>0</td><td></td></tr>
<tr><td></td><td rowspan="8"></td><td>1</td><td></td><td></td><td></td><td></td><td></td><td>0</td><td></td><td></td><td></td><td></td><td></td><td></td><td>0</td><td></td></tr>
<tr><td></td><td>2</td><td></td><td></td><td></td><td></td><td></td><td>0</td><td></td><td></td><td></td><td></td><td></td><td></td><td>0</td><td></td></tr>
<tr><td></td><td>3</td><td></td><td></td><td></td><td></td><td></td><td>0</td><td></td><td></td><td></td><td></td><td></td><td></td><td>0</td><td></td></tr>
<tr><td></td><td>4</td><td></td><td></td><td></td><td></td><td></td><td>0</td><td></td><td></td><td></td><td></td><td></td><td></td><td>0</td><td></td></tr>
<tr><td></td><td>5</td><td></td><td></td><td></td><td></td><td></td><td>0</td><td></td><td></td><td></td><td></td><td></td><td></td><td>0</td><td></td></tr>
<tr><td></td><td>6</td><td></td><td></td><td></td><td></td><td></td><td>0</td><td></td><td></td><td></td><td></td><td></td><td></td><td>0</td><td></td></tr>
<tr><td></td><td>7</td><td></td><td></td><td></td><td></td><td></td><td>0</td><td></td><td></td><td></td><td></td><td></td><td></td><td>0</td><td></td></tr>
<tr><td></td><td>8</td><td></td><td></td><td></td><td></td><td></td><td>0</td><td></td><td></td><td></td><td></td><td></td><td></td><td>0</td><td></td></tr>
</table>

三、档案管理

每年进入冻胀期前，收集当年各地区的降雨量；冻胀期间，完善冻害档案中的相关内容；冻胀期结束后，汇总整理冻胀期的冻害最大冻高及整治相关信息，并将历年冻害数据进行汇总。

第三节　冻 害 分 析

一、冻害分析原则

1. 冻害分析应遵循立足实际、超前预判、科学分析的原则，对影响冻害发生、发展的各项因素进行综合对比分析，形成完整的分析管理体系及分析办法。

2. 冻害分析以指导现场作业为最终目的，为预防性整治和精细化整治提供准确的数据支撑。

二、冻害分析

以哈大高铁 2012 至 2013 年度发生 240 处冻害为例，分析冻害在冻胀期间变化规律，介绍分析方法如下。

(一)气温、降雨量与冻害的关系

1. 分析方法

以沿线地区为单位,汇总每年该地区气温、降雨量情况,对照当年冻胀期间冻害分布、数量及峰值,分析降雨及最低气温对该地区冻害产生的影响。

2. 分析目的

在冻胀前期,判别冻害发展趋势,做好人力调配及材料准备。

(二)冻害类型分析

1. 分析方法

按照冻害产生机理、路基填筑形式及设置土工布的位置,分析冻害开始发展、稳定时与冻胀深度的关系,宜将冻害划分为表层冻害、深层冻害、表深层复合冻害。

2. 分析目的

区分冻害类型是为科学整治冻害提供依据。表层冻害宜采用封缝、封闭、疏通地表水等方法,减少地表水侵入量整治冻害;深层冻害宜采用疏排路基本体含水量的方法;复合型冻害应结合上述两种冻害整治方法加以控制。

(三)冻胀深度与冻害数量之间关系

1. 分析方法

以240处冻害为横轴,冻胀深度10 cm为一个级别为纵轴,分析冻害在冻融循环中数量的变化规律。当冻胀深度40 cm以下时,冻胀虽然发展,但基本不构成冻害;当冻胀深度在40～140 cm时,冻害数量增加较快;当冻胀深度大于140～250 cm时,冻害数量趋于稳定后冻害开始逐渐减少,回落期冻胀深度在160～60 cm间变化时,冻害数量减少较快,当冻胀深度融化至40 cm以下时冻害数基本回落完毕。

冻深与冻害数量趋势如图10—3—1所示。

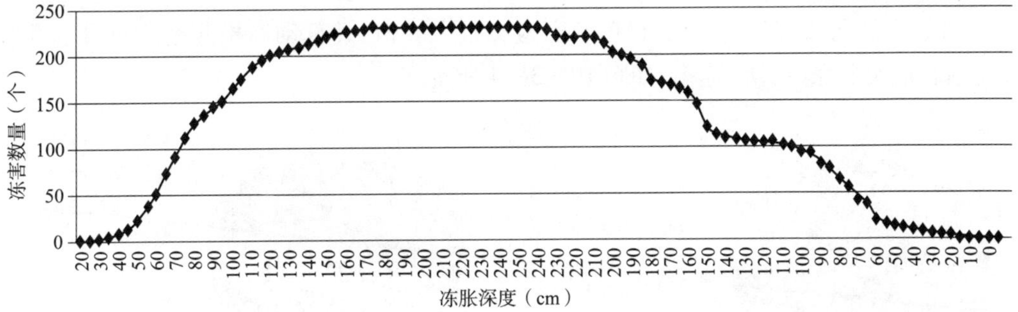

图10—3—1　冻深与冻害数量趋势

2. 分析目的

结合冻胀深度,对冻害发生数量进行预判,合理安排生产计划。

(四)冻胀深度与冻害冻高变化关系

1. 分析方法

以冻胀深度5 cm为一个级别,计算冻害动态高低均值,判断变化趋势。

(1)表层冻害:当冻胀深度达到 20 cm 左右时冻高开始发展,冻胀深度在 80 cm 以上时表层冻害动态平均峰值不再继续变化,如图 10—3—2 所示。

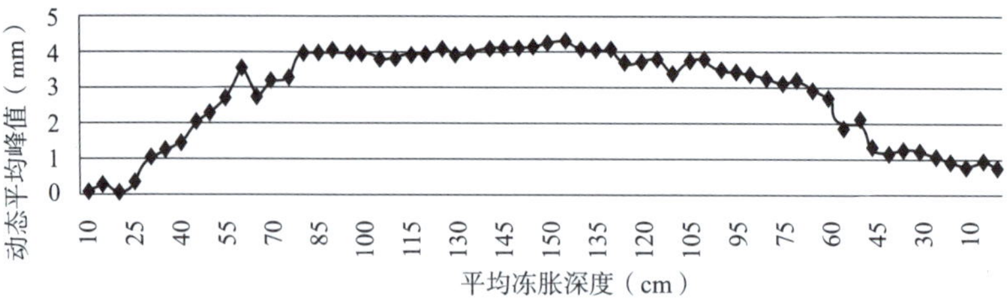

图 10—3—2　冻深与表层冻害平均冻高变化趋势

(2)深层冻害:当冻胀深度达到 80 cm 左右时,深层冻害动态高低平均峰值增长明显,冻胀深度达到 100 cm 以后,动态高低平均峰值趋于稳定,如图 10—3—3 所示。

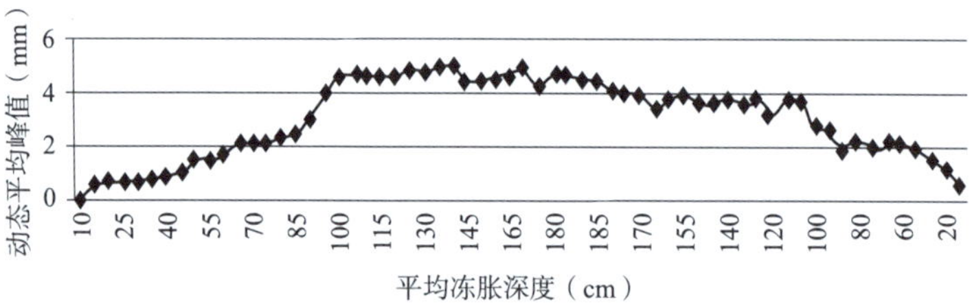

图 10—3—3　冻深与深层冻害平均冻高变化趋势

2. 分析目的

依据冻高与冻胀深度的发展变化,判断冻害类型。

(五)冻害动态高低峰值增减速率

1. 分析方法

在冻害上涨阶段与回落阶段,根据动态检测最大峰值,计算动态检测平均每日上涨(回落)速率和最大上涨(回落)速率,如图 10—3—4 所示。

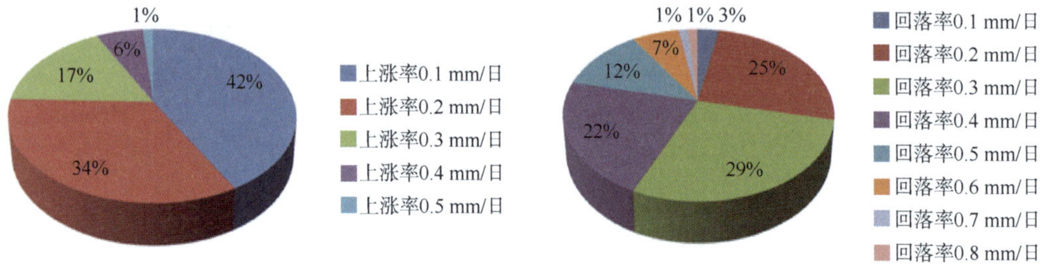

(a) 上涨速率分布　　(b) 回落速率分布

图 10—3—4　冻害动态高低峰值上涨与回落速率分布

2. 分析目的

为综合检测列车检测周期提供重要依据。

(六)冻害重复处所分析

通过对比分析多个冻融循环中重复发生的冻害处所,通过预垫板、半撤板、工程整治等方法进行预防性整治,以控制冻害发生数量。

第四节　无砟轨道冻害整治

高速铁路冻害管理应采取“预防为主、防治结合”的方案,冻害整治作业应采取“以撤为主、撤垫结合”的具体作业方式,实现预防性整治和精细化整治的管理目标。

一、预防性整治工作

1. 防水层封闭及路基封缝

对路基地段的轨道结构、封闭层的离缝及裂缝进行封堵,减少地表水对路基的侵入。

2. 增设渗水盲沟

对路堑地段且地下水较丰富的区段增设渗水盲沟,疏通地下水,同时应对盲沟沟口采取保温措施。

3. 增设保温层

对于涵洞处所,在涵洞内壁加设保温层,提高路基本体温度,降低冻害发生概率。

4. 梁端吊装孔

对梁体两端吊装孔进行钻孔排水,防止吊装孔内积水结冰,导致桥上冻害发生。

二、精细化整治方案

(一)预垫板法

1. 原理及目的

路桥、路涵过渡段产生的冻害是由于路基发生冻胀,而桥上、涵顶不发生冻胀,因此,入冬前对涵顶、桥上进行一定量的预垫板,可将路基产生的相对冻胀有效消除。

2. 适用范围

路涵过渡段、路桥过渡段的重复冻害。

3. 作业方法

(1)采用轨道测量仪对计划预垫板区段进行绝对测量,要求测量长度必须长于选定区段。

(2)在进行绝对测量过程中统计预垫板区段轨下垫板的厚度数量。

(3)结合历史冻害位置、幅值,设计最佳预垫作业方案。预垫高度结合冻害时期最大冻高进行设置,预垫长度根据现场实际情况确定,两侧顺坡长度不小于线路速度等级的 $1/(10v_{max})$。

(4)精调人员按照预垫方案进行精调作业,严格执行作业后的回检制度。

(5)作业后,安排相对小车对该作业区段重新测量,并分析数据,如作业效果不佳,要重新安排测量,再次进行精调作业。

预垫板法如图 10—4—1 所示。

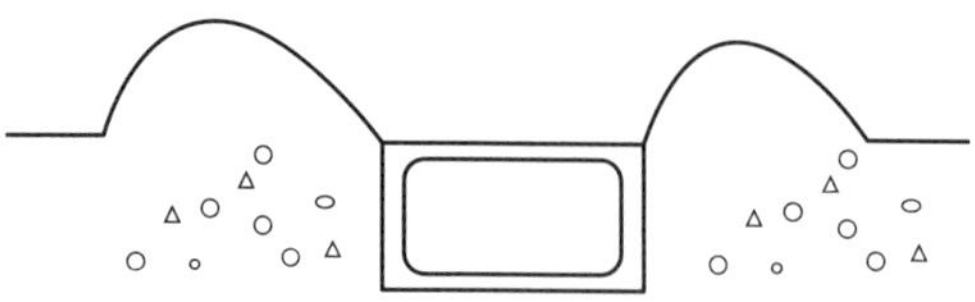

(a) 冻害时期

(b) 预垫板

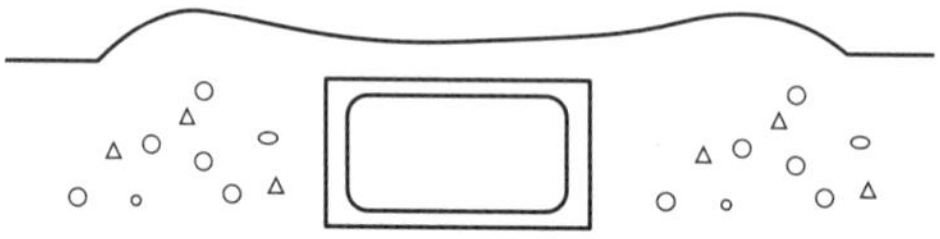

(c) 预垫板后冻害时期

图 10—4—1　预垫板法示意

（二）半撤板法

1. 原理及目的

当冻害超过轨道动态质量、静态几何尺寸容许偏差管理值时，利用半撤板法消除冻高的部分幅值，保证冻融循环均满足动静态容许偏差管理值要求。

2. 适用范围

峰值较小、波长较短的冻害。

3. 作业方法

（1）采用轨道测量仪对半撤板区段进行绝对测量，要求测量长度必须长于选定区段。

（2）根据测量数据进行认真分析，确定最佳整治方案，车间精调人员按照数据进行精调作业，严格执行作业后的回检制度。

（3）作业后，安排轨道检查仪对该作业区段重新测量，并分析数据，如作业效果不佳，要重新安排测量，再次进行精调作业。

半撤板法如图 10—4—2 所示。

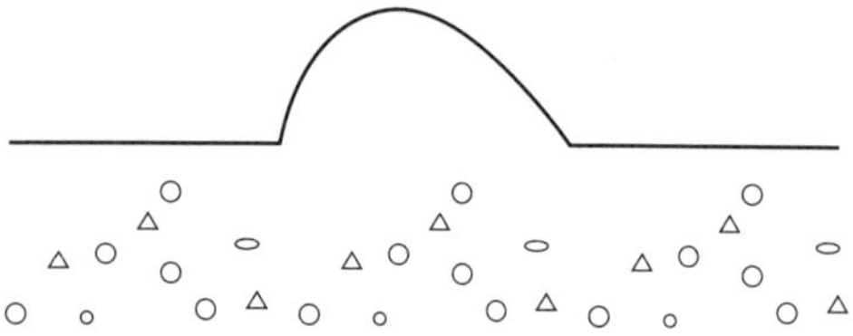

(a) 冻害时期

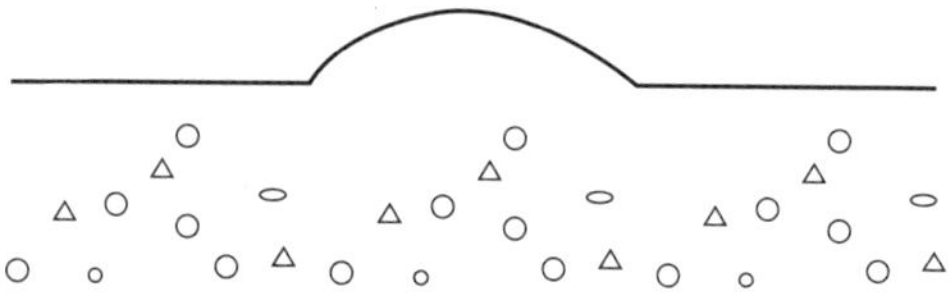

(b) 冻害时期半撤板后

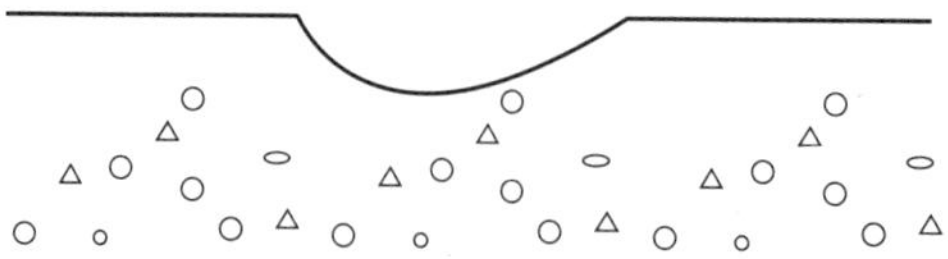

(c) 冻害回落

图 10—4—2　半撤垫板法示意

第五节　有砟轨道冻害整治

一、预垫板法

参照无砟轨道预垫板法。

二、抬道垫板法

1. 原理及目的

入冬前，按照冻害冻高幅值垫入相应调整量的垫板，通过大机捣固或人工抬道顺接两侧轨面标高。当冻害发生后，以撤板为主，减少冬季作业工作量。

2. 适用范围

冻高较大，负调整量不足的冻害。

3. 作业方法

(1)采用轨道测量仪对抬道垫板区段进行绝对测量，要求测量长度必须长于选定区段。

(2)根据测量数据进行认真分析，确定最佳垫板方案，车间精调人员按照数据进行精调作业，严格执行作业后的回检制度。

(3)采用轨道几何状态测量仪再次测量，按照纵断面优化设计方案进行大机捣固作业。

(4)大机捣固作业后，安排轨道检查仪对该作业区段重新测量，并分析数据，如作业效果不佳，要重新安排测量，再次进行精调作业。

冻害时期示意如图 10—5—1 所示，大机捣固后示意如图 10—5—2 所示。

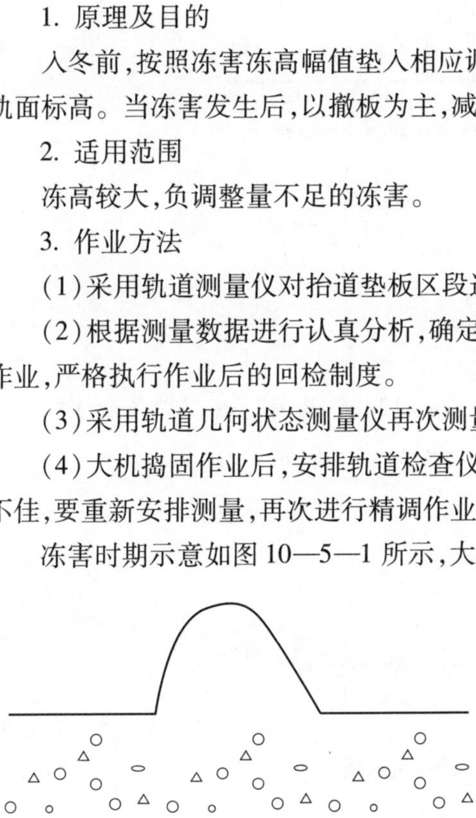

图 10—5—1　冻害时期示意

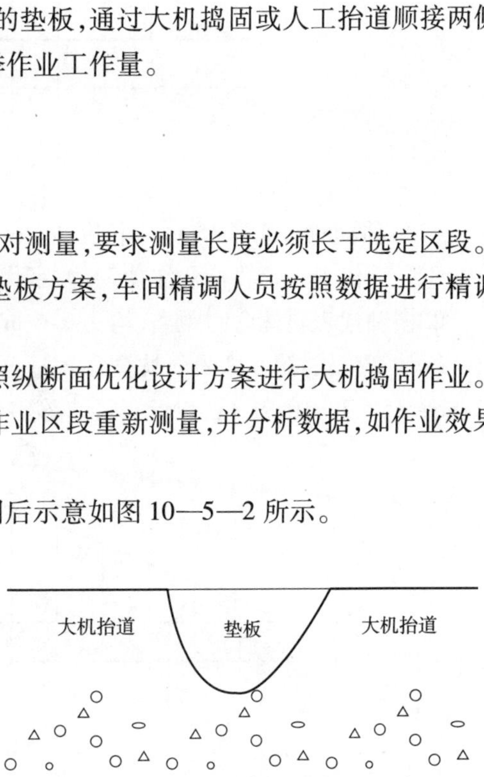

图 10—5—2　大机捣固后示意

三、增设渗水盲沟

参照无砟轨道渗水盲沟。

四、冻害注盐

1. 原理及目的

将盐注到冻害地段的路基内，盐溶解于土壤中，降低了土壤中水的凝固点，使路基在冬季少冻起或不冻起。

2. 适用范围

冻害注盐仅适用于表层冻害。

3. 作业方法

(1)单股冻害,冻高 15 mm,长度 7 m/11 孔。

①纵轴代表每个轨枕盒注盐量,数字代表轨枕盒。

②横轴代表轨枕盒间距离,均为 0.6 m。

③计算公式:第 5、7 号轨枕盒注盐量 =7.5 −7.5 ÷6 =6.25 kg,第 4、8 号轨枕盒注盐量 =6.25 −7.5 ÷6 =5 kg,以此类推。冻害注盐量如图 10—5—3 所示。

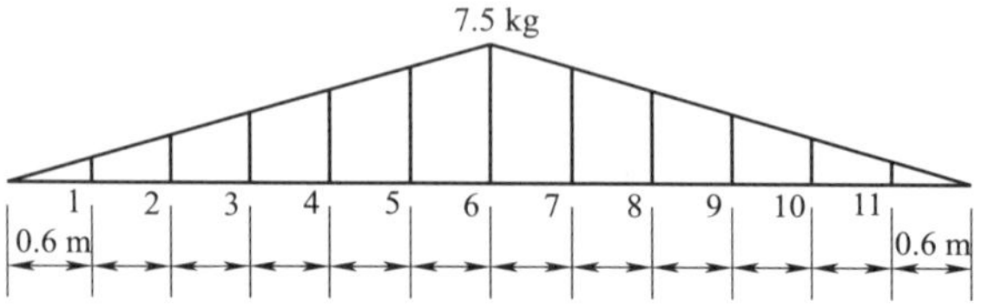

图 10—5—3　单股冻害注盐量示意

(2)双股冻害,冻高 15 mm,长度 8 m/13 孔。

①纵轴代表每个轨枕盒注盐量,数字代表轨枕盒。

②横轴代表轨枕盒间距离,均为 0.6 m。

③计算公式:第 6、8 号轨枕盒注盐量 =15 −15 ÷7 =12.86 kg,第 5、9 号轨枕盒注盐量 = 12.86 −15 ÷7 =10.71 kg,以此类推。冻害注盐量如图 10—5—4 所示。

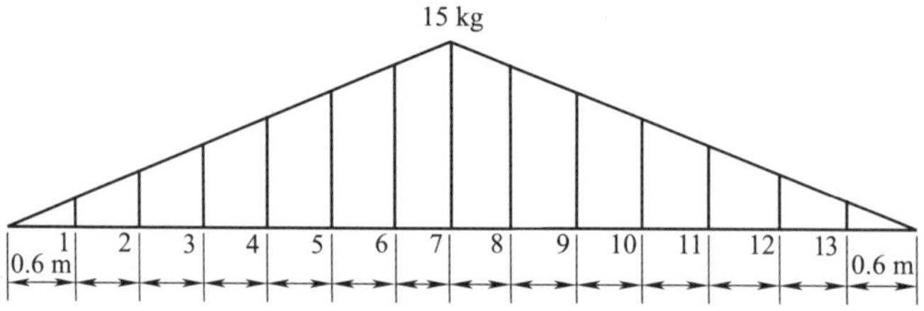

图 10—5—4　双股冻害注盐量示意

五、冻害整治方案

(一)冻害整治程序

冻害整治前应按照以下程序进行:根据动态检查数据确定整治地点→轨道动态检测图幅分析→现场静态检查(数据采集)→动静态数据综合分析→制订作业方案→作业方案审批→作业方案实施→作业质量回检→信息反馈。

(二)冻害整治方案

根据气温情况,测量优先选择轨道测量仪,其次为电子水准仪、激光弦线、特制的弦线。如冻害采用 10 m 弦测量,其中部要考虑 0.5 ~1 mm 的弦线下垂量。

在正线上垫入或撤除冻害垫板,两端顺坡率不应大于 $1/(10v_{max})$。每处调高垫板不得超过 2 块(0.5 mm 可为 3 块),较厚的垫板应置于下层,总厚度不得超过 10 mm。

1. 冻起高度 $h \leqslant 5$ mm,在冻害的冻起最高点撤下原来 10 mm 厚的橡胶垫板,换上 5 mm

厚的橡胶垫板及相应的调高垫板。

2. 5 mm < 冻起高度 $h \leqslant 7$ mm 时，在冻害的最高点撤下原来 10 mm 的橡胶垫板，换上 3 mm 橡胶垫板及相应的调高垫板。

3. 当 7 mm < 冻起高度 $h \leqslant 17$ mm 时，在冻害的最高点撤下原来 10 mm 的胶垫，换上 3 mm 胶垫及相应的调高垫板，在冻害两端垫入各种规格调高垫板，冻害两端做好顺坡。冻高超过 15 mm 时，两端顺坡之间应有不短于 40 m 的平台过渡段，平台坡度与既有坡度一致。

参 考 文 献

[1] 张元喜. 轨道检查车检测结果评判方法的探讨[J]. 铁道建筑,2007,3:86-87.

[2] 杨爱红. 基于REID的轨检车里程自动校对系统[J]. 铁路计算机应用,2009,10:39-41.

[3] Jiawei Han,Micheline Kamber. 数据挖掘:概念与技术(原书第2版)[M]. 范明,孟小峰,译. 北京:机械工业出版社,2007.

[4] 广钟岩,高慧安. 铁路无缝线路[M]. 4版. 北京:中国铁道出版社,2005.

[5] 佟立本. 铁道概论[M]. 7版. 北京:中国铁道出版社,2006.

[6] 卢祖文. 客运专线铁路轨道[M]. 北京:中国铁道出版社,2005.

[7] 李超雄,磨巧梅,尤军,等. 铁路线路检测与分析[M]. 北京:中国铁道出版社,2016.

[8] 王平. 高速铁路道岔设计理论与实践[M]. 成都:西南交通大学出版社,2011.

[9] 铁道部运输局. 高速铁路工务知识读本[M]. 北京:中国铁道出版社,2011.

[10] 中国铁路总公司. 高速铁路工务修理案例(第二册)[M]. 北京:中国铁道出版社,2014.

[11] 李超雄,寇东华,杨厚昌,等. 高速铁路无砟轨道线路养护维修[M]. 北京:中国铁道出版社,2012.

[12] 中国铁路总公司. 中国高速铁路工务技术(上、中、下)[M]. 北京:中国铁道出版社,2013.

[13] 中国铁路总公司. 高速铁路有砟轨道线路维修规则(试行)[S]. 北京:中国铁道出版社,2013.

[14] 中国铁路总公司. 高速铁路无砟轨道线路维修规则(试行)[S]. 北京:中国铁道出版社,2012.

[15] 中国铁路总公司. 高速铁路工务安全规则(试行)[S]. 北京:中国铁道出版社,2014.

[16] 中国铁路总公司. 铁路技术管理规程(高速铁路部分)[S]. 北京:中国铁道出版社,2014.

1级GJY-T-4A轨道检查仪

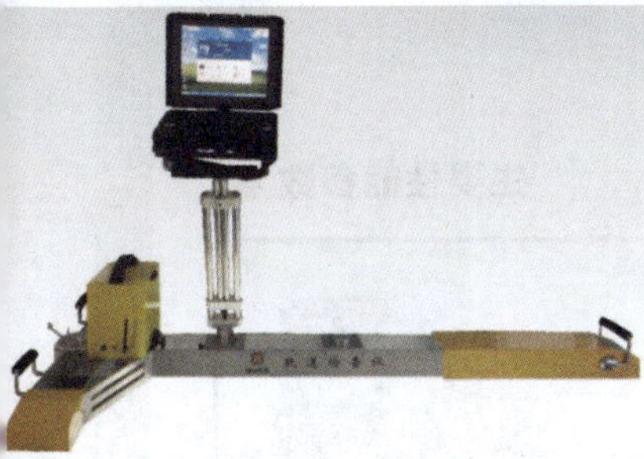

0级数字轨距尺

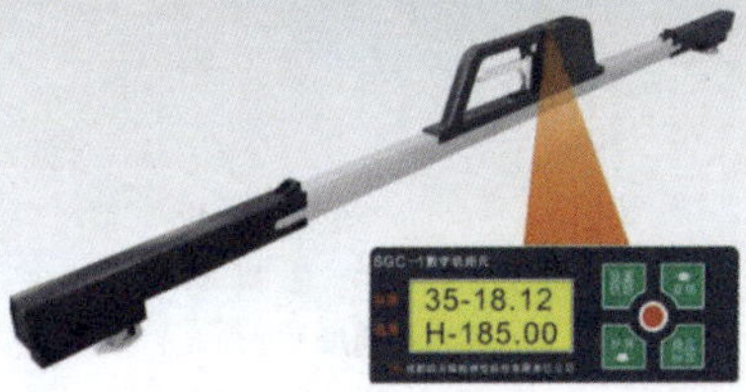

电子钢轨直度检查仪

I级轨距尺检定器

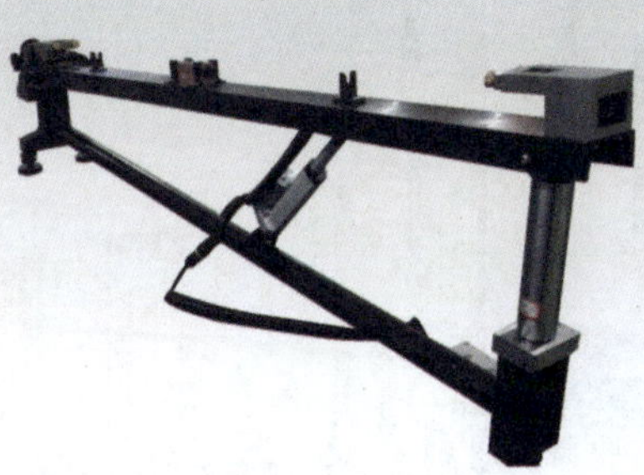

I级轨检仪检定台

0级轨道检查仪（TQI）小车

瑞邦科技
Railway-Helper Technology

什邡瑞邦机械有限责任公司
成都四方瑞邦测控科技有限责任公司
网　址：www.railhelper.com
联系电话：0838-5953512

中国中车
CRRC

主要性能参数

总　　长：150 m
总 重 量：680 t
最大自走行速度（双向）：100 km/h
连挂最大速度：120 km/h
通过最小曲线半径：150 m
通过最大坡度：33‰
打磨电机数量：96个
打磨模式：99种
打磨速度可调范围：3～15 km/h
打磨能力：轨顶面轮廓金属磨削量不少于0.2 mm/遍

GMC-96B型钢轨打磨列车

GMC-96B型钢轨打磨列车是世界上技术先进、性能稳定、打磨头数多、作业效率和打磨精度高的钢轨打磨维护设备，也是我国目前应用较广泛的钢轨打磨列车。二七机车公司生产的GMC-96B型钢轨打磨列车适用于高速铁路、客运专线、普速铁路等我国全地形铁路线路。通过对钢轨进行修复性和周期性打磨作业，快速消除钢轨波浪型磨耗、钢轨肥边、马鞍型磨耗 、焊缝凹陷及鱼鳞裂纹等危及行车安全的病害，大幅度提升线路运行的安全性、平顺性和可靠性，有效改善轮轨关系，大大延长钢轨使用寿命，为用户带来安全运行保障和经济效益的提升。二七机车公司GMC-96B型钢轨打磨列车参与并实施了京沪线、京哈线、京广线、京九线、贵广线等线路的钢轨打磨作业，效果良好。产品已配属北京局、太原局、哈尔滨局、成都局、西安局、呼和浩特局、南宁局、郑州局8个路局，累计完成打磨里程12万公里。

中车北京二七机车有限公司

北京市丰台区长辛店杨公庄1号
电话：010-83307477
传真：010-83307620

www.27rail.com

中国中车
CRRC

■ 主要技术参数

最大自行速度：80 km/h
联挂最大允许速度：120 km/h
作业速度：0~ 4 km/h之间
通过最小曲线半径：180 m
最高挖掘、筛分能力：不小于1200 m^3/h
最大挖掘深度：不小于850 mm（轨面以下）
清筛质量：道床原始脏污率不超过30%时，按额定作业效率1200 m^3/h清筛后回填道砟小颗粒含量不大于3%，且弃土中可用砟含量不超过5%
整　　形：能对清筛后道床边坡整形，最大整形范围不小于3.0 m（自线路中心）

BS-1200型边坡清筛机

BS-1200型边坡清筛机是二七机车公司同美国LORAM公司合作研制生产的对路基边坡进行日常清筛维护的大型工程机械设备。该车由挖掘轮、振动筛、回填装置、带式输送机和整形装置组成，主要功能是将铁路轨枕以外800 mm范围内的石砟通过道砟挖掘斗、输送、筛分、回填、污土抛送、道床整形和轨枕清扫作业，重点消除边坡道砟中的污土、杂物和废渣，提高路基和边坡的通透性，有效防止雨季轨道因污物堵塞而造成的翻浆冒泥等事故。该车作业效率1200 m^3/h，清筛后的净砟洁度高达97%以上。

中车北京二七机车有限公司

北京市丰台区长辛店杨公庄1号
电话：010-83307477
传真：010-83307620

www.27rail.com

工务工程领域市场业绩

Market Performance of Engineering

东北	沈阳浑南有轨电车一期工程	铝焊接工程
	哈齐高速铁路	钢轨预防性打磨服务
	沈丹高速铁路	钢轨预防性打磨服务
	吉图珲高速铁路	钢轨预防性打磨服务
	哈大高速铁路	钢轨预防性打磨服务
	哈大高速铁路	轨道维修工程
	哈齐高速铁路	轨道维修工程
华北	沪宁城际铁路	轨道维修工程
	京广高速铁路京石段	轨道维修工程
	北京地铁4号线	焊接及换轨工程
	北京首都机场快轨	铝热焊工程
	京沪高速铁路	焊接及无损检测服务
	京沪高速铁路	铝热焊工程
华东	合肥地铁1号线	无损检测工程
	青岛城阳有轨电车	铝热焊工程
	南京地铁机场线	无损检测工程
	苏州高新区有轨电车1号线	焊接及无损检测服务工程
	淮安现代有轨电车1号线	焊接、测量及无损检测工程
	青荣城际铁路	钢轨预防性打磨服务
	京福高速铁路（安徽段）	钢轨预防性打磨服务
	宁安城际铁路	钢轨预防性打磨服务
西南	成都新津有轨电车示范线	铝热焊接及无损检测工程
	贵广高速铁路（贵州段）	钢轨预防性打磨服务
	贵广高速铁路（广西段）	钢轨预防性打磨服务
	成绵乐客运专线	钢轨预防性打磨服务
	沪昆高速铁路（贵州段）	钢轨预防性打磨服务
	成渝客运专线	钢轨预防性打磨服务
	成渝线枢纽工程	钢轨预防性打磨服务
	成渝客运专线	钢轨预防性打磨服务
	白龙联络线	钢轨预防性打磨服务
华南	珠海现代有轨电车1号线	无损检测工程
	广珠客运专线	轨道维修工程

北京中铁科新材料技术有限公司施工能力涵盖：

轨道施工（钢轨铺设，线路测量，钢轨精调，钢轨焊接，长钢轨放散、锁定，钢轨打磨，钢轨探伤）

无砟轨道维护（路基沉降抬升，混凝土裂纹修复，轨道板离缝充填）

闪光焊机焊接

铝热焊接头施工

钢轨焊缝打磨

长钢轨放散锁定

中国铁路兰州局集团有限公司天水工务材料段

中国铁路兰州局集团有限公司天水工务材料段是西北地区较大的铁路工务配件生产基地。始建于1956年，现有从业人员600余人，其中各类专业技术人员170人，企业具有大型数控加工、大型压力加工、精密铸造、热处理等生产设备，并通过ISO9001质量管理体系、职业健康体系认证。主要产品有各型整组道岔、高锰钢辙叉、合金钢辙叉、异型轨、AT尖轨、弹条扣配件和钢轨联结件等240多个品种。

整组单开道岔及重要组件取得了国家铁路局"铁路运输基础设备生产企业许可证"。证书编号为整组单开道岔REAC1001-00012、道岔重要轨件REAC1002-00013、高锰钢辙叉REAC1004-00021、道岔重要轨件REAC1002-00013、高锰钢辙叉REAC1004-00021、合金钢辙叉REAC1004-00022。整组道岔及其重要组件和弹条、挡板座均通过了中国铁路总公司"CRCC"产品认证。证书编号为整组道岔CRCC10216P12188ROM-5、道岔基本轨CRCC10216P12188ROM-1、道岔尖轨CRCC10216P12188ROM-2、道岔护轨CRCC10216P12188ROM、高锰钢辙叉CRCC10216P12188ROM-3、合金钢辙叉CRCC10216P12188ROM-4，Ⅱ型弹条CRCC10213P10738R2M-1、Ⅰ型弹条CRCC10213P10738R2M-2、Ⅰ型、Ⅱ型挡板座CRCC10213P10738R2M.

企业一贯坚持"锻造精品、提升质量、满足用户、确保安全"的质量方针；始终恪守"用天工产品，保行车安全"的经营理念，竭诚为广大客户提供优质的产品和服务。

企业名称：中国铁路兰州局集团有限公司天水工务材料段（天水中铁天工制造有限责任公司）

企业地址：甘肃省天水市麦积区前进北路1号

联系电话：0938-4939565　0938-4922115

传　　真：0938-4939565

邮　　箱：tianshui.tg@163.com

邮　　编：741020

YHD 燕宏达
YANHONGDA
M8 钢轨伸缩调节器专用方向测量尺
M6 双轨波浪磨耗检测小车
NTS 锁定轨温检测系统
GF04 钢轨表面裂纹深度检测小车
M2 钢轨轮廓测量仪
自动道岔焊补机
RI/RID-1000 钢轨平直度测量仪
T1B 锂电智能单头螺栓扳手
G3 道岔打磨机
LT-100 锂电套装
技术服务
1. 钢轨、道岔打磨技术服务。
2. 无缝线路锁定轨温检测技术服务。
3. 道床阻力及支承刚度检测技术服务。
4. 钢轨、焊缝探伤技术服务。
5. 道岔焊补技术服务。
6. 铝热焊焊联技术服务。
7. 高铁线路检测精调技术服务。
地址：北京市丰台区南四环西路188号5区15楼
电话：010-56057666
传真：010-56057677
邮箱：yhd@yhd-cn.com
网址：Http://www.yhd-cn.com

公司网址：www.crcce.com.cn　股份代号：1786.HK

中国铁建高新装备股份有限公司以铁路大型养路机械业务为核心，致力于成为全球最具竞争力的轨道交通工程机械制造与服务提供商。凭借优势的市场地位、齐全的产品品种、完善的产业链、强大的技术研发及产品开发能力、广阔的业务网络、完善的客户服务、优秀的制造、大修工艺及先进的质量管理体系，为客户提供系统解决方案。

中国铁建

中国铁建高新装备股份有限公司

CRCC HIGH-TECH EQUIPMENT CORPORATION LIMITED